VICKY MYRON ET BRETT WITTER

Vicki Myron est née et a grandi dans l'Iowa, aux États-Unis. Elle a travaillé pendant vingt-cinq ans dans la bibliothèque de sa ville, avant de prendre sa retraite en 2007 et d'écrire, avec Brett Witter, *Dewey*, son premier livre, consacré au chat qu'elle avait recueilli un matin d'hiver et qui est devenu la mascotte de la bibliothèque et l'emblème de la ville de Spencer.

Brett Witter a grandi à Huntsville, dans l'Alabama. Après avoir exercé divers métiers, Brett Witter a coécrit *Dewey*, son premier ouvrage relatant l'histoire vraie du chat le plus célèbre de la ville de Spencer. Depuis, il a coécrit plusieurs best-sellers, traduits dans plus de 30 langues. Il vit à Louisville dans le Kentucky, entouré de sa femme, de ses deux enfants et de son chat.

DEWEY

VICKI MYRON

avec la collaboration de Bret Witter

DEWEY

Traduit de l'anglais (États-Unis)
par Bérengère Viennot

JEAN-CLAUDE GAWSEWITCH ÉDITEUR

Titre original :
DEWEY

ISBN 978-2-266-19201-9

À Grand-mère, Maman et Jodi – ces trois merveilleuses femmes qui ont aimé Dewey presque autant que moi.

Introduction

Bienvenue dans l'Iowa

Au centre des États-Unis, entre le Mississippi à l'est et les déserts de l'Ouest, s'étend un haut plateau couvrant plus de mille kilomètres. Le relief, bien que vallonné, est dépourvu de montagnes. On y trouve des rivières et des ruisseaux, mais peu de grands lacs. Le vent a usé la roche jusqu'à la transformer en poussière, puis en terre, et enfin en bonne terre arable et noire. Là, des routes droites s'étirent vers l'horizon en longues lignes ininterrompues. Pas de virages, à peine quelques courbes imperceptibles. Ces corrections du tracé topographique datent de l'époque où la région a été mesurée et divisée en parcelles pour les agriculteurs. À chaque kilomètre exactement, chaque route en croise une autre, presque parfaitement rectiligne elle aussi, toutes deux délimitant un kilomètre carré de terres cultivées. Prenez un million de ces kilomètres carrés, assemblez-les et vous obtiendrez l'une des régions agricoles les plus vastes du monde. Les Grandes Plaines. Le Grenier à Blé. Le *Heartland*, le Cœur. Ou, dans l'esprit de nombreux voyageurs, la zone que l'on survole pour aller quelque part. Qu'ils gardent les océans et les montagnes, leurs plages et leurs stations de ski. Je préfère l'Iowa.

L'hiver, dans le nord-ouest de l'Iowa, le ciel avale les fermes. Quand il fait froid, les nuages sombres qui balaient la plaine semblent labourer la terre. Au printemps, le monde est plat et vide, entièrement fait de terre marron et de tiges de maïs coupées attendant la charrue, ciel et terre parfaitement à l'équilibre, comme une assiette sur un bâton. Mais à la fin de l'été, on jurerait que le sol essaie de repousser le ciel pour le faire disparaître. Le maïs mesure presque trois mètres de haut, tout en feuilles vert tendre surmontées d'un pompon doré et brillant. La plupart du temps on est englouti, perdu au milieu de murs de maïs, mais il ne faut qu'une petite côte, juste une légère élévation, pour que d'innombrables champs verts rehaussés d'or, aux fils de soie étincelant au soleil, s'étendent à vos pieds. Ces soies sont les organes sexuels du maïs, qui capturent le pollen jaune d'or, volent au vent pendant un mois, avant de s'assécher et de roussir dans l'ardente chaleur de l'été.

Voilà ce qui me plaît, dans le nord-ouest de l'Iowa : il change en permanence. Pas à la manière des banlieues, où une chaîne de restaurants chasse l'autre, ni à l'image des villes, où chaque nouvel immeuble rivalise de hauteur avec le précédent, mais à la façon de la campagne, doucement, dans un mouvement oscillant, qui glisse sans cesse vers l'avant sans jamais se précipiter. Les commerces sont rares ici. Les boutiques d'artisanat inexistantes. Il n'y a pas non plus de marchés de producteurs.

Les fermes, chaque année moins nombreuses, étreignent la route. Des villes surgissent brusquement, arborant des panneaux comme « Le joyau de la couronne de l'Iowa » ou « La boucle d'or du Corn Belt [1] », et disparaissent en un clin d'œil. En deux minutes, il n'y a plus personne. Un silo à grains ou une usine de transformation, peut-être une grand-rue avec une épicerie, un petit restaurant. Tous les dix kilomètres environ, un cimetière borde la route, petite borne toute simple derrière un muret de pierres. Ce sont des parcelles de pionniers devenues de vastes terrains familiaux, finalement transformés en cimetières municipaux. Personne ne veut être enterré loin de chez soi, et personne ne veut gaspiller trop de terre. On utilise ce qu'on a. Simplement. Avec les moyens du coin.

Puis on s'éloigne, on dérive telle une rangée de plants de maïs dévalant une petite colline, et voilà que la route s'élargit et que défile une série de vitrines : Matt Furniture, le Iron Horse Hotel, le restaurant The Prime Rib, mais aussi un Wal-Mart, un McDonald's et un Motel 6. Au feu, on vire vers le nord, c'est le premier virage sur cinquante kilomètres quelle qu'ait été la direction dans laquelle on roulait, le premier feu bien sûr, et en une minute les chaînes sont loin derrière et on traverse le superbe petit pont qui enjambe la rivière Little Sioux, pour arriver au cœur de Spencer, Iowa, une ville qui n'a pas vraiment changé depuis 1931.

Le centre-ville de Spencer, typiquement américain, est une parfaite illustration de carte postale : des

1. La région du maïs, dans le Midwest américain. *(Toutes les notes sont de la traductrice.)*

alignements de devantures d'immeubles mitoyens de deux ou trois étages, où les gens garent leur voiture, en descendent et finissent leurs courses à pied. La pharmacie White Drug, le prêt-à-porter pour hommes Eddie Quinn's Men's Clothing et le magasin d'ameublement Steffen Furniture y sont installés depuis des décennies. Hen House vend des objets de décoration aux épouses d'agriculteurs et aux rares touristes en route pour les célèbres lacs de l'Iowa, à vingt kilomètres au nord. On y trouve une boutique spécialisée en maquettes d'avions, un magasin de cartes postales et une échoppe de location de bouteilles d'oxygène et de chaises roulantes. Et puis il y a le magasin d'aspirateurs Vacuum Cleaner Store. La galerie Arts on Grand. Le cinéma est encore ouvert, même s'il ne projette que de vieux films depuis qu'un multiplex de sept salles a ouvert ses portes au sud du pont.

L'Hôtel, à huit pâtés de maisons du pont, marque la fin du centre-ville. L'Hôtel. C'est son vrai nom. À la fin des années 1920, il s'appelait Le Tagney : c'était alors la meilleure adresse de la région, qui faisait aussi office de gare routière, ferroviaire et d'unique restaurant. À la fin de la Grande Dépression, c'était devenu un asile de nuit et, à en croire la légende, la maison de tolérance de la ville. Ce bâtiment de cinq étages en briques rouges, construit pour durer, fut laissé à l'abandon jusqu'aux années 1970, époque où toute l'animation s'était déplacée à cinq rues de là, sur Grand Avenue, au Sister's Main Street Café, un restaurant sans prétentions aux tables en Formica, café filtre et boxes enfumés. Trois groupes d'hommes se réunissent tous les matins au Sister's : les anciens, les très anciens et les encore plus anciens. À eux tous, ils ont dirigé Spencer au cours des soixante dernières années.

À deux pas du Sister's Café, en face d'un petit parking et à quelques rues à peine de Grand Avenue, se trouve un bâtiment bas, en béton gris : c'est la bibliothèque municipale de Spencer. Je m'appelle Vicki Myron, et j'ai travaillé dans cette bibliothèque pendant vingt-cinq ans, dont vingt en tant que directrice. J'ai supervisé l'arrivée du premier ordinateur et l'ajout de la salle de lecture. J'ai vu les enfants grandir et partir, pour revenir dix ans plus tard avec leurs propres enfants. La bibliothèque municipale de Spencer ne paie pas de mine, en tout cas pas à première vue, mais elle est le pivot, le terrain d'entente, le cœur de cette histoire du centre du pays. Tout ce que je vais vous raconter sur Spencer – et sur les fermes des environs, les lacs, l'église catholique d'Hartley, l'école de Moneta, l'usine d'emballages et la merveilleuse grande roue de l'Arnold's Park –, tout cela nous ramène toujours à ce petit bâtiment gris et au chat qui y vécut pendant plus de dix-neuf ans.

Quelle influence un animal peut-il avoir ? Combien de vies un chat peut-il toucher ? Comment un chaton abandonné peut-il transformer une petite bibliothèque en lieu de rencontres et en attraction touristique, inspirer une ville américaine typique, unir toute une région et finir par devenir célèbre dans le monde entier ? Impossible de trouver ne serait-ce qu'une ébauche de réponse sans connaître l'histoire de Dewey Readmore Books, le chat de bibliothèque bien-aimé de la ville de Spencer, Iowa.

1

La plus glaciale des matinées

Le 18 janvier 1988, dans l'Iowa, fut un lundi au froid mordant. La veille, le thermomètre était descendu jusqu'à moins quinze, et c'était compter sans le vent, qui vous glaçait les os. Le froid était mortel, de ceux qui rendent la respiration presque douloureuse. Le problème des plaines, comme le savent tous les habitants de l'Iowa, est qu'aucun obstacle n'arrête les éléments. Les vents soufflent du Canada, traversent les Dakota, et s'engouffrent dans la ville. Le premier pont de Spencer sur le Little Sioux, construit à la fin du XIXe siècle, fut démonté car la rivière était devenue si engorgée par la glace que tout le monde craignait un effondrement des piles. Lorsque le château d'eau municipal brûla en 1893 – les tas de paille qui empêchaient la colonne montante de geler avaient pris feu, et toutes les bouches d'incendie à proximité étaient gelées –, un disque de glace de soixante centimètres d'épaisseur et de trois mètres de diamètre glissa du sommet du réservoir, écrasa la maison de quartier et explosa sur Grand Avenue. C'est comme ça l'hiver, à Spencer.

Je n'ai jamais été du matin, encore moins en janvier lorsqu'il fait noir et que les nuages sont bas, mais j'ai toujours été consciencieuse. Quelques véhicules circulaient déjà à 7 h 30, lorsque je pris ma voiture pour parcourir les dix pâtés de maisons qui me séparaient de mon travail. Selon mon habitude, je fus la première à me garer sur le parking. En face, la bibliothèque municipale de Spencer était comme morte – pas de lumière, aucun mouvement, aucun son –, jusqu'à ce que j'actionne un interrupteur pour la faire revenir à la vie. Malgré l'allumage automatique des radiateurs pendant la nuit, le matin la bibliothèque était un véritable congélateur. Qui avait bien pu avoir l'idée de construire un bâtiment de verre et de béton dans le nord de l'Iowa ? Vite, un café.

J'allai immédiatement dans la salle de repos – en fait une simple kitchenette pourvue d'un four à micro-ondes et d'un évier, d'un réfrigérateur trop négligé au goût de beaucoup de gens, de quelques chaises et d'un téléphone pour les appels personnels. J'accrochai mon manteau et mis le café en route. Je jetai ensuite un coup d'œil rapide au journal du samedi. La plupart des événements locaux pouvaient toucher la bibliothèque, ou être concernés par elle. Le journal local, *The Spencer Daily Reporter*, ne paraissant pas le dimanche ni le lundi, je me consolais le lundi matin en attendant les nouvelles du week-end.

« Bonjour, Vicki, lança Jean Hollis Clark, la directrice adjointe de la bibliothèque, en enlevant son écharpe et ses moufles. Quel temps de chien !

– Bonjour, Jean », lui répondis-je en reposant le journal.

Au centre de la salle de repos, contre le mur du fond, se trouvait une grosse boîte en métal pourvue d'un couvercle à charnières. Cette boîte mesurait soixante centimètres de haut, pour une largeur et une profondeur d'un mètre vingt, environ la taille d'une table basse. Une glissière en métal la reliait au mur. De l'autre côté, dans la ruelle à l'arrière du bâtiment, une fente était prévue pour glisser les livres en dehors des heures d'ouverture de la bibliothèque.

On trouve une foule de choses dans les boîtes de dépôt des bibliothèques : des ordures, des pierres, des boules de neige, des canettes de soda. Les bibliothécaires n'en parlent pas pour ne pas donner des idées aux gens, mais toutes les bibliothèques sont confrontées à ce problème. Les magasins de location de vidéos connaissent sans doute le même phénomène. Installez une ouverture dans un mur, et les soucis sont garantis, surtout si, comme c'était le cas pour la bibliothèque municipale de Spencer, cette ouverture donne dans une ruelle en face du collège de la ville. Parfois, en plein milieu de l'après-midi, un grand bruit sec nous faisait sursauter. Dans la boîte de dépôt, nous trouvions un pétard.

À la fin du week-end, la boîte était également pleine de livres, et chaque lundi je les chargeais sur l'un de nos chariots pour que les employés les enregistrent et les remettent en rayon dans la journée. Alors que je ramenais le chariot ce lundi matin-là, je vis Jean, figée, au milieu de la pièce.

« J'ai entendu un bruit.

– Quel genre de bruit ?

– Ça venait de la boîte. Je crois que c'est un animal.
– Quoi ?
– Un animal. Je crois qu'il y a un animal dans la boîte à livres. »

C'est alors que je l'entendis, un grondement sourd qui résonnait sous le couvercle en métal. Cela ne ressemblait pas à un bruit animal. On aurait plutôt dit un vieillard essayant de s'éclaircir la gorge, mais c'était impossible. L'ouverture de la glissière ne mesurait que quelques centimètres, il aurait vraiment manqué de place. C'était bien un animal, je n'en doutais pas, mais de quelle sorte ? Je m'agenouillai, saisis le couvercle, et priai pour que ce soit un écureuil.

La première chose que je sentis fut un souffle de vent glacé. Quelqu'un, par mégarde, avait coincé un livre dans la fente, qui était restée ouverte. Il faisait aussi froid dans la boîte qu'à l'extérieur, peut-être même plus puisqu'elle était doublée de métal. On aurait pu y conserver de la viande congelée. J'étais encore en train de reprendre mon souffle quand je vis le chaton.

Il était pelotonné à l'avant de la boîte, sur la gauche, la tête penchée, les pattes repliées sous lui, et essayait de se faire le plus petit possible. Les livres, entassés en vrac jusqu'en haut, le dissimulaient en partie. J'en soulevai un avec précaution pour mieux voir. Le chaton leva la tête et me regarda, doucement, tristement. Puis il la baissa et replongea dans son trou. Il n'essayait pas de faire le brave. Il n'essayait pas de se cacher. Je ne crois pas non plus qu'il avait peur. Il espérait juste qu'on le sauverait.

Je sais, dire qu'il me fit fondre fait vraiment cliché, mais il me semble que c'est exactement ce qui se passa à ce moment-là : tous mes os se liquéfièrent. Je ne suis pas quelqu'un de sentimental. Je suis une mère célibataire, une fille de la campagne qui s'est frayé un chemin à travers les tempêtes. Mais ça, c'était tellement... inattendu.

Je sortis le chaton de la boîte à livres. Il disparaissait presque totalement dans mes mains. Nous découvrîmes plus tard qu'il avait huit semaines, mais on ne lui aurait pas donné plus de huit jours, à le voir. Il était si maigre que je distinguais chacune de ses côtes. Je pouvais sentir les battements de son cœur, le rythme de ses poumons. Le pauvre chaton était si faible qu'il soutenait à grand-peine sa tête, et il tremblait de façon incontrôlable. Il ouvrit la bouche, mais le son qui en sortit deux secondes plus tard était faible et entrecoupé.

Ce froid. C'est ce dont je me souviens le mieux, car il me sembla impossible qu'un animal vivant puisse être à ce point glacé. On aurait dit qu'il n'avait aucune chaleur en lui. Je pris le chaton dans mes bras pour lui communiquer la mienne. Il ne lutta pas. Au lieu de ça, il se blottit contre ma poitrine, et posa sa tête contre mon cœur.

« Mince alors ! s'exclama Jean.

– Le pauvre petit, dis-je, en le serrant plus fort.

– Il est adorable. »

Pendant un moment, aucune de nous deux ne parla. Nous regardions le chaton. Enfin, Jean demanda : « Comment crois-tu qu'il est entré là-dedans ? »

Ce qui s'était passé la veille m'importait peu. Je pensais à l'instant présent. Il était trop tôt pour appeler le vétérinaire, qui n'arriverait pas avant une heure. Mais le chaton avait si froid. Même dans la chaleur de mes bras, je le sentais trembler.

« Il faut faire quelque chose », déclarai-je.

Jean attrapa un torchon et nous enveloppâmes la petite créature jusqu'à ce que son nez seul dépasse, ses grands yeux incrédules ouverts dans l'ombre.

« Donnons-lui un bain chaud, décidai-je. Cela calmera peut-être ses tremblements. »

Je remplis l'évier d'eau chaude et testai la température avec le coude tout en serrant le chaton contre moi. Il glissa dans l'évier comme un bloc de glace. Jean trouva du shampoing dans le placard à fournitures, et je frottai la petite bête doucement et tendrement, presque en le caressant. À mesure que l'eau se teintait de gris, les violents soubresauts se changeaient en doux ronronnement. Je souris. Ce chaton était un dur. Mais il était si jeune. Quand enfin je le sortis de l'évier, on eût dit un nouveau-né : des yeux aux paupières immenses et de grandes oreilles qui dépassaient d'une tête minuscule et d'un corps encore plus petit. Mouillé, sans défense, il miaulait faiblement pour appeler sa mère.

Nous le séchâmes avec le séchoir à colle que nous utilisions pour nos bricolages. Trente secondes plus tard, je tenais dans les mains un magnifique chat tigré roux aux longs poils, alors que j'avais cru qu'il était gris tellement il était crasseux.

Entre-temps Doris et Kim étaient arrivées, et nous étions désormais quatre à gazouiller autour du chaton comme des gamines. Huit mains semblaient le toucher simultanément. Je restais silencieuse, berçant le chaton comme un bébé d'avant en arrière, en me balançant d'un pied sur l'autre, tandis que mes trois collègues parlaient toutes en même temps :

« D'où vient-il ?

– De la boîte de dépôt.

– Non !

– C'est un mâle ou une femelle ? »

Je levai les yeux. Elles me regardaient toutes. « Un mâle, répondis-je.

– Il est magnifique.

– Quel âge a-t-il ?

– Comment a-t-il atterri dans la boîte ? »

Je n'écoutais pas. Je n'avais d'yeux que pour le chaton.

« Il fait si froid.

– Un froid de canard.

– C'est la matinée la plus glaciale de l'année. »

Il y eut une pause, puis : « Quelqu'un a dû le jeter dans la boîte.

– C'est horrible.

– Ils essayaient peut-être de le sauver. Du froid.

– Je ne sais pas… Il est si vulnérable.

– Il est tellement petit.

– Il est si mignon. Oh, il me fend le cœur. »

Je le posai sur la table. Le pauvre chaton pouvait à peine se tenir debout. Ses coussinets, gelés, allaient blanchir et peler dans la semaine. Le chaton réussit pourtant à accomplir une chose vraiment étonnante. Il se remit d'aplomb sur la table, et, lentement, nous regarda tour à tour. Puis il commença à clopiner. Chaque fois que l'une de nous tendait la main pour le caresser, il y frottait sa tête minuscule et ronronnait. Aux oubliettes, les horribles expériences de sa jeune vie. Oublié, le cruel qui l'avait jeté dans cette boîte à livres. C'était comme si, à partir de ce moment, il voulait remercier personnellement chaque individu qu'il rencontrerait de lui avoir sauvé la vie.

Cela faisait maintenant vingt minutes que j'avais sorti le chaton de la boîte de dépôt, et j'avais eu tout le temps de réfléchir – à la pratique autrefois courante d'avoir des chats de bibliothèque, à mon projet de rendre la bibliothèque plus agréable et attirante, à la logistique des bols d'eau, de la nourriture et de la litière, à l'expression de confiance sur le visage du chaton lorsqu'il s'était blotti contre ma poitrine et avait plongé ses yeux dans les miens. J'étais donc plus que prête lorsque quelqu'un finit par demander : « Qu'est-ce qu'on va en faire ?

– Eh bien, répondis-je, comme si l'idée venait juste de me traverser l'esprit, on pourrait peut-être le garder. »

2

Un nouvel employé

La joie que le chaton manifesta ce premier jour fut des plus étonnantes. Il se retrouvait dans un cadre inconnu, entouré d'étrangers qui se bousculaient pour le prendre et le caresser en gazouillant, et restait parfaitement calme. Il passa de main en main, dans toutes les positions, sans jamais manifester ni impatience ni nervosité. Pas une fois il ne mordit ni n'essaya de s'échapper. En fait, il se fondait dans les bras de quiconque s'en saisissait et plongeait son regard dans le vôtre.

Et ce n'était pas rien, car nous ne le laissâmes pas tranquille une seule seconde. Si quelqu'un le posait – parce qu'il fallait quand même travailler, parfois –, au moins cinq paires de mains se tendaient, prêtes à le saisir, à le garder et à l'aimer. Ce premier soir, lorsque je le posai à l'heure de la fermeture, je l'observai pendant cinq minutes pour m'assurer qu'il était capable de tituber jusqu'à son assiette et son bac de litière. Je crois que ses pauvres pattes gelées n'avaient pas touché le sol de la journée.

Le lendemain matin, Doris Armstrong apporta une couverture rose bien chaude. Doris était la grand-mère de la bibliothèque, notre mère poule. Nous la regardâmes tous se pencher pour grattouiller le chaton sous le menton, replier la couverture et l'arranger dans une boîte en carton. Le chaton entra avec précaution dans la boîte et pelotonna ses pattes sous son ventre pour se tenir chaud. Les yeux fermés de satisfaction béate, il ne put se reposer que quelques secondes avant que des bras ne le soulèvent pour un nouveau câlin. Ces quelques secondes suffirent. Le personnel de la bibliothèque avait été divisé pendant des années, et voilà que chacun faisait des concessions, que nous agissions ensemble comme une famille. Ce chaton était visiblement heureux de trouver un foyer dans notre bibliothèque.

Ce ne fut qu'en fin de matinée que nous partageâmes notre petit bonhomme avec une personne de l'extérieur. Il s'agissait de Mary Houston, l'historienne de Spencer, membre du conseil d'administration de la bibliothèque. Certes, le personnel avait déjà accepté le chaton, mais ce n'était pas à nous que revenait la décision de le garder. La veille j'avais appelé le maire, Squeege Johnson, qui vivait le dernier mois de son mandat. Comme je m'en doutais, il s'en fichait éperdument. Squeege n'était pas un lecteur ; je ne suis pas convaincue qu'il ait su qu'il y avait une bibliothèque dans sa ville. Le juge, que j'appelai juste après, ne connaissait aucune loi interdisant l'accès des animaux à la bibliothèque et ne comptait pas perdre son temps à en chercher une. Cela m'allait très bien. Le conseil d'administration de la bibliothèque, comité de citoyens nommés par le maire pour superviser la bibliothèque, aurait le dernier mot. Sans être contre l'idée d'un chat de bibliothèque, ils ne débordaient pas d'enthousiasme. Leur réponse fut davantage « Essayons » que « Nous vous soutenons à 100 % ! ».

Voilà pourquoi il était crucial de rencontrer un membre du conseil d'administration comme Mary. Accepter qu'un animal vive dans la bibliothèque était une chose ; mais accepter cet animal-*là* en était une autre, totalement différente. On ne peut pas mettre n'importe quel chat, si mignon soit-il, dans une bibliothèque. S'il n'est pas sociable, il se fera des ennemis. S'il est trop timide ou timoré, personne ne prendra sa défense. S'il n'est pas patient, il mordra. S'il est trop exubérant, il sèmera la pagaille. Par-dessus tout, il doit aimer être avec des gens, et il doit se faire aimer. En bref, il faut que ce soit le chat idéal.

Le nôtre ne me laissait aucun doute. Dès le premier jour, au moment où, si calme et si content, il avait plongé ses yeux dans les miens, j'avais compris qu'il convenait parfaitement à notre bibliothèque. Son cœur ne s'était pas emballé quand je l'avais pris dans mes bras, ses yeux n'avaient pas trahi le moindre soupçon de panique. Il me faisait totalement confiance. Il faisait confiance à tout le monde ici. C'était ce qui le rendait unique : cette confiance totale et sans mesure. Et c'était pour cela que, moi aussi, j'avais confiance en lui.

Cela ne m'empêcha pourtant pas de ressentir un pincement d'inquiétude en faisant entrer Mary dans l'espace réservé au personnel. En prenant le chaton dans mes bras et en me retournant pour lui faire face, dans un moment de doute je sentis mon propre cœur s'emballer. Quand le chaton avait plongé ses yeux dans les miens, il s'était passé quelque chose : un lien s'était noué. Pour moi, il n'était pas qu'un simple chat. Nous ne nous connaissions que depuis un jour, mais l'idée de vivre sans lui m'était déjà insupportable.

« Le voilà donc ! » s'exclama Mary avec un sourire. Mon étreinte se resserra un peu alors qu'elle tendait la main pour lui caresser la tête, mais Dewey ne se raidit même pas. Il allongea même le cou pour lui renifler la main.

« Mais qu'il est beau… », s'attendrit Mary.

Beau. Cet adjectif revint sans cesse au cours des jours suivants, et pour cause : impossible de le qualifier autrement. C'était un beau chat. Son pelage aux rayures sombres était un mélange de roux vibrant et de blanc. Ses poils s'allongeraient avec l'âge, mais au début de sa vie, ils étaient épais et seul son cou était recouvert de poils plus longs, ce qui lui donnait une certaine élégance. Beaucoup de chats ont le nez pointu, ou une bouche qui avance un peu trop, ou sont un peu de guingois, mais la tête de ce chaton était parfaitement proportionnée. Et ses yeux, ses immenses yeux dorés…

Mais son apparence ne suffisait pas à elle seule à le rendre si beau : sa personnalité y était pour beaucoup. Si vous étiez un ami des chats, le tenir vous suffisait. Quelque chose dans son expression, sa façon de vous regarder, appelait l'amour.

« Il aime qu'on le berce, expliquai-je à Mary en le glissant doucement dans ses bras. Non, sur le dos. C'est ça. Comme un bébé.

– Un bébé d'une livre.

– Je ne suis même pas sûre qu'il pèse autant. »

Le chaton remua la queue et se blottit dans les bras de Mary. Finalement, sa confiance instinctive ne se limitait pas au personnel de la bibliothèque, mais s'étendait à tout le monde.

Mary fondit.

« Oh Vicki ! Il est adorable. Comment s'appelle-t-il ?

– Nous l'avons baptisé Dewey. D'après la classification décimale de Dewey. Mais nous n'avons pas encore décidé vraiment.

– Bonjour, Dewey. Tu aimes la bibliothèque ? » Dewey fixa Mary et poussa sa tête contre son bras. Mary me regarda en souriant : « Je pourrais le garder comme ça toute la journée. »

Naturellement, elle n'en fit rien. Elle me redonna Dewey, et je l'emmenai. Tout le personnel nous attendait. « Ça s'est bien passé, les rassurai-je. Et d'une ! »

Nous commençâmes progressivement à présenter Dewey aux quelques habitués dont nous savions qu'ils aimaient les chats. Comme il était encore fragile, nous le mettions directement dans leurs bras. Le deuxième jour, Marcie Muckey vint à la bibliothèque. Coup de foudre immédiat. Mike Baehr et sa femme Peg l'adorèrent. « C'est une idée géniale », dirent-ils : un bon point pour nous, car Mike faisait partie du conseil d'administration. Pat Jones et Judy Johnson le trouvèrent adorable. En fait, il y avait quatre Judy Johnson à Spencer. Les deux qui fréquentaient régulièrement la bibliothèque étaient des fans de Dewey. Avec dix mille habitants, est-ce qu'une ville est grande ? Elle l'était assez en tout cas pour abriter quatre Judy Johnson, trois magasins de meubles, deux rues commerçantes équipées de feux tricolores, et un manoir. Que tout le monde appelait le Manoir. Typique de l'Iowa : pas de chichis, pas de soucis, que du concret.

Une semaine plus tard, l'histoire de Dewey faisait la une du *Spencer Daily Reporter* sous le titre « Chat-perlipopette ! Une nouvelle recrue à la bibliothèque ». L'article, qui racontait sur une demi-page l'histoire du sauvetage miraculeux de Dewey, était illustré par la photo en couleurs d'un minuscule chaton roux qui regardait l'objectif timidement, mais en toute confiance, du haut d'un vieux fichier à tiroirs.

La publicité est une chose dangereuse. Pendant une semaine, le personnel de la bibliothèque et quelques habitués triés sur le volet avaient été les seuls à connaître l'existence de Dewey. Qui ne fréquentait pas les lieux ignorait tout de lui. À présent, la ville entière était au courant mais la plupart des gens ne manifestèrent aucun intérêt pour Dewey. En revanche, son irruption fit le bonheur de deux catégories de personnes : les amoureux des chats et les enfants. Les sourires des enfants, leur excitation et leurs rires suffirent à me convaincre qu'il fallait que Dewey reste avec nous.

Et puis il y avait les grognons. Je fus un peu déçue, je dois l'admettre, mais pas surprise. Il y a toujours, sur la terre que Dieu a créée, quelqu'un pour critiquer tout et n'importe quoi, y compris Dieu et sa création.

Une femme prit particulièrement mal la chose. Je reçus, de même que tous les membres du conseil municipal, une lettre où se déchaînaient les foudres de l'enfer : à l'en croire, les enfants allaient tourner de l'œil, terrassés par de soudaines crises d'asthme, et les femmes enceintes faire des fausses couches à la seule vue du bac de litière. J'étais une folle meurtrière qui, non contente de mettre en péril la vie de tous les enfants innocents de la ville, nés et à naître, s'attachait à détruire le tissu social de la communauté. Un animal !

Dans une bibliothèque ! Si on laissait passer ça, qui empêcherait quelqu'un d'autre de balader sa vache sur Grand Avenue ? En fait, elle alla jusqu'à menacer de venir à la bibliothèque incessamment avec sa vache à elle. Heureusement, personne ne la prit au sérieux. Je ne doute pas qu'elle n'était pas seule à penser de la sorte, même si elle avait une tendance à l'exagération, mais la colère des autres ne me concernait pas. Aucun d'entre eux n'était du style à fréquenter la bibliothèque.

Les appels téléphoniques angoissés m'inquiétaient bien davantage. « Mon enfant est allergique. Que vais-je faire ? Il adore la bibliothèque. » Je savais que ce serait l'inquiétude la plus courante, et j'y étais préparée. Un an plus tôt, Muffin, le chat mascotte de la bibliothèque de Putnam Valley dans le nord de l'État de New York, avait été exilé après qu'un membre du conseil d'administration de la bibliothèque avait développé une grave allergie aux poils de chat. Après ce renvoi, la bibliothèque avait vu une donation de 80 000 dollars lui passer sous le nez. Je n'avais pas l'intention de laisser mon chat, ou ma bibliothèque, prendre le même chemin que Muffin.

Il n'y avait pas d'allergologue à Spencer, je demandai donc conseil à deux généralistes. La bibliothèque municipale de Spencer, soulignèrent-ils, était un vaste espace ouvert, divisé par des rayonnages d'un mètre vingt de haut. L'espace réservé au personnel, mon bureau et les placards à fournitures étaient entourés d'une cloison qui s'arrêtait à un mètre quatre-vingts du plafond. Cette cloison était percée de deux ouvertures dépourvues de portes, ce qui permettait de se déplacer librement. Même l'espace réservé au personnel était un espace ouvert, meublé de tables accolées ou séparées par des étagères.

Non seulement cette disposition permettrait à Dewey d'accéder facilement à l'espace réservé au personnel quand il le désirerait, mais les médecins m'assurèrent qu'elle éviterait la formation de boules de poils. Apparemment, la bibliothèque était parfaitement conçue pour éviter les allergies. S'il y avait eu des personnes atteintes parmi le personnel, cela aurait pu poser un problème, mais les médecins s'accordèrent à dire qu'il n'y avait pas de souci à se faire pour seulement quelques heures d'exposition de temps en temps.

Je parlai personnellement à chaque visiteur manifestant une inquiétude, et leur fis part de cet avis professionnel. Les parents étaient sceptiques, naturellement, mais la plupart emmenèrent leurs enfants à la bibliothèque pour faire un essai. Je tenais Dewey dans mes bras à chaque visite. Si je ne savais pas comment les parents allaient réagir, j'ignorais tout autant quelle réaction aurait Dewey face à des enfants si excités de le voir. Les mères ordonnaient à leurs petits de rester tranquilles et d'être gentils. Les enfants s'approchaient doucement et timidement et murmuraient : « Bonjour, Dewey… » avant de pousser des cris perçants quand leurs mères les poussaient vers la sortie : « Ça suffit maintenant. » Le bruit ne dérangeait pas Dewey, c'était le chaton le plus calme qu'il m'avait jamais été donné de voir. Je crois en revanche qu'il était contrarié que ces enfants ne puissent pas le caresser.

Quelques jours plus tard, une famille revint avec un appareil photo. Et cette fois, le petit garçon allergique, source de tant d'inquiétudes pour sa mère, était assis à côté de Dewey et le caressait pendant que sa mère immortalisait le moment.

« Justin ne peut pas avoir d'animal, m'expliqua-t-elle. Je ne m'étais jamais rendu compte à quel point cela lui manquait. Il aime déjà Dewey. »

Moi aussi, j'aimais déjà Dewey. Nous l'aimions tous. Comment résister à son charme ? Il était beau, caressant, sociable – et ses minuscules pattes gelées le faisaient encore boiter. J'avais du mal à réaliser à quel point il était déjà attaché à nous. Il paraissait tellement à son aise au milieu de parfaits étrangers. Il semblait penser : comment peut-on ne pas aimer un chat ? Ou plus simplement : qui pourrait me résister ? Je ne tardai pas à comprendre que Dewey ne se considérait pas comme un chat ordinaire. Il se trouvait unique. Il avait raison.

3

Dewey Readmore Books

Dewey pouvait s'estimer heureux. Non seulement il avait survécu à la boîte à livres glaciale, mais il était tombé dans les bras d'une équipe qui l'aimait et dans une bibliothèque parfaitement adaptée à ses besoins. Incontestablement, sa vie était un enchantement. Mais Spencer aussi avait eu de la chance, car Dewey n'aurait pu surgir dans nos vies à un meilleur moment. Cet hiver-là ne fut pas seulement glacial, ce fut l'un des pires de l'histoire de Spencer.

Les habitants des grandes villes ont pu oublier la crise agricole des années 1980. Peut-être vous rappelez-vous Willie Nelson et Farm Aid [1], les articles racontant l'effondrement de l'agriculture familiale, les petites exploitations qui cédaient la place à des fermes-usines s'étendant sur des kilomètres sans qu'on

1. Willie Nelson était l'un des organisateurs de Farm Aid, concert donné pour la première fois en 1985 en faveur des agriculteurs victimes de la crise. Ces concerts sont devenus un événement annuel.

aperçoive une habitation, ni même un travailleur agricole. Pour la plupart des gens, ce n'était qu'une histoire, rien qui les affecte directement.

À Spencer, c'était tangible : dans l'air, dans le sol, dans chaque mot. Malgré une base industrielle solide, nous restions une ville rurale. Notre vie dépendait des agriculteurs, et la leur dépendait de nous. Or, dans les fermes, tout s'effondrait. Nous connaissions toutes ces familles, installées dans la région depuis des générations, et dont la fatigue nerveuse devenait palpable. Les agriculteurs commencèrent par ne plus venir acheter de nouveaux équipements ni de pièces détachées, se contentant de faire les réparations eux-mêmes. Puis ils réduisirent leurs achats de biens de consommation courante. Enfin, ils cessèrent de rembourser leurs prêts, comptant sur une meilleure récolte pour rééquilibrer les comptes. Mais, le miracle ne se produisant pas, les banques saisirent les biens hypothéqués. Presque la moitié des fermes du nord-ouest de l'Iowa furent ainsi saisies dans les années 1980. Les nouveaux propriétaires étaient pour la plupart des conglomérats agricoles géants, appartenant à des spéculateurs ou à des compagnies d'assurances.

La crise agricole ne fut pas une catastrophe naturelle comme le Dust Bowl des années 1930 [1]. Ce fut avant tout une catastrophe financière. En 1978, les terres arables du comté de Clay valaient 900 dollars l'acre. Puis les prix s'envolèrent. En 1982, elles se vendaient à 2 000 dollars l'acre. Un an plus tard, elles atteignaient 4 000 dollars. Les agriculteurs empruntèrent

1. Tempêtes de poussière qui détruisirent les récoltes et jetèrent des milliers de fermiers sur les routes dans les années 1930.

pour se mettre à acheter. Pourquoi pas, puisque les prix augmentaient sans cesse et qu'on pouvait gagner plus d'argent en revendant les terres qu'en les cultivant ?

Puis l'économie ralentit. Les prix commencèrent à baisser et les crédits se tarirent. Les fermiers ne purent engager leurs terres pour acheter de nouveaux équipements, ni même de nouvelles semences. Les prix des récoltes n'étaient pas assez élevés pour payer les intérêts des emprunts précédents, dont beaucoup avaient des taux supérieurs à 20 %. Il fallut quatre ou cinq ans pour toucher le fond, avec des périodes de faux marasme, suivies de faux espoirs, mais les forces de l'économie tiraient sans relâche nos agriculteurs vers le bas.

En 1985, Land O'Lakes, un gros producteur de margarine, ferma son usine implantée au nord de la ville. Peu de temps après, le taux de chômage atteignit 10 %, ce qui n'aurait pas paru si terrible si la population de Spencer n'était passée de 11 000 à 8 000 âmes en quelques années seulement. Les maisons perdirent un quart de leur valeur du jour au lendemain. Les gens quittaient le comté, parfois même l'Iowa, à la recherche d'un emploi.

Le prix des terres arables continua de chuter, provoquant de nouvelles saisies de fermes. Mais la vente aux enchères des terres ne couvrait pas les emprunts, et les banques en étaient de leur poche. C'étaient des banques rurales, la colonne vertébrale des petites villes. Elles prêtaient de l'argent aux fermiers du coin, à des hommes et des femmes qu'elles connaissaient et en qui elles avaient confiance. Quand les agriculteurs furent dans l'impossibilité de payer, le système s'effondra. Dans tout l'Iowa, des banques firent faillite. Tout le Midwest fut touché. Les crédits immobiliers de Spencer furent vendus à des étrangers pour une bouchée de pain, mais les nouveaux propriétaires n'avaient pas l'intention de contracter de nouveaux emprunts. Le développement économique se mit à stagner. En 1989, pas un seul permis de construire ne fut délivré dans la ville de Spencer. Pas un. Personne ne voulait investir dans une ville agonisante.

Chaque Noël, Spencer avait un père Noël. Les commerçants finançaient une tombola et offraient un voyage à Hawaii. En 1979, le père Noël n'aurait pas pu trouver une seule devanture libre où s'installer. En 1985, on comptait vingt-cinq vitrines vides, soit 30 % des commerces de la ville. Le voyage à Hawaii fut annulé. Le père Noël vint de justesse en ville. La plaisanterie qui circulait alors disait : « Que le dernier commerçant de Spencer à partir éteigne la lumière. »

La bibliothèque faisait ce qu'elle pouvait. Quand Land O'Lakes avait quitté la ville, nous avions créé une banque de l'emploi qui contenait toutes nos listes de métiers, nos livres sur les compétences, les descriptions de postes et les formations professionnelles. Nous avions également mis un ordinateur à la disposition du public, pour que les habitants, hommes et femmes, puissent rédiger leurs CV et des lettres de motivation. Beaucoup n'en avaient jamais vu. Le nombre d'utilisateurs de cette banque de l'emploi était presque décourageant. Et si cela déprimait une bibliothécaire active, imaginez l'état d'esprit d'un ouvrier d'usine au chômage, de petits commerçants en faillite ou d'employés agricoles sans emploi.

Puis Dewey nous tomba du ciel. Je ne veux pas exagérer son rôle à ce moment-là, car il ne mit de pain sur la table de personne. Il ne créa pas d'emplois. Il n'inversa pas la tendance de notre économie. Mais l'un des pires effets des périodes de récession est leur répercussion sur le moral. Quand les temps sont durs, toute votre énergie disparaît. Les problèmes accaparent vos pensées et ternissent tous les événements de votre vie. De mauvaises nouvelles vous empoisonnent aussi sûrement que du mauvais pain. Au moins, Dewey nous changeait les idées.

Mais il était tellement plus qu'une simple distraction. L'histoire de Dewey trouvait un écho dans celle des habitants de Spencer. Nous nous identifiions à lui. N'avions-nous pas été abandonnés, tous, dans une ruelle sombre par les banques ? Par des forces économiques venues d'ailleurs ? Par le reste de l'Amérique, qui mangeait notre nourriture sans se soucier de nous qui la produisions ?

Et voilà que débarquait ce chat de gouttière, laissé pour mort dans une boîte glaciale, seul et terrifié, mais qui s'accrochait à la vie. Il avait survécu à cette nuit obscure, et cet événement terrible fut la meilleure chose qui lui soit jamais arrivée. Il ne perdit jamais confiance, quelles que soient les circonstances, ni son goût de la vie. Il était humble. « Humble » n'est peut-être pas le bon mot – c'était un chat, après tout –, mais il n'avait rien d'arrogant. C'était peut-être la confiance de celui qui a échappé à la mort, la sérénité que l'on trouve lorsqu'on est allé tout au bout, au-delà de l'espoir, et qu'on en est revenu. Je l'ignore. Tout ce que je sais, c'est que, à partir de l'instant où nous l'avions trouvé, Dewey s'était mis à croire que tout irait bien.

Et par sa seule présence, il en persuadait les autres. Il lui fallut dix jours pour reprendre assez de forces pour être capable d'explorer tout seul la bibliothèque. Une fois remis, il fut clair qu'il ne s'intéressait ni aux livres, ni aux étagères, ni aux autres objets. Il était attiré par les gens. S'il y avait un lecteur dans la bibliothèque, il se dirigeait droit sur lui – lentement, à cause de ses pattes douloureuses, mais sans clopiner – et lui sautait sur les genoux. Le plus souvent il se faisait repousser, mais il ne se laissait jamais décourager par un rejet. Dewey persista à sauter, à rechercher des girons où se blottir et des mains pour le caresser, et les choses commencèrent à changer.

Je le remarquais avec les plus vieux habitués, qui venaient souvent à la bibliothèque pour feuilleter des magazines ou des livres. Lorsque Dewey commença à passer du temps avec eux, leurs visites se firent plus fréquentes et ils restèrent plus longtemps. Quelques-uns, mieux vêtus, semblaient accorder plus de soin à leur apparence. Avant, ils saluaient gentiment le personnel de la main ou lançaient un bonjour en passant, mais à présent ils entamaient la conversation avec nous, et, en général, Dewey était au centre de la discussion. Ils ne se lassaient pas d'en entendre parler. Ils ne tuaient plus le temps : ils rendaient visite à des amis.

Un homme âgé, en particulier, venait tous les matins à la même heure, s'asseyait dans le même fauteuil confortable et lisait le journal. Il était veuf depuis peu, et je savais qu'il se sentait seul. Je n'imaginais pas qu'il aimait les chats, mais à peine Dewey lui avait-il sauté sur les genoux que l'homme s'était mis à rayonner. Voilà qu'il ne lisait plus le journal tout seul. « Tu es bien, là, Dewey ? » demandait-il chaque matin en caressant son nouvel ami. Dewey fermait les yeux et, la plupart du temps, s'assoupissait.

Et puis il y avait cet homme, à la banque de l'emploi. Je ne le connaissais pas personnellement, mais je pus facilement deviner son profil – fier, travailleur, résistant –, et je savais qu'il souffrait. Il était de Spencer, comme la plupart des hommes qui utilisaient la banque de l'emploi ; un ouvrier, pas un agriculteur. Pour chercher un emploi, comme pour travailler, il revêtait un jean et la chemise réglementaire, et n'utilisait jamais l'ordinateur. Il étudiait les manuels de CV, consultait nos listes de métiers, ne demandait jamais d'aide. Il était calme, constant, imperturbable, mais à mesure que les semaines passaient, je sentais la tension dans son dos et je voyais ses rides s'accentuer sur son visage toujours rasé de près. Chaque matin, Dewey tentait de l'approcher, mais l'homme le repoussait invariablement. Jusqu'à ce qu'un jour je voie Dewey assis sur ses genoux. Pour la première fois depuis des semaines, l'homme souriait. Il restait courbé, et on lisait encore la tristesse dans ses yeux, mais il souriait. Peut-être Dewey n'avait-il pas grand-chose à offrir, mais cet hiver 1988, il donna exactement ce dont Spencer avait besoin.

Je fis alors don de notre chaton à la communauté. Le personnel le comprit. Ce n'était pas notre chat, pas vraiment. Il appartenait aux habitués de la bibliothèque de Spencer. Je plaçai une boîte près de la porte d'entrée, juste à côté de la banque de l'emploi, et dis aux lecteurs : « Vous savez, le chat qui s'assoit sur vos genoux et vous aide à rédiger votre CV, celui qui lit le journal avec vous, qui vole le rouge à lèvres dans votre sac à main et vous aide à trouver la section fiction, eh bien, c'est votre chat, et je veux que vous nous aidiez à lui trouver un nom. »

Je n'étais directrice de la bibliothèque que depuis six mois, mon enthousiasme pour les concours était encore intact. Plusieurs fois par an, nous placions une boîte dans l'entrée, passions une annonce à la station de radio locale, offrions un prix au vainqueur, et essayions d'entretenir l'intérêt pour les dernières nouvelles de la bibliothèque. Un bon concours promettant un prix intéressant pouvait obtenir jusqu'à 50 participations. Pour un prix qui avait de la valeur, un téléviseur par exemple, jusqu'à 70 personnes s'inscrivaient. Mais en général, le nombre de participants tournait autour de 25. Notre concours « Baptisez le chaton », qui ne fut pas annoncé à la radio parce que je voulais que seuls les habitués de la bibliothèque y participent, et qui ne proposait aucun prix, compta 397 participations. Trois cent quatre-vingt-dix-sept ! À ce moment-là, je réalisai que la bibliothèque vivait un événement important. L'intérêt manifesté par notre communauté pour Dewey dépassait toutes les prévisions.

Le chat Garfield, grand amateur de lasagnes, étant alors à l'apogée de sa popularité, Garfield fut très proposé. Neuf personnes proposèrent Tigre. Tigrou atteignit presque le même score. Morris recueillit aussi plusieurs voix, d'après le nom de la mascotte des publicités d'aliments pour chats Nine Lives. Même des anomalies culturelles comme Alf (une marionnette extraterrestre qui animait sa propre émission télévisée) et Spuds (d'après Spuds McKenzie, le chien fêtard d'une célèbre publicité pour de la bière) furent suggérées. Quelques propositions mesquines furent avancées, comme Sac à Puces, et certains franchirent la frontière ténue entre intelligence et bizarrerie, avec Minou Amadeus Bonbon (un soudain accès de gourmandise ?), Bibliothèque (curieux pour un mâle), Hopsnopper, Wagon et Nukster.

Mais les propositions les plus nombreuses, plus de cinquante, furent de loin pour Dewey. Apparemment, le public de la bibliothèque s'était déjà attaché au chaton, et il ne voulait pas qu'il change. Pas même de nom. Et, pour être franche, le personnel non plus ne le souhaitait pas. Nous nous étions attachés à Dewey pour ce qu'il était.

Mais ce nom n'était pas complet. Il fallait lui trouver un nom de famille. Mary Walk, notre bibliothécaire de la section enfants, suggéra Readmore. Une publicité diffusée pendant les dessins animés du samedi matin – c'était à l'époque où les dessins animés n'étaient destinés qu'aux enfants, et diffusés uniquement avant midi le samedi – montrait un chat dessiné appelé O. G. Readmore qui incitait les enfants à « lire un livre et regarder la télé dans votre tête ». Je suis sûre que son nom vint de là. Dewey Readmore [1]. On y était presque, mais ce n'était pas tout à fait ça encore. Je suggérai alors d'y ajouter Books [2].

Dewey Readmore Books. Un nom pour les bibliothécaires, qui utilisent le système de classification décimale de Dewey. Un nom pour les enfants. Et un nom pour tout le monde.

Nous mettait-il au défi de lire davantage ? Un tel nom était capable de nous mettre tous d'humeur à

1. *Read*, en anglais, signifie « lire » et *more* « davantage ».
2. « Livres », en français.

apprendre. Toute la ville allait se cultiver et s'informer en un rien de temps.

Dewey Readmore Books. Trois noms pour notre chat majestueux, si beau et si confiant. Je suis sûre que nous l'aurions appelé Sir Dewey Readmore Books si l'idée nous avait traversé l'esprit, mais nous n'étions pas que des bibliothécaires. Nous étions de l'Iowa. Les cérémonies, très peu pour nous. Ni pour Dewey. Nous n'utilisâmes jamais que son prénom, abrégé parfois en « Dew ».

4

Une journée à la bibliothèque

Les chats aiment leurs habitudes, et Dewey ne tarda pas à se créer une routine bien à lui. Lorsque j'arrivais à la bibliothèque chaque matin, il m'attendait à la porte. Il mangeait un peu pendant que j'accrochais mon sac et mon manteau, puis nous déambulions tous deux dans la bibliothèque pour vérifier que tout était en place et nous raconter notre soirée. Dewey était plus renifleur que bavard, mais ça m'était égal. La bibliothèque, aux aubes autrefois froides et mortes, prenait vie.

Après notre promenade, Dewey rendait visite au personnel. Si quelqu'un passait une mauvaise matinée, il s'attardait auprès de lui. Jean Hollis Clark venait de se marier et mettait quarante-cinq minutes pour se rendre d'Estherville à la bibliothèque. On pourrait penser que cela la mettait à bout de nerfs, mais Jean était la personne la plus calme que j'aie jamais connue. La seule chose qui pouvait la contrarier, c'était un conflit entre deux employés de la bibliothèque. Elle portait alors cette tension en elle jusqu'au lendemain matin, et Dewey était toujours là pour la réconforter. Il savait instinctivement qui avait besoin de lui, et il était toujours prêt à donner de son temps. Mais jamais trop. À neuf heures moins deux, Dewey interrompait ce qu'il était en train de faire et se précipitait à la porte d'entrée.

À neuf heures, à l'ouverture des portes, il y avait toujours quelqu'un qui attendait dehors et entrait en disant : « Salut, Dewey, comment ça va ce matin ? »

Bienvenue, bienvenue, l'imaginais-je lancer depuis son poste à gauche de la porte. *Une petite caresse pour le chat ?*

Pas de réponse. Les personnes qui venaient si tôt étaient souvent pressées et n'avaient pas le temps de s'attarder à bavarder avec un félin.

Pas de caresse ? D'accord. Il y a toujours quelqu'un qui vient de là où vous venez – où que ce soit.

Il ne lui fallait pas longtemps pour trouver des genoux, et comme il était déjà levé depuis deux heures, il était temps pour lui de faire un petit somme. Dewey était déjà tellement à l'aise dans la bibliothèque qu'il n'avait aucun souci pour s'endormir au milieu de la foule. Il préférait les genoux, naturellement, mais s'il n'y en avait pas de disponibles, il se pelotonnait dans une boîte. Les fiches étaient présentées dans des boîtes minuscules, de la taille, à peu près, des cartons à chaussures pour bébés. Dewey mettait ses quatre pattes à l'intérieur, puis il s'asseyait et laissait le reste de son corps déborder de tous les côtés. Quand la boîte était un tout petit peu plus grande, il y fourrait sa tête et sa queue. La seule chose que l'on pouvait y voir alors était une grosse touffe de poils qui dépassait. On aurait dit un muffin. Un matin, je le trouvai en train de dormir à côté d'une boîte pleine de fiches dans laquelle il avait glissé une seule patte. Il lui avait sans doute fallu des heures pour admettre à regret qu'il ne pourrait rien y caser d'autre.

Peu de temps après, je le vis s'introduire lentement dans une boîte de Kleenex à moitié vide. Il glissa d'abord ses deux pattes avant dans la fente, puis s'engagea délicatement dans l'ouverture. Lentement, il s'assit sur ses pattes de derrière et aplatit le dos jusqu'à être calé dans la boîte. Puis il plia ses pattes avant et entreprit d'introduire les épaules. L'opération dura quatre ou cinq minutes, mais, au final, seules sa tête et sa queue dépassaient. Je le regardai, les yeux mi-clos perdus dans le lointain, prétendre que le reste du monde n'existait pas.

À cette époque, l'Iowa fournissait des feuilles de déclaration de revenus et des enveloppes, et nous mettions toujours une boîte pleine de formulaires à la disposition du public. Dewey passa probablement la moitié de son premier hiver pelotonné dans cette boîte. Un jour, un visiteur demanda, inquiet : « J'ai besoin d'un formulaire, mais je ne veux pas déranger Dewey. Comment faire ?

– Ne vous inquiétez pas. Il dort.

– Ça ne va pas le réveiller si je prends une enveloppe ? Il dort dessus.

– Oh non, Dew a un sommeil de plomb. »

Il le poussa gentiment sur le côté et, bien plus prudemment qu'il n'était nécessaire, saisit une enveloppe. Il aurait pu la prendre d'un coup à la manière d'un magicien qui tire sur la nappe sans déranger la vaisselle, cela n'aurait fait aucune différence.

« Les poils de chat sont gracieusement offerts avec l'enveloppe. »

Dewey aimait aussi faire sa sieste sur l'arrière de la photocopieuse. « Ne vous en faites pas, dis-je aux utilisateurs déconcertés pour les rassurer, vous ne le dérangez pas. Il dort là parce que c'est chaud. Plus vous faites de copies, plus la machine chauffe, plus il est content. »

Si les visiteurs n'étaient pas encore sûrs de l'attitude à adopter face à Dewey, ce n'était pas le cas du personnel. L'une de mes premières décisions fut que la bibliothèque ne dépenserait jamais rien pour Dewey, pas le moindre cent. Nous avions une cagnotte pour Dewey dans la salle de repos. Tous les membres du personnel y mettaient leurs pièces jaunes. Beaucoup d'entre nous rapportaient des canettes de soda vides de la maison. Elles étaient consignées, et l'une de nos employées, Cynthia Behrends, les remettait chaque semaine à un point de recyclage. Toute l'équipe alimentait la cagnotte pour nourrir le chat.

En échange de ces modestes contributions, il nous donnait de nombreuses heures de plaisir. Dewey adorait les tiroirs, et il avait pour habitude d'en surgir d'un bond au moment où vous vous y attendiez le moins. Quand vous remettiez des livres en rayon, il sautait sur le chariot pour une balade dans la bibliothèque. Et quand Kim Peterson, la secrétaire, commençait à taper à la machine, nous savions que le spectacle allait commencer. Dès que j'entendais les touches, j'interrompais mon travail et j'attendais le signal…

« Dewey essaie encore d'attraper les trucs qui claquent ! » criait Kim.

Je me précipitais alors pour voir Dewey perché sur l'arrière de l'énorme machine à écrire Daisy Wheel de Kim. Sa tête tournait brusquement d'un côté et de l'autre à mesure que le chariot se déplaçait de droite à gauche puis revenait, jusqu'à ce qu'il craque et bondisse sur « les trucs qui claquent », qui n'étaient autres que les lettres qui venaient frapper le papier. Tout le personnel était là, à le regarder en riant. Les bouffonneries de Dewey attiraient toujours la foule.

Et c'était un tour de force. Tout le monde à la bibliothèque était plein de bonnes intentions, mais, au fil des ans, l'équipe s'était divisée et des cliques s'étaient formées. Seule Doris Armstrong, plus âgée et sans doute plus sage que le reste d'entre nous, réussissait à bien s'entendre avec tout le monde. Elle plastifiait les nouveaux livres assise à un grand bureau au milieu de l'espace réservé au personnel, et savait nous rassembler grâce à son humour et à sa gaieté. Elle était, de loin, la plus grande amatrice de chats, et son bureau ne tarda pas à devenir l'un des endroits favoris de Dewey. Il venait s'y vautrer en fin de matinée, donnait des coups de patte aux grandes feuilles en plastique, et devenait à la fois le nouveau point de mire et l'ami de tout le personnel. Nous avions enfin une chose à partager. Et, tout aussi important, il était également l'ami de tous nos enfants (ou, dans le cas de Doris, petits-enfants). D'accord, rien de concret ne se produisit, personne ne se fit d'excuses ni ne tenta de résoudre les problèmes, mais quand Dewey arrivait, la tension se relâchait. Nous riions, nous étions plus heureux : Dewey nous avait réunis.

Aussi divertissantes que soient les activités de Dewey, il n'oubliait jamais ses habitudes. À 10 h 30 exactement, il se levait et partait dans la salle de repos. Jean Hollis Clark mangeait un yaourt pendant sa pause, et s'il restait assez longtemps, elle le laissait lécher le pot. Jean était quelqu'un de calme et de travailleur, mais elle trouvait toujours le moyen de s'occuper de Dewey. Si Dewey voulait faire une pause, il s'allongeait mollement sur l'épaule gauche de Jean, jamais la droite, pendant qu'elle classait des documents. Après quelques mois, Dewey ne nous laissa plus le bercer dans nos bras (plus de son âge, probablement) et tout le personnel adopta la technique de l'épaule de Jean. Nous l'appelâmes le port Dewey.

Dewey m'aidait à prendre des pauses aussi, ce qui était agréable car j'avais tendance à travailler trop dur. Je restais souvent penchée au-dessus de mon bureau pendant des heures, si concentrée sur les chiffres du budget ou des comptes rendus que je ne voyais même pas que Dewey était là, jusqu'à ce qu'il me saute sur les genoux.

« Comment ça va, bébé ? lui dis-je un jour en souriant. C'est un plaisir de te voir. » Je le caressai un peu avant de me remettre au travail. Insatisfait, il sauta sur mon bureau et commença à renifler. « Oh, tu t'es assis par hasard sur le papier que je lisais, hum ? Une coïncidence, je suppose ? »

Je le posai par terre. Il remonta d'un bond. « Pas maintenant, Dewey. Je suis occupée. » Je le remis par terre. Il remonta. Peut-être qu'en l'ignorant…

Il poussa mon crayon de la tête. Je l'écartai. *D'accord*, pensa-t-il, *je vais faire tomber tous ses crayons, alors.* Ce qu'il s'employa à faire, un crayon après l'autre, en les regardant tomber. Je ne pus m'empêcher de rire.

« C'est bon, Dewey, tu as gagné. » Je froissai une feuille de papier et la lui lançai. Il courut après, la renifla et revint. Un chat dans toute sa splendeur. Toujours prêt à jouer, mais pas du genre à rapporter. Je me levai pour aller chercher le papier et le lançai encore quelques fois. « Qu'est-ce que je vais faire de toi ? »

Mais tout n'était pas si gai et si léger. C'était moi la patronne, et j'avais des responsabilités, comme laver le chat, par exemple. La première fois que je lavai Dewey, je pensai, pleine d'illusions, que tout irait bien. Après tout, son premier bain lui avait plu, n'est-ce pas ? Mais cette fois, Dewey glissa dans l'évier comme un bloc de glace… plongé dans un bain d'acide. Il se débattit. Il hurla. Il posa ses pattes au bord de l'évier et tenta de passer son corps par-dessus bord. Je dus le maintenir avec les deux mains. Vingt minutes plus tard, j'étais trempée de la tête aux pieds. Mes cheveux étaient aussi ébouriffés que si j'avais mis les doigts dans une prise. Au final, tout le monde rit, même moi.

Le deuxième bain fut tout aussi terrible. Je réussis à frictionner Dewey, mais je n'eus pas la patience de l'essuyer et de le sécher. Pas ce chaton fou.

« Très bien, lui lançai-je. Puisque tu détestes tant ça, file. »

Dewey était un chat soucieux de son apparence. Il pouvait passer une heure à se laver la figure avant qu'il soit satisfait du résultat. Le plus drôle était quand il pliait le bout de la patte, le léchait et se frottait les oreilles avec. Il nettoyait ses oreilles jusqu'à ce qu'elles soient immaculées. À présent, trempé jusqu'aux os, il ressemblait à un chihuahua affublé de fausses mèches. Il était pathétique. Le personnel riait et prenait des photos, mais Dewey avait l'air si véritablement contrarié qu'au bout de quelques minutes ils s'arrêtèrent.

« Un peu d'humour, Dew, le provoquai-je. Tu t'es fait ça tout seul. » Il se blottit derrière un rayonnage et n'en sortit plus pendant des heures. Après cet épisode, Dewey et moi tombâmes d'accord sur deux bains annuels, pas plus. Nous décidâmes aussi de ne plus opter pour la version courte.

« Le bain n'est rien à côté de ce qui t'attend », dis-je à Dewey quelques mois après son arrivée à la bibliothèque, en l'enveloppant dans sa serviette verte. Dewey n'avait jamais été dans un panier à chat, cela nous aurait trop rappelé sa nuit passée dans la boîte à livres. Lorsqu'il devait sortir de la bibliothèque, je l'enroulais simplement dans sa serviette verte.

Cinq minutes plus tard, nous arrivâmes dans le bureau du Dr Esterly à l'autre bout de la ville. Spencer comptait plusieurs vétérinaires – après tout, nous vivions dans une région où les vêlages difficiles, les cochons stressés et les chiens de ferme malades étaient monnaie courante –, mais le Dr Esterly était mon préféré. C'était un homme tranquille, effacé, qui ne disait jamais un mot de trop. Sa voix était profonde et son débit aussi lent que celui d'une rivière paresseuse. Il ne se précipitait pas. Il était toujours net. C'était un homme grand, aux mains douces. Il était consciencieux et efficace. Il connaissait son travail et adorait les animaux. Son autorité venait de sa capacité à se taire, plutôt que de ses talents d'orateur.

« Bonjour, Dewey, dit-il en l'auscultant.

– Vous croyez que c'est absolument nécessaire, docteur ?

– Il faut châtrer les chats. »

Je baissai les yeux vers les minuscules pattes de Dewey, qui avaient fini par cicatriser. Des touffes de poils dépassaient de ses orteils. « Vous croyez qu'il a du sang persan ? »

Le Dr Esterly contempla Dewey. Son port royal. La glorieuse collerette de longue fourrure rousse autour de son cou. Un lion déguisé en chat de gouttière.

« Non. C'est juste un beau chat de gouttière. »

Je n'en crus pas un mot.

« Dewey est un produit de la survie du plus fort, continua le Dr Esterly. Ses ancêtres ont probablement vécu dans cette ruelle pendant des générations.

– Alors il est des nôtres. »

Le Dr Esterly esquissa un sourire. « Je suppose que oui. » Il prit Dewey et le tint sous son bras. Dewey, détendu, ronronnait. Les derniers mots du Dr Esterly avant qu'il ne l'emporte furent : « Dewey est un bon chat. »

C'était bien vrai. Et il me manquait déjà.

Quand je revins chercher Dewey le matin suivant, mon cœur faillit se briser. Ses yeux paraissaient perdus, et son tout petit ventre était rasé. Je le pris dans mes bras. Il appuya sa tête contre mon bras et se mit à ronronner. Il était si content de voir sa vieille copine Vicki.

De retour à la bibliothèque, tout le personnel interrompit son travail. « Pauvre bébé. Pauvre bébé. » Je le leur laissai pour qu'ils en prennent soin – après tout, c'était notre ami à tous – et retournai travailler. Une paire de mains de plus l'aurait étouffé. En outre, le trajet au cabinet du vétérinaire m'avait retardée, et une montagne de dossiers m'attendait. Il m'aurait fallu une personne pour m'aider, mais la municipalité n'aurait jamais accepté de financer un autre poste, j'étais donc coincée – et seule.

Non, je n'étais pas seule. Une heure plus tard, alors que je raccrochais le téléphone, je vis Dewey boitiller jusqu'à la porte de mon bureau. Je savais qu'il s'était fait câliner par le reste de l'équipe, mais je devinai rien qu'à l'allure déterminée de sa démarche claudicante qu'il voulait autre chose.

Certes, les chats sont amusants, mais ma relation avec Dewey était déjà bien plus complexe et intime que cela. Il était tellement intelligent, et si joueur. Il traitait les gens avec une grande gentillesse. Le lien qui nous unissait n'était pas encore très assuré, mais alors que nous nous connaissions si peu, je l'aimais déjà.

Et il m'aimait aussi. Pas de la façon dont il aimait les autres, mais d'un amour plus particulier, plus profond. Le regard qu'il m'avait adressé le matin de notre rencontre avait une signification. Vraiment. Cela n'avait jamais été aussi clair que maintenant, alors qu'il venait vers moi avec une telle détermination. Je pouvais presque l'entendre me dire : *Où étais-tu ? Tu m'as manqué.*

Je me penchai, le pris dans mes bras et le serrai contre ma poitrine. J'ignore si les mots sortirent de ma bouche, mais cela n'avait pas d'importance. Dewey savait déjà décrypter mon humeur, peut-être même mes pensées. « C'est moi ta maman, pas vrai ? »

Il posa sa tête sur mon épaule, tout contre mon cou, et se mit à ronronner.

5

Herbe à chats et élastiques

Ne vous y trompez pas, tout n'était pas parfait avec Dew. Certes, c'était un chat beau et gentil, incroyablement confiant et généreux, mais ce n'était qu'un chaton. Il lui arrivait de traverser comme une flèche la salle du personnel. Ou bien encore de renverser tous vos dossiers par terre, juste pour jouer. Il était trop immature pour comprendre qui avait vraiment besoin de lui, et parfois ne se laissait pas décourager par un lecteur qui voulait un peu de tranquillité. À « L'heure de l'histoire », quand les enfants venaient écouter un récit lu à haute voix, sa simple présence les rendait si agités et imprévisibles que Mary Walk, la bibliothécaire de la section enfants, devait le renvoyer. Et puis il y avait Mark, une grande marionnette représentant un enfant atteint de dystrophie musculaire, que nous utilisions pour informer les écoliers sur les handicaps. Les jambes de Mark étaient tellement couvertes de poils de chat que nous dûmes l'enfermer dans un placard. Dewey s'acharna toute la nuit pour trouver le moyen de l'ouvrir et retourna faire sa sieste sur les genoux de Mark. Le lendemain, nous achetâmes un verrou.

Mais tout cela n'était rien comparé à sa réaction face à l'herbe à chats. Doris Armstrong apportait toujours des cadeaux pour Dewey, de petites balles ou des souris en mousse. Doris avait des chats chez elle et, en bonne mère poule, elle pensait toujours à Dewey lorsqu'elle allait acheter la litière et la nourriture pour ses chats. Un jour, à la fin du premier été de Dewey, elle rapporta innocemment un sac d'herbe à chats toute fraîche. Dewey fut si excité par l'odeur que j'eus l'impression qu'il allait lui grimper sur la jambe. Pour la première fois de sa vie, ce chat se mit à mendier vraiment.

Lorsque Doris émietta quelques brins par terre, Dewey devint fou. Il se mit à les renifler si fort que je crus qu'il allait aspirer la moquette. Après quelques reniflements, il commença à éternuer, mais sans s'arrêter pour autant. Il se mit à mâcher les brins d'herbe, puis à alterner les activités : mâcher, renifler, éternuer. Ses muscles ondulèrent jusqu'à ce qu'un flot de tension lui sorte des os et parcoure son échine. Quand cette tension eut atteint le bout de sa queue, il s'affala sur le sol et se vautra dans l'herbe à chats, se roulant dedans au point d'en devenir complètement mou. Incapable de marcher, il glissa sur le sol, ondulant et frottant son menton sur le tapis comme un chasse-neige. Ce chat se liquéfiait. Puis, lentement, sa colonne se courba vers l'arrière, jusqu'à ce que sa tête repose sur son derrière. Il forma des huit, des zigzags, des bretzels. Je jure que l'avant de son corps était totalement déconnecté de l'arrière. Lorsque enfin, par un pur hasard, il se retrouva à plat ventre, il retourna en ondulant jusqu'à l'herbe à chats et recommença à se rouler dedans. La plupart des brins étaient alors pris dans sa fourrure, ce qui ne l'empêcha pas de continuer à renifler et à mâcher. Finalement, il s'étendit de tout son long sur le dos et se mit à se donner des coups dans le menton avec ses pattes arrière. Ce spectacle se prolongea jusqu'à ce que Dewey tombe dans les pommes après qu'il eut battu l'air de quelques derniers coups de pattes faiblards, pile sur ce qui restait d'herbe à chats. Doris et moi nous regardâmes, incrédules, avant d'éclater de rire. Mon Dieu, c'était si drôle.

Dewey ne se lassa jamais de l'herbe à chats. Il reniflait parfois sans conviction de vieux brins fatigués, mais s'il y avait une touffe d'herbe à chats fraîche dans la bibliothèque, il le savait tout de suite. Et chaque fois qu'il mettait la patte dessus, c'était la même chose : il ondulait du dos, se roulait par terre, rampait, se tordait, agitait les pattes pour finir dans un état d'épuisement intense. Nous appelions cela le mambo Dewey.

L'autre passion de Dewey – hormis les marionnettes, les tiroirs, les boîtes, les photocopieuses, les machines à écrire et l'herbe à chats –, c'était les élastiques. Dewey était un fanatique des élastiques. Il n'avait même pas besoin de les voir : il les sentait dans toute la bibliothèque. Il suffisait de faire apparaître une boîte d'élastiques sur son bureau pour que Dewey surgisse dans la seconde.

« Voilà, Dewey, lui dis-je un jour en ouvrant un nouveau sachet. Un pour toi et un pour moi. » Il prit son élastique dans sa gueule et repartit en bondissant joyeusement.

Je retrouvai l'élastique le lendemain… dans sa litière. On aurait dit un ver sortant la tête d'une crotte. « Ça ne peut pas être bon pour lui », m'inquiétai-je.

Dewey assistait toujours à nos réunions, mais heureusement il n'était pas encore capable de comprendre de quoi nous parlions. Je vous jure que quelques années plus tard, ce chat et moi avons pu tenir de longues conversations philosophiques, mais pour l'instant il était encore possible de conclure la réunion avec un rappel tout simple : « Ne donnez plus d'élastique à Dewey. Même s'il mendie. Il les mange, et je ne suis pas sûre que le caoutchouc soit le régime idéal pour un chaton en pleine croissance. »

Le lendemain, je trouvai encore plus d'élastiques dans la litière de Dewey. Le surlendemain aussi. Pareil le jour suivant. En réunion, je n'y allai pas par quatre chemins : « Quelqu'un donne des élastiques à Dewey ? »

Non. Non. Non. Non. Et non.

« Il doit les voler, alors. À partir de maintenant, ne laissez plus traîner d'élastiques sur votre bureau. »

Mais c'était plus facile à dire qu'à faire. Oh oui, bien plus facile. On ne se doute pas du nombre d'élastiques qui traînent dans une bibliothèque. Chacun rangea son stock, sans que cela résolve en rien le problème. Apparemment, les élastiques sont des créatures sournoises. Ils se glissent sous les claviers des ordinateurs et rampent jusqu'à votre boîte à crayons. Ils tombent sous votre bureau et se cachent dans les câbles. Un soir, je surpris Dewey en train de fouiller dans une pile de papiers sur un bureau. Un élastique apparaissait chaque fois qu'il poussait une feuille de papier.

« Même ceux qui sont cachés doivent être rangés, annonçai-je lors de la réunion suivante. Nettoyons nos bureaux et faisons-les disparaître. Souvenez-vous que Dewey est capable de sentir le caoutchouc. » En quelques jours, l'espace du personnel fut plus propre qu'il ne l'avait été depuis des années.

Dewey commença alors à piller les élastiques laissés pour les lecteurs sur le bureau de l'accueil. On les rangea dans un tiroir. Il en trouva près de la photocopieuse. Les lecteurs allaient devoir les demander quand ils en auraient besoin. Ce n'était pas cher payer, pensai-je, pour un chat qui en échange passait la plus grande partie de ses journées à essayer de les rendre heureux.

Notre contre-opération ne tarda pas à être couronnée de succès. Les vers continuaient d'apparaître dans la litière, mais en moins grand nombre. Poussé par la nécessité, Dewey devenait effronté. Chaque fois que je sortais un élastique, il me fixait.

« Le désespoir te ronge ? »

Non, non, je regarde simplement ce qui se passe.

Dès que je posais l'élastique, Dewey bondissait. Je le repoussais, et il s'asseyait sur le bureau en guettant sa chance. « Pas cette fois, Dewey », lui assénais-je avec un sourire. Je dois avouer que ce jeu m'amusait.

Dewey devint plus subtil. Il attendait que vous ayez tourné le dos pour sauter sur l'élastique oublié sur votre bureau. Cinq minutes d'inattention : les humains oublient, pas les chats. Dewey se souvenait de chaque tiroir ouvert d'un millimètre, et revenait la nuit pour s'y introduire. Il ne dérangeait jamais son contenu. Mais au matin, les élastiques s'étaient volatilisés.

Un après-midi, alors que je passais devant notre placard à fournitures qui allait du sol au plafond, plongée dans mes pensées budgétaires, je crus voir, du coin de l'œil, que la porte en était ouverte. « J'ai rêvé ou bien… ? » Je fis demi-tour et retournai sur mes pas.

Dewey était là, assis sur une étagère au beau milieu du placard, un énorme élastique dans la gueule.

Personne n'arrête le Dew ! J'en ai pour une semaine à me régaler.

Je ne pus m'empêcher de rire. D'habitude, Dewey était le chaton le mieux élevé que j'avais jamais vu. Il ne renversait jamais les livres ou les objets des étagères. Quand je lui disais d'arrêter de faire quelque chose, le plus souvent il obtempérait. Il était d'une égale gentillesse avec les étrangers et les membres du personnel. Pour un chaton, il était vraiment sympa. Mais lorsqu'il s'agissait d'élastiques, il était incorrigible. Il serait allé n'importe où et aurait fait n'importe quoi pour planter ses dents dans un élastique.

« Ne bouge pas, Dewey, lui ordonnai-je en posant ma pile de dossiers. Je vais prendre une photo. » Le temps que je revienne avec l'appareil, chaton et élastique avaient disparu.

« Assurez-vous que tous les placards et les tiroirs sont bien fermés », rappelai-je au personnel. Dewey était déjà célèbre. Il avait pris pour habitude de se faire enfermer dans un placards ou un tiroir, puis de sauter sur la prochaine personne qui l'ouvrait. Nous n'aurions pu jurer si c'était par jeu ou par accident, mais il était clair que Dewey s'amusait beaucoup.

Quelques jours plus tard, je trouvai des fiches empilées sans élastiques sur le bureau. Dewey ne s'était encore jamais attaqué aux élastiques tendus auparavant, et maintenant il les enlevait avec les dents toutes les nuits. Comme toujours, il restait délicat même dans l'effronterie. Il laissait des piles parfaitement nettes et ne déplaçait pas une seule fiche. Les fiches réintégrèrent les tiroirs, et ceux-ci furent fermés à clé.

À l'automne 1988, vous auriez pu passer toute une journée à la bibliothèque municipale de Spencer sans voir un seul élastique. Oh, il y en avait toujours, mais soigneusement cachés là où seules les créatures munies de pouces opposables pouvaient les atteindre. Ce fut l'opération nettoyage ultime. La bibliothèque était magnifique, et nous étions fiers de notre travail. Il restait un problème, néanmoins : Dewey continuait de mâcher des élastiques.

J'organisai une équipe de détectives chargés de suivre toutes les pistes. Il nous fallut deux jours pour trouver la dernière source de Dewey : la tasse à café du bureau de Mary Walk.

« Mary, l'interpellai-je en feuilletant un carnet comme un détective sorti d'une mauvaise série B, nous avons des raisons de croire que les élastiques sortent de ta tasse.

– C'est impossible. Je n'ai jamais vu Dewey près de mon bureau.

– Les preuves indiquent que le suspect évite intentionnellement ton bureau pour nous lancer sur une fausse piste. Nous pensons qu'il attend la nuit pour approcher ta tasse.

– Quelles preuves ? »

Je montrai du doigt plusieurs morceaux de caoutchouc mâchés par terre. « Il les avale et il les vomit. Il les mange au petit déjeuner. Je crois que tu connais la chanson. »

Mary frissonna à l'idée que ces déchets, par terre, avaient transité par l'estomac d'un chat. Cela semblait si improbable…

« Cette tasse fait quinze centimètres de profondeur. Elle est pleine de trombones, d'agrafes, de crayons et de stylos… Comment pourrait-il prendre les élastiques sans tout faire tomber par terre ?

– Quand on veut, on peut. Et le suspect a prouvé, au cours des huit mois passés dans cette bibliothèque, qu'il savait ce qu'il voulait.

– Mais il n'y a presque pas d'élastiques là-dedans ! Il ne peut pas tous les prendre là !

– Faisons une expérience. Range la tasse dans le placard, et on verra s'il continue de vomir des élastiques près de ton bureau.

– Mais il y a la photo de mes enfants sur cette tasse !

– Bon argument. Et si on enlevait tout simplement les élastiques ? »

Mary décida de mettre un couvercle sur sa tasse. Le lendemain matin, elle le retrouva posé sur son bureau, des traces de dents suspectes gravées sur un côté. Plus de doute, c'était bien de là que venait le problème. Les élastiques furent rangés au fond d'un tiroir. Le confort fut sacrifié au bien commun.

Nous ne réussîmes jamais à éliminer complètement l'obsession de Dewey pour les élastiques. Il s'en désintéressait, pour mieux s'y remettre quelques mois ou même quelques années plus tard. Au final, ce fut davantage un jeu qu'une guerre, un concours d'astuce et de ruse. Nous étions astucieux, Dewey était rusé. Et déterminé. Il était bien plus décidé à mâcher des élastiques que nous ne l'étions à l'en empêcher. Et il était aidé par une truffe à l'instinct incroyable pour dénicher le caoutchouc.

N'exagérons pourtant pas le phénomène. Les élastiques étaient un passe-temps. L'herbe à chats et les boîtes n'étaient que de simples distractions. La vraie passion de Dewey, c'était les gens, et il ne reculait devant rien pour plaire au public qui l'idolâtrait. Je me souviens qu'un jour, alors que je parlais à Doris au guichet de l'accueil, je vis arriver une toute petite fille. Elle ne marchait sans doute pas depuis très longtemps, car son équilibre était précaire et sa démarche inégale. Le fait qu'elle serrait Dewey de toutes ses forces dans ses bras ne contribuait pas à faciliter son déplacement. La tête en bas, Dewey avait l'arrière-train et la queue dans le visage de la fillette. Notre surprise fut telle que Doris et moi restâmes sans voix et contemplâmes, abasourdies, l'enfant se dandiner lentement et traverser la bibliothèque, souriant d'une oreille à l'autre, un chat tout à fait résigné suspendu à l'envers entre ses bras.

« Incroyable, balbutia Doris.

– Je devrais faire quelque chose », ajoutai-je. Mais je ne bougeai pas. Je savais qu'en dépit des apparences Dewey maîtrisait parfaitement la situation. Il savait ce qu'il faisait et, quoi qu'il arrive, il était capable de s'en sortir tout seul.

En général, une bibliothèque, ou n'importe quel bâtiment d'ailleurs, donne l'impression d'être un espace limité. Comment peut-on rester du matin au soir, tous les jours, dans 1 200 m^2 sans s'ennuyer ? Mais pour Dewey, la bibliothèque municipale de Spencer était un univers immense, regorgeant de tiroirs, de placards, d'étagères, de rayonnages, d'élastiques, de machines à écrire, de tables, de chaises, de sacs à dos, de sacs à main et d'innombrables mains pour le caresser, de jambes pour s'y frotter, de bouches pour chanter ses louanges. Et de genoux. La bibliothèque était toujours miséricordieusement, superbement remplie de genoux.

À l'automne 1988, Dewey considérait tout cela comme son domaine.

6
Moneta

La taille est une affaire de perspective. Pour un insecte, un plant ou même un épi de maïs peut représenter tout l'univers. Pour Dewey, la bibliothèque municipale de Spencer était un labyrinthe qui le maintenait dans un état de fascination permanent – en tout cas jusqu'au jour où il se demanda ce qu'il pouvait bien y avoir derrière la porte d'entrée. Pour la plupart des habitants du nord-ouest de l'Iowa, Spencer, c'est la grande ville. En fait, c'est la plus grande agglomération à cent kilomètres à la ronde. Les gens viennent de neuf comtés pour s'y divertir et faire leurs achats. Nous avons des boutiques, des services, de la musique, une salle de spectacle et, naturellement, la foire du comté. De quoi d'autre aurions-nous besoin ? S'il y avait une porte donnant sur le reste de la planète au bout de Grand Avenue, elle n'intéresserait sûrement pas grand monde ici.

Au collège, je me souviens que les filles de Spencer m'impressionnaient parce qu'elles venaient de la grande ville. Comme la plupart de ceux d'ici, j'ai grandi dans une ferme. Mon arrière-arrière-grand-mère Luna fut la première institutrice du comté de Clay. Elle faisait la classe dans une maison bâtie avec des mottes de terre et de l'herbe, d'une seule pièce. Les arbres n'existaient pas dans la Prairie, les colons construisaient leurs maisons avec ce qu'ils trouvaient : de l'herbe. Racines, terre et tout. Mon arrière-grand-père, Norman Jipson, amassa assez de terres pour léguer une ferme à chacun de ses six enfants. Petite, où que j'aille, j'étais entourée de la famille de mon père. La plupart des Jipson étaient des baptistes fervents, et ce n'étaient pas des fillettes. C'étaient les hommes qui portaient la culotte. Religieusement. Et les femmes étaient en robe. Je n'ai jamais vu une seule femme de ma famille paternelle en pantalon.

Quand le moment fut venu, mon père hérita de son lopin pour se lancer à son tour dans la lourde tâche de gérer une ferme familiale, mais avant, il avait appris à danser. La plupart des baptistes s'interdisaient la danse, mais Verlyn « Jipp » Jipson avait quinze ans de moins que ses quatre frères, et ses parents étaient plus coulants avec lui. Jeune homme, Jipp empruntait le camion en douce, et après une heure de route il arrivait au Roof Garden, une plage au bord du lac Okoboji, qui connut son âge d'or dans les années 1920 grâce à ses bals du vendredi soir. Okoboji est un nom mystique dans l'Iowa. West Okoboji, pièce centrale d'une chaîne de cinq lacs, est le seul lac de l'État dont les eaux bleues soient alimentées par une source, et les gens viennent du Nebraska et même du Minnesota, un État où les lacs sont rares, pour séjourner dans les hôtels au bord de l'eau. À la fin des années 1940, le lieu le plus branché de la région, peut-être même de tout l'État, c'était le

Roof Garden. Tous les grands noms du swing s'y produisaient, et la salle de bal était souvent si bondée qu'on ne pouvait plus bouger. La Seconde Guerre mondiale était finie, il semblait que la fête ne s'arrêterait jamais. Dehors, sur une promenade en planches, des montagnes russes et une grande roue étaient installées, et il y avait assez de lumières, de bruit et de jolies filles pour vous faire oublier que le lac Okoboji n'était qu'une tête d'épingle bleue qui scintillait dans le vide immense des plaines américaines.

Et c'est là, dans ce petit rond de lumière, que Jipp Jipson rencontra Marie Mayou. Ils dansèrent toute la nuit, et presque un soir sur deux au cours des six mois qui suivirent. Mon père garda cette relation secrète car il savait que sa famille ne l'approuverait jamais. Les Mayou n'étaient pas comme les Jipson. C'étaient de vrais Français de Montréal, des gens fougueux et passionnés. Ils aimaient avec emportement, se battaient avec hardiesse, buvaient avec passion et pratiquaient même leur religion avec fougue, un catholicisme du Midwest qui brûlait presque la terre.

Les Mayou tenaient le café de la ville de Royal, dans l'Iowa, à environ dix kilomètres de la ferme de papa. Le père de ma mère était un homme merveilleux : sociable, honnête et doux. Il était aussi complètement alcoolique. Enfant, maman quittait l'école pour aider pendant le coup de feu de midi, puis y retournait pour quelques heures l'après-midi. Il n'était pas rare que son père soit inconscient à l'une des tables, et maman devait aller le coucher pour laisser la place aux clients.

Ce n'était pas que la famille de Marie Mayou soit très connue. Dix kilomètres, c'était beaucoup, dans l'Iowa des années 1940. Le problème, c'est qu'elle était catholique. Maman et papa s'enfuirent dans le Minnesota pour se marier. La blessure de cette fuite mit quelques années à cicatriser, mais le côté pratique finit toujours par prévaloir dans l'Iowa. Lorsqu'une chose est faite, il faut aller de l'avant. Mes parents s'installèrent dans la ferme familiale et les trois premiers rejetons d'une fratrie de six, deux garçons et une fille, ne tardèrent pas à arriver. J'étais leur deuxième enfant.

La ferme familiale. C'est une image volontiers romancée, mais pendant la majeure partie de l'histoire du monde, l'agriculture familiale a été une entreprise difficile, épuisante et peu rentable. La ferme Jipson ne faisait pas exception. Une pompe à eau froide qu'il fallait amorcer énergiquement était installée dans la cuisine. Il y avait une machine à laver le linge dans le cellier, mais nous devions d'abord faire chauffer l'eau sur le fourneau en haut. Après la lessive, nous essorions chaque vêtement à la main en le passant entre des rouleaux actionnés par une manivelle, avant de l'étendre. Nous avions une douche dans l'angle du cellier. Les murs étaient en béton, mais il y avait du carrelage par terre. C'était notre luxe.

La climatisation ? Je ne savais même pas qu'une telle chose pouvait exister. Maman travaillait six heures par jour dans sa cuisine au-dessus du feu, même lorsqu'il faisait quarante degrés. Les enfants dormaient en haut, et les nuits d'été humides il faisait si chaud que nous descendions nos oreillers pour dormir à même le sol de la salle à manger. Le linoléum était la surface la plus fraîche de la maison.

Les toilettes ? Jusqu'à mes dix ans, nous avons utilisé un trou dans une cabane. Quand il était plein, vous creusiez tout simplement un autre trou plus loin et déplaciez la cabane. C'est dur à croire aujourd'hui, mais c'est véridique.

Ce fut une enfance merveilleuse, vraiment. Je ne l'échangerais pas contre tout l'argent des banques de Des Moines. Pourquoi vouloir de nouveaux jouets ou des vêtements ? Personne de notre connaissance n'en avait. Les vêtements passaient de l'un à l'autre. Les jouets aussi. Comme il n'y avait pas de télévision, nous nous parlions. Notre grande aventure annuelle était une excursion à la piscine municipale de Spencer. Tous les matins nous nous réveillions ensemble, avant de nous mettre au travail ensemble.

J'avais dix ans quand arriva l'aîné des trois enfants suivants – Steven, Val et Doug. J'ai élevé ces enfants avec maman. Nous étions des Jipson. Nous pouvions compter les uns sur les autres. Les nuits, dans une ferme, sont obscures, vides et solitaires, mais je savais que rien au monde ne pouvait m'atteindre – ni les Russes, ni les missiles, ni les voleurs. J'avais ma famille. Et si vraiment ça n'allait pas, il me restait le champ de maïs. Je pouvais toujours y courir et disparaître.

Nous n'étions pas vraiment seuls, bien sûr. Chaque kilomètre carré de terre arable, bordé de chaque côté par ces routes de l'Iowa si parfaitement rectilignes, représentait une section. À cette époque, chaque section comprenait quatre fermes familiales. Dans notre section, trois familles et demie étaient catholiques (nous étions le demi), et en tout elle comptait dix-sept enfants. À nous tous, nous pouvions organiser des matchs de base-ball. Même quand quatre enfants seulement étaient là, nous jouions au base-ball. Je ne me souviens pas d'avoir pensé à un quelconque autre jeu. J'étais petite, mais à douze ans j'étais capable d'envoyer la balle de l'autre côté du fossé, dans le champ de maïs. Chaque soir, rassemblés autour de la table des Jipson, nous remerciions Dieu de nous avoir permis de vivre une journée de plus sans perdre la balle dans le maïs.

À deux kilomètres de notre champ de l'est, à l'extrémité de la deuxième section, s'étendait la ville de Moneta, Iowa. Spencer et Moneta n'étaient qu'à vingt kilomètres l'une de l'autre, mais c'étaient des mondes différents. D'aucuns qualifieraient cette étendue de vingt kilomètres de quelconque, mais en septembre, quand le ciel s'obscurcit de nuages bleus orageux et que les récoltes forment des taches revêtant les plus magnifiques nuances de marron, vous auriez du mal à ne pas la trouver belle. Le clou du paysage est sans doute le panneau en bois délavé devant le village d'Everly, annonçant sa victoire au championnat de basket féminin d'Iowa en 1966. Je me souviens de cette équipe. Everly nous avait battues d'un point lors des finales régionales, qui s'étaient déroulées à Spencer. Je pourrais vous raconter le match, mais parler du panneau est déjà plus long que de traverser Everly, qui ne compte que cinq cents habitants.

Moneta n'arriva jamais à cinq cents habitants, mais elle les dépassait si l'on compte toutes les familles d'agriculteurs, comme la mienne, qui se sentaient appartenir à cette merveilleuse communauté. Dans les années 1930, Moneta était la capitale du jeu du nord-ouest de l'Iowa. Le restaurant sur Main Street était un bar clandestin, qui cachait un casino à l'arrière, accessible par une porte secrète. À l'époque de mon enfance, ces légendes avaient disparu depuis longtemps, remplacées dans nos imaginations par les terrains de base-ball et les abeilles. Chaque village possède quelque chose qui marque le souvenir des enfants. Venez à Spencer dans soixante ans, et les anciens vous diront : « Nous avions un chat. Il vivait dans la bibliothèque. Comment s'appelait-il déjà ? Ah oui, Dewey. Je n'oublierai jamais Dewey. » À Moneta, c'étaient les abeilles. Une famille du coin possédait soixante ruches, et leur miel était célèbre dans quatre comtés, ce qui, pour nous, valait le monde entier.

Le cœur du bourg, cependant, c'était l'école de Moneta, un bâtiment de briques rouges sur deux étages qui comptait dix pièces, au bout de la route du terrain de base-ball. Pratiquement tous les habitants de la ville y avaient été scolarisés, au moins quelques années. Nous n'étions que huit dans ma classe, mais sa petite taille permettait un grand confort. Deux habitantes cuisinaient elles-mêmes chaque jour les repas pour toute l'école. Janet et moi, les seules filles de la classe, obtenions souvent l'autorisation de les rejoindre le matin pour glacer les roulés à la cannelle. Quand vous aviez un problème, un professeur vous accompagnait dans une cachette circulaire, formée par un bouquet d'arbres derrière l'école, où vous pouviez lui confier vos secrets en tête à tête. C'est aussi là que l'on allait pour être tranquille, ou pour s'isoler avec quelqu'un. C'est là que j'ai reçu mon premier baiser. Chaque année, l'école de Moneta organisait une fête avec des courses en sac et, naturellement, des matchs de base-ball. Tout le bourg apportait son pique-nique. Chacun participait. Au milieu de l'été, quand le maïs était si haut qu'il enfermait la ville comme un mur, se tenait la grande réunion des anciens de l'école de Moneta, qui dans les années 1950 rassemblait plusieurs milliers de personnes. Tout le monde était fier de cette école. Tout le monde.

Puis, en 1959, l'Iowa ferma l'école de Moneta. La démographie de la ville était sur le déclin depuis longtemps, et l'État ne pouvait plus justifier une telle dépense. Moneta avait toujours été un lieu d'échange pour les fermiers locaux, mais l'agriculture évoluait. Au début des années 1950, la première génération des moissonneuses-batteuses permit aux exploitants de labourer et de moissonner des champs plus grands. Certains agriculteurs achetèrent de nouvelles machines, puis les lopins de leurs voisins, doublèrent leur production et utilisèrent l'argent gagné pour acheter encore plus de terres. Les familles de fermiers commencèrent à disparaître, se déplaçant vers les centres de populations les plus proches, comme Spencer, et avec elles disparurent les fermes, les jardins familiaux et les rangées d'arbres que les premiers colons avaient plantées pour protéger la maison du soleil de l'été et du vent de l'hiver. C'étaient des arbres immenses, d'un mètre cinquante de circonférence et d'une centaine d'années. Quand des agriculteurs plus ambitieux arrivèrent, ils détruisirent tout au bulldozer – les arbres, les bâtiments, tout – puis ils firent des tas et y mirent le feu. Pourquoi conserver une maison inhabitée alors que l'on peut avoir un champ à la place ? La terre fut rendue, mais pas à la nature. Elle fut donnée au maïs.

Les anciens fermiers élevaient du bétail. Ils cultivaient des jardins. Leurs récoltes poussaient sur de petits lopins bien délimités. Dans les nouvelles grandes exploitations, il n'y avait que du maïs et son compagnon de champ, le soja. Chaque année, l'Iowa cultivait davantage de maïs, mais nous mangions de moins en moins les récoltes, en tout cas sous forme de grains et d'épis. La plus grande partie était utilisée pour fabriquer de la nourriture animale. Une autre était transformée en éthanol. Le reste était trié, décomposé et traité. Vous êtes-vous jamais demandé ce qu'était la gomme de xanthane ? C'est du maïs transformé, comme presque tout le reste de la longue liste d'ingrédients non identifiables qui figurent sur l'emballage de votre dîner. En moyenne, 70 % de l'alimentation des Américains est composée de maïs – soixante-dix pour cent !

La vie à la campagne n'a rien de facile. Quelques grandes exploitations agricoles valent des fortunes, mais pour la plupart des agriculteurs et de ceux qui en dépendent – ouvriers agricoles, représentants, commerçants locaux, mais aussi équipements de stockage et usines de traitement – l'argent est rare, le travail dur et la vie souvent hors de contrôle. S'il ne pleut pas, s'il n'arrête pas de pleuvoir, s'il fait trop froid ou trop chaud, si les prix ne se maintiennent pas quand votre produit arrive sur le marché, vous n'y pouvez pas grand-chose. La vie rurale, ce n'est plus quarante acres et une mule. Pour travailler des champs immenses, les fermiers ont besoin de grandes moissonneuses-batteuses, qui peuvent coûter 500 000 dollars ou davantage. Ajoutez-y les semences, les engrais et les frais quotidiens, et la dette d'un agriculteur peut facilement atteindre un million. S'il trébuche, s'il n'est pas dans les temps, ou simplement si la chance n'est pas au rendez-vous, il n'a plus qu'à mettre la clé sous la porte.

Les villes rurales connaissent les mêmes aléas. Une ville, ce n'est jamais qu'un regroupement de personnes. Elle dépend de ses habitants, qui eux-mêmes dépendent d'elle. Ils sont aussi interdépendants que le pollen et les soies du maïs. C'est pour cela que les habitants du nord-ouest de l'Iowa tirent une telle fierté de leurs villes. C'est aussi pour cela qu'ils y investissent autant d'énergie. Ils plantent des arbres, aménagent des parcs, créent des associations. Ils savent que lorsqu'une ville ne regarde pas en permanence vers l'avant, elle prend du retard et risque la mort.

Certains pensent que l'incendie du silo à céréales des années 1930 a détruit la ville de Moneta. Moi je crois que c'est la fermeture de l'école. À l'époque où les enfants Jipson durent aller à l'école en car à Hartley, à dix kilomètres de là, en 1959, papa baissa les bras dans sa lutte contre la ferme. Notre terre ne produisait pas assez, et il ne pouvait se payer de grosses machines. Il se lança dans une entreprise de commerce de bétail, puis vendit des assurances. Les Jipson habitaient la ferme depuis trois générations, mais deux ans après la fermeture de l'école, papa la vendit à un voisin et se lança à plein temps dans les assurances. Il détestait ça, il ne supportait pas de faire peur aux gens et de devoir user de tactiques pour les faire payer toujours plus alors qu'ils étaient dans le besoin. Il finit par devenir représentant pour le semencier Crow. Le voisin qui avait acheté notre terre rasa notre ferme, coupa nos arbres et transforma l'intégralité des cent soixante acres en terre cultivable. Il redressa même le cours du ruisseau. Je passe souvent à côté, en voiture, sans le reconnaître. Tout ce qui reste de mon enfance, ce sont quelques mètres de l'allée qui menait à ma maison.

À quinze kilomètres à l'ouest de Spencer, on voit encore le panneau indiquant Moneta. Prenez à gauche. Deux kilomètres plus loin, la route s'arrête et se transforme en chemin de terre entre les champs. Il n'y a plus de ville. Il doit rester une quinzaine de maisons, dont la moitié au moins sont abandonnées. Pas un seul commerce à l'horizon. Presque tous les bâtiments de la rue principale de mon enfance ont disparu, remplacés par un champ de maïs. On peut aujourd'hui se tenir à l'ancien emplacement du Moneta General Store, le magasin où les enfants étaient hypnotisés par le comptoir géant couvert de bonbons et de sifflets à un cent, et regarder les cultivateurs dans les champs, le tuyau à la main et des réservoirs d'engrais et de pesticides attachés dans le dos, telles de minuscules sauterelles traversant sur la pointe des pieds une immensité vide. La salle de bal et l'ancien bar clandestin, tous deux fermés, sont encore debout. Plus que quelques années, et eux aussi auront disparu.

L'école de Moneta se dresse encore derrière un vieux grillage, mais des arbres ont poussé entre les briques. La plupart des vitres sont cassées. Les chèvres qui ont vécu dans le bâtiment pendant une dizaine d'années, ravageant les sols et creusant des trous dans les murs, y ont laissé leur odeur. Il ne reste que la réunion des anciens. Quarante ans après la fermeture de l'école de Moneta, le rassemblement annuel attirait encore mille personnes chaque année, dans le champ où nous organisions nos matchs de base-ball et les fêtes de fin d'année. Aujourd'hui, nous sommes une centaine environ. L'école a fermé il y a cinquante ans ; les anciens élèves ne sont plus si nombreux. Bientôt, le panneau sur la route 18 sera le dernier à rester debout, annonçant les deux kilomètres à parcourir sur la route solitaire qui mène à Moneta.

7

Grand Avenue

La crise agricole des années 1980 fut dure, mais la plupart d'entre nous n'imaginions pas que Spencer connaîtrait le sort de Moneta. La pensée que la ville abandonnerait, qu'elle pourrait être soufflée et disparaître, ne nous effleura jamais. Tout au long de son histoire, la ville avait prouvé sa résistance. Rien n'avait jamais été donné gratuitement à Spencer ni à ses habitants. Tout ce que nous possédions, nous l'avions gagné.

Au tout début, Spencer était une ville factice. Dans les années 1850, un promoteur vendit des parcelles numérotées d'un grand terrain près d'un méandre de la rivière Little Sioux. Les colons s'attendaient à découvrir une ville prospère dans une vallée fertile, mais ils ne la trouvèrent jamais. Il n'y avait rien qu'une rivière paresseuse et une cabane en rondins… à quatre kilomètres de là. La ville n'existait que sur le papier.

Les colons décidèrent de rester. Puisqu'ils n'étaient pas arrivés dans une ville déjà bien établie, ils allaient la créer de toutes pièces. Spencer fut fondée en 1871 et demanda immédiatement une gare au gouvernement – l'attente devait durer presque cinquante ans… Plus tard la même année, elle arracha le siège du comté de Clay à Petersen, une ville plus vaste à trente kilomètres au sud. Spencer était une ville de cols bleus. Elle ne faisait pas la fière, mais ses habitants étaient conscients qu'ici, dans la plaine, il fallait constamment être en mouvement, se moderniser et grandir.

En juin 1873, les sauterelles dévorèrent les récoltes jusqu'à la tige, avant de s'attaquer aux grains déjà récoltés. Elles revinrent en mai 1874. Et une nouvelle fois en juillet 1876, alors même que le blé mûrissait et que le maïs se formait. On peut lire dans le *Spencer Centennial* l'histoire de la communauté rédigée pour notre centième anniversaire : « Les sauterelles dévorèrent les céréales et s'installèrent sur le maïs jusqu'à ce qu'il se brise sous leur poids. La destruction fut totale. »

Les fermiers abandonnèrent la région. Les citadins furent obligés de céder leurs maisons et leurs commerces à leurs créditeurs et quittèrent le comté. Ceux qui restèrent se serrèrent les coudes pour traverser un hiver qui fut long et marqué par la faim. Au printemps, ils réunirent à eux tous assez d'argent pour acheter des semences et tout replanter. Les sauterelles mangèrent tout sur leur passage jusqu'à la limite ouest du comté de Clay, à environ quarante kilomètres de là, mais n'allèrent pas plus loin. La récolte de 1887 fut la meilleure que la région avait jamais connue. Les sauterelles ne revinrent jamais.

Quand les membres de la première génération de colons furent devenus trop âgés pour travailler la terre, ils s'installèrent à Spencer. Ils bâtirent de leurs mains de petites maisons au nord de la rivière et se mêlèrent aux commerçants et aux ouvriers. Quand le chemin de fer arriva enfin, les fermiers du coin n'eurent plus besoin de parcourir cinquante kilomètres en attelage pour aller au marché. À présent, d'autres fermiers parcouraient vingt kilomètres pour se rendre à Spencer. La ville fêta l'événement en élargissant la route reliant la rivière à la gare. Ces huit pâtés de maisons, baptisés Grand Avenue, devinrent la principale artère commerçante de la région. On trouvait une caisse d'épargne dans le centre-ville, une usine de pop-corn au nord près du champ de foire, une usine de blocs en béton, une fabrique de briques et un dépôt de bois. Mais Spencer n'était pas une ville industrielle. Elle était dépourvue de grands équipements. Aucun financier de la frontière, aux doigts ornés de diamants et fumant des billets de 20 dollars, ne déambulait dans ses rues. Il n'y avait pas de rangées de manoirs victoriens. Juste les champs, les fermiers, et huit quartiers commerçants sous notre immense ciel bleu de l'Iowa.

Jusqu'au 27 juin 1931.

Il faisait quarante degrés lorsqu'à 13 h 36 précisément un gamin de huit ans alluma un cierge magique devant le drugstore d'Otto Bjornstad au croisement de Main Street et de West Fourth Street. Quelqu'un cria et le gamin effrayé fit tomber son pétard au milieu d'un stock de feux d'artifice. Il y eut une explosion et le feu, attisé par un vent chaud, se répandit dans la rue. En quelques minutes, l'incendie ravagea les deux côtés de Grand Avenue, hors de contrôle des pompiers de la petite caserne de Spencer. Quatorze villes des environs envoyèrent des équipements et des hommes, mais la pression de l'eau était si faible qu'il fallait pomper l'eau de la rivière dans les lances. Au plus fort de l'incendie, la chaussée même de Grand Avenue prit feu. Le soir, 36 bâtiments, qui abritaient 72 commerces, soit plus de la moitié des entreprises de la ville, avaient disparu.

Je ne peux imaginer l'état d'esprit de ces gens lorsqu'ils contemplèrent la fumée qui s'élevait au-dessus des champs, et les vestiges fumants de leur ville adorée. Cet après-midi-là, le nord de l'Iowa devait donner l'impression d'être un lieu désolé loin de tout. Là, des villes meurent. Les commerces ferment, les gens continuent quand même. La plupart des familles de Spencer luttaient pour vivre dans la région depuis trois générations. Maintenant, à l'orée de la Grande Dépression – qui avait déjà frappé les côtes mais ne toucherait pas l'intérieur des terres comme le nord-ouest de l'Iowa avant le milieu des années 1930 –, le cœur de Spencer était en cendres. Le coût, un peu plus de 2 millions de dollars, de la Dépression reste la catastrophe provoquée par l'homme la plus chère de l'histoire de l'Iowa.

Comment je sais tout ça ? Tout le monde à Spencer connaît cette histoire. Cet incendie est notre héritage. Il nous définit. La seule chose que nous ignorons, c'est le nom du garçon à l'origine du feu. Quelqu'un le connaît, bien sûr, mais il fut décidé de garder son identité secrète. Comme pour dire : nous sommes une ville. Nous sommes tous dans le même sac. Ne montrons pas du doigt. Résolvons le problème. Ici, nous qualifions ce comportement de progressiste. Demandez à n'importe quel habitant de Spencer de vous parler de la ville, il vous dira : « Elle est progressiste. » C'est notre mantra. Si vous nous demandez ce que cela signifie, nous répondrons : « Nous avons des parcs. Des bénévoles. Nous cherchons sans cesse à nous améliorer. » Insistez un peu, et vous entendrez : « Eh bien, il y a eu un incendie… »

Ce n'est pas l'incendie lui-même qui nous définit tels que nous sommes, c'est la réaction de la ville. Deux jours après l'incendie, une commission se réunit pour rendre le nouveau centre-ville aussi moderne et sûr que possible, pendant que les magasins rouvraient leurs portes, dans les maisons ou sous des appentis. Personne ne partit. Personne ne proposa de tout rebâtir à l'identique. Nos dirigeants municipaux avaient voyagé dans les grandes villes du Midwest, comme Chicago et Minneapolis. Ils avaient vu l'organisation cohésive et le style épuré de centres comme Kansas City. En un mois, un grand projet de centre-ville Art déco, dans le style de la plupart des grandes villes de l'époque, vit le jour. Chaque édifice détruit était la propriété de quelqu'un, mais chaque propriétaire était aussi partie prenante dans la vie de la ville. Ils investirent donc dans le projet car ils comprenaient qu'ils habitaient, travaillaient et survivraient avec elle.

Le centre-ville actuel de Spencer n'évoque pas l'Art déco. La plupart des architectes venaient de Des Moines et de Sioux City, et ils bâtirent dans un style appelé « Prairie déco ». Les bâtiments restent près du sol. Ils sont principalement en brique. Quelques-uns ont des tourelles de style Mission, comme l'Alamo par exemple. Le Prairie déco est un style pratique. Discret, mais élégant. Pas tape-à-l'œil. Il ne se vante pas. Il nous va. Nous aimons la modernité à Spencer, mais pas l'ostentation.

En allant dans le centre, peut-être pour goûter une pâtisserie de la boulangerie Carroll's Bakery ou faire des emplettes à The Hen House, vous ne remarquerez sans doute pas les devantures basses et les longues lignes nettes. Vous garerez votre voiture sur Grand Avenue et déambulerez sous les vastes auvents plats et le long des vitrines. Vous remarquerez les lampadaires en métal et les incrustations de brique dans les trottoirs, la façon dont les magasins semblent glisser les uns après les autres, et vous penserez : « J'aime cet endroit. Voilà un centre-ville qui fonctionne. »

Notre centre-ville est l'héritage de l'incendie de 1931, mais aussi celui de la crise agricole des années 1980. Quand les temps sont durs, soit vous formez un front uni pour vous en sortir, soit vous vous effondrez. C'est vrai pour les familles, les villes et même les peuples. À la fin des années 1980, Spencer, une fois de plus, s'unit dans l'adversité. Et, une fois de plus, la transformation vint de l'intérieur, lorsque les commerçants de Grand Avenue, dont beaucoup géraient des boutiques tenues par leurs grands-parents en 1931, décidèrent qu'ils donneraient un coup de pouce à la ville. Ils engagèrent un directeur commercial pour toute la zone commerçante du centre-ville, améliorèrent les infrastructures, investirent énormément en publicité même lorsqu'il semblait que plus personne n'avait d'argent à dépenser.

Lentement, les roues du progrès commencèrent à tourner. Un couple d'habitants acheta et rénova L'Hôtel, l'édifice le plus grand et le plus chargé d'histoire de la ville. Ce bâtiment décrépit était devenu une horreur qui épuisait notre énergie et notre bonne volonté collective. Il se transforma en objet de fierté, en promesse de jours meilleurs. Le long de la partie commerçante de Grand Avenue, les commerçants investirent dans de nouvelles vitrines, de meilleurs trottoirs et financèrent des animations nocturnes. Il était clair à leurs yeux que Spencer avait devant elle un avenir meilleur, et lorsque les gens allaient au centre-ville, écoutaient la musique et arpentaient les nouveaux trottoirs, ils en étaient aussi convaincus. Et comme si cela ne suffisait pas, tout au sud de la ville, juste à l'angle de Third Street, se dressait une bibliothèque propre, accueillante et fraîchement réorganisée.

C'était, en tout cas, mon programme à moi. À peine fus-je nommée directrice en 1987 que je commençai à réclamer de l'argent pour rénover la bibliothèque. Nous n'avions pas d'administrateur communal, et le poste de maire était une fonction largement honorifique exercée à mi-temps. Le conseil municipal prenait toutes les décisions. Je lui rendais donc des visites régulières… et revenais à la charge sans me lasser.

Le conseil municipal de Spencer était un groupe de bons gars du Sud à la fibre conservatrice, un prolongement des éminences grises qui se rassemblaient au Sister's Café. Cet établissement n'était qu'à quelques mètres de la bibliothèque, mais je ne crois pas qu'un seul de ses membres ait jamais mis un pied dans notre bâtiment. Naturellement, je ne fréquentais pas le Sister's Café, le problème était donc double.

« De l'argent pour la bibliothèque ? Pour quoi faire ? Nous avons besoin d'emplois, pas de livres.

– La bibliothèque n'est pas un entrepôt, exposai-je au conseil. C'est un centre communautaire vital. Nous avons de la documentation sur les orientations professionnelles, des salles de réunion, des ordinateurs…

– Des ordinateurs ! Ils nous coûtent combien ? »

C'était toujours la même chose. Chaque fois que je demandais de l'argent, invariablement quelqu'un objectait : « Pourquoi la bibliothèque aurait-elle besoin d'argent ? Vous avez assez de livres comme ça. »

Je rétorquai : « Les nouvelles routes, c'est bien mais ça ne redonne pas le moral à nos concitoyens. Pas autant qu'une bibliothèque accueillante, chaleureuse et conviviale. Ne serait-il pas excellent pour le moral d'avoir une bibliothèque dont nous pourrions être fiers ?

– Je vais être franc. Je ne vois pas quelle différence ça ferait d'avoir de plus jolis livres. »

Après avoir été mise à l'écart pendant presque un an, je me sentais frustrée mais loin d'être vaincue. Puis quelque chose de curieux se produisit : Dewey commença à faire l'article à ma place. À la fin de l'été 1988, un changement palpable s'était produit à la bibliothèque municipale de Spencer. Nos visiteurs étaient plus nombreux. Les gens restaient plus longtemps. Ils partaient avec le sourire, et le rapportaient chez eux, à l'école, et sur leur lieu de travail. Mieux encore, les gens se parlaient.

« Je suis passée à la bibliothèque, raconta une habitante en faisant du lèche-vitrine sur Grand Avenue, rénovée et améliorée.

– Et il y avait Dewey ?

– Évidemment.

– Il s'est assis sur tes genoux ? Il monte toujours sur ceux de ma fille.

– En fait, je voulais prendre un ouvrage sur un rayon en hauteur, sans vraiment faire attention, et c'est

Dewey que j'ai attrapé. J'ai été si surprise que je me suis fait tomber un livre sur l'orteil.

– Qu'a fait Dewey ?

– Il a ri.

– Vraiment ?

– Non, mais je suis sûre qu'intérieurement il riait. »

La conversation parvint sans doute aux oreilles des habitués du Sister's Café, car le conseil municipal finit par tenir compte de la popularité de Dewey. Petit à petit, son attitude se modifia. Ses membres cessèrent de me rire au nez. Ils commencèrent même à m'écouter.

« Vicki, finit par m'annoncer le conseil municipal, peut-être la bibliothèque fait-elle une différence, après tout. Vous n'ignorez pas que nous traversons une crise financière, nous n'avons pas d'argent. Mais si vous trouvez les fonds, vous aurez tout notre soutien. » Certes, ce n'était pas grand-chose, mais c'était beaucoup plus que ce que la bibliothèque avait obtenu de la ville depuis bien, bien longtemps.

8

Son meilleur ami

Les rumeurs qui parvinrent aux oreilles du conseil municipal à l'automne 1988 n'étaient pas de mon fait. En tout cas, elles ne venaient pas que de moi. C'était un bouillonnement de voix, de celles qui ne se font d'habitude jamais entendre : la voix des anciens, des mères, des enfants. Certains lecteurs venaient à la bibliothèque dans un dessein précis : chercher un livre, lire le journal, trouver un magazine. D'autres la considéraient comme une destination en soi. Ils aimaient y passer du temps, cela les soutenait et leur donnait des forces. Chaque mois, ils étaient plus nombreux. Dewey n'était pas juste une nouveauté ; c'était un pilier de la communauté. Les gens venaient à la bibliothèque pour le voir.

Dewey n'était pourtant pas un animal particulièrement démonstratif. Il ne se jetait pas sur quiconque passait la porte. Il se tenait, disponible, près du seuil, au cas où l'on aurait besoin de lui. Dans le cas contraire, les visiteurs pouvaient le contourner et passer leur chemin. C'est la différence subtile entre les chiens et les chats, et Dewey en était un bon exemple : les chats ont besoin de vous, certes, mais ils ne quémandent pas votre affection.

Quand certains habitués constataient que Dewey n'était pas là pour les accueillir, ils écumaient la bibliothèque pour le trouver. Ils regardaient d'abord par terre, se figurant qu'il se cachait dans un coin. Puis ils vérifiaient le sommet des rayonnages.

« Oh, où étais-tu, Dewey ? Je ne t'avais pas vu ! » s'exclamaient-ils en présentant leur main pour le caresser. Dewey tendait la tête mais ne les suivait pas. Les lecteurs ne cachaient alors pas leur déception.

Mais à peine avaient-ils oublié son existence que Dewey leur sautait sur les genoux. C'est alors que je les voyais sourire. Dewey ne se contentait pas de s'asseoir avec eux pendant dix ou quinze minutes, il les choisissait, parmi tous les autres, pour leur donner toute son attention. À la fin de la première année, des dizaines de lecteurs étaient venus me dire : « Je sais que Dewey aime tout le monde, mais lui et moi entretenons une relation bien particulière. »

Je souriais et j'acquiesçais. « C'est vrai, Judy, pensais-je, avec vous et tous ceux qui passent la porte de cette bibliothèque. »

Naturellement, si Judy Johnson (ou Marcie Muckey, Pat Jones ou quelque autre fan de Dewey) restait dans les parages assez longtemps, elle risquait d'être déçue. J'eus souvent cette conversation avec elle, pour voir une demi-heure plus tard son sourire s'évanouir lorsqu'en quittant la bibliothèque elle apercevait Dewey sur les genoux de quelqu'un d'autre.

« Oh Dewey, déplorait Judy. Je croyais que tu n'aimais que moi. »

Elle le fixait quelques secondes, mais Dewey ne levait pas les yeux. Puis elle souriait. Je savais ce qu'elle pensait. « Il ne fait que son travail. C'est quand même moi qu'il préfère. »

Et puis il y avait les enfants. Si vous vouliez savoir quelle influence Dewey avait sur Spencer, il vous suffisait de regarder les enfants. Leurs sourires quand ils entraient dans la bibliothèque. Leur joie quand ils l'appelaient et le cherchaient. Leur excitation quand ils le trouvaient enfin. Derrière eux s'affichait le sourire des mères.

Je savais que les familles souffraient et que pour beaucoup de ces enfants la vie n'était pas rose. Les parents n'évoquaient jamais leurs problèmes, ni avec moi ni avec le reste du personnel. Ils n'en parlaient sans doute jamais avec leurs meilleurs amis non plus. Ce n'est pas notre genre. Ici, nous ne parlons pas de notre vie privée, que les nouvelles soient bonnes, mauvaises ou banales. Mais c'était évident. Un garçon, qui portait son vieux manteau de l'hiver précédent, venait souvent à la bibliothèque. Sa mère avait arrêté de se maquiller, et finit par ne plus porter ses bijoux. Ce gamin adorait Dewey ; il s'y accrochait comme à un vrai ami, et sa mère souriait chaque fois qu'elle les voyait ensemble. Puis, vers octobre, le garçon et sa mère cessèrent de venir. J'appris que la famille avait déménagé précipitamment.

Il ne fut pas le seul enfant à porter un manteau usé, cet automne-là, et il n'était certainement pas le seul à aimer Dewey. Ils sollicitaient tous son attention, parfois avec avidité, au point de parvenir à contrôler leur excitation pour passer « L'heure de l'histoire » avec lui. Tous les mardis matin, les chuchotements excités de la salle ronde, où se tenait « L'heure de l'histoire », étaient soudain interrompus par un cri : « Voilà Dewey ! » Une cohue incontrôlable s'ensuivait, alors que tous les enfants essayaient de caresser Dewey en même temps.

« Si vous ne vous calmez pas, grondait Mary Walk, notre bibliothécaire de la section enfants, je fais sortir Dewey. »

Un silence difficilement maîtrisé s'abattait sur la pièce, alors que les enfants reprenaient place en faisant de leur mieux pour contenir leur excitation. Lorsqu'un calme relatif régnait à nouveau, Dewey se glissait entre eux et se frottait contre chaque enfant, qui en gloussait de joie. Bientôt les enfants l'attrapaient et murmuraient : « Assieds-toi avec moi, Dewey. Viens t'asseoir.

– Les enfants, ne me faites pas répéter ce que j'ai dit !

– Oui, Mary. » Les enfants appelaient toujours Mary Walk par son prénom. Elle ne s'était jamais habituée à se faire appeler Miss Mary.

Dewey, sachant qu'il avait poussé le bouchon trop loin, mettait un terme à son errance et se pelotonnait sur les genoux de l'élu. Il ne laissait aucun enfant l'attraper et le tenir sur ses genoux, il *choisissait* de passer du temps avec l'un ou avec l'autre. Et chaque semaine c'était un enfant différent.

Une fois qu'il avait choisi un giron, Dewey restait généralement tranquille pendant toute l'heure. Sauf si l'on projetait un film. Alors, il sautait sur une table, rentrait ses pattes sous son ventre et fixait l'écran avec intensité. Lorsque le générique s'affichait, il feignait l'ennui et sautait par terre. Avant que les enfants aient eu le temps de demander : « Où est Dewey ? », il avait disparu.

Une seule enfant résista au charme de Dewey. Elle avait quatre ans quand Dewey arriva, et venait à la bibliothèque toutes les semaines avec sa mère et son grand frère. Son frère adorait Dewey. La petite fille se tenait quant à elle aussi loin du chat que possible, l'air tendu et nerveux. Sa mère me confia un jour que la fillette avait peur des animaux à quatre pattes, surtout des chats et des chiens.

Quelle opportunité ! Je savais que Dewey pouvait faire pour cette petite ce qu'il avait déjà accompli pour les enfants victimes d'allergies, qui pouvaient quand même passer un peu de temps avec un félin. Je proposai de l'exposer progressivement à Dewey, d'abord en le lui faisant regarder par la fenêtre, puis en organisant des rencontres sous surveillance.

« C'est un travail idéal pour notre gentil et adorable Dewey », expliquai-je à la mère. J'étais si enthousiaste que je me mis même en quête des meilleurs livres pour aider la fillette à vaincre sa peur.

Mais sa mère ne l'entendit pas de cette oreille, et au lieu d'essayer de changer l'approche de la petite fille, je dus m'adapter à sa présence. Lorsque la fillette apparaissait à la porte et faisait un signe à l'employé du bureau d'accueil, nous cherchions Dewey pour le mettre sous clé. Dewey détestait être enfermé dans mon bureau, surtout lorsqu'il y avait des lecteurs dans la bibliothèque. *Vous n'avez pas besoin de faire ça*, l'entendais-je pleurer. *Je la connais ! Je ne m'en approcherai pas !*

L'enfermer me répugnait, mais je détestais aussi manquer cette opportunité de permettre à Dewey d'embellir la vie de cette fillette. Que pouvais-je faire ? « Ne force rien, Vicki, me raisonnai-je. Ça viendra. »

C'est dans cet état d'esprit que j'organisai une modeste célébration du premier anniversaire de Dewey : un gâteau spécial chat pour lui, et un gâteau normal pour les lecteurs. Nous ne connaissions pas sa date de naissance, mais le Dr Esterly avait jugé qu'il avait huit semaines lorsque nous l'avions trouvé, ce qui nous menait à fin novembre : nous choisîmes le 18. Nous avions trouvé Dewey le 18 janvier, ce chiffre devait forcément lui porter chance.

Une semaine avant la fête, nous proposâmes une carte à signer. En quelques jours, plus d'une centaine de signatures y figuraient. Au cours de « L'heure de l'histoire » suivante, les enfants dessinèrent des gâteaux d'anniversaire. Quatre jours avant la fête, nous accrochâmes les dessins sur un fil tendu derrière le bureau de l'accueil. Puis le journal publia un article à ce sujet, et la boîte à lettres se remplit peu à peu de cartes de vœux. Je n'en croyais pas mes yeux : les gens envoyaient des cartes d'anniversaire à un chat !

Lorsque la fête eut enfin lieu, les enfants étaient excités comme des puces. Tout autre chat aurait pris peur, à n'en pas douter, mais Dewey vécut l'événement sans se départir de son calme habituel. Cela dit, il ne communiquait pas avec les enfants, car il gardait les yeux fixés sur son cadeau : un gâteau en forme de souris, recouvert du yaourt préféré de Jean Hollis Clark (au lait entier, Dewey n'aimait pas le 0 %). Pendant que les enfants souriaient et gloussaient de joie, je regardai les adultes rassemblés à l'arrière, des parents pour la plupart. Ils étaient aussi souriants que les enfants. Une fois de plus, je me rendis compte à quel point Dewey était unique. Ce n'est pas n'importe quel chat qui aurait pu avoir ce type de fan-club. Et je me rendis aussi compte de quelques autres choses : que Dewey avait une influence sur les gens, qu'il avait été accepté en tant que membre de notre communauté, et que même si je passais toutes mes journées avec lui, je ne connaîtrais jamais toutes les relations qu'il avait créées et le nombre de gens qu'il touchait. Dewey n'avait pas de chouchou : il aimait tout le monde de la même manière.

Je dois admettre, alors que j'écris ces mots, qu'il y avait des exceptions à cette règle. Dewey entretenait parfois des relations particulières, et les liens qu'il tissa avec Crystal resteront à jamais gravés dans ma mémoire. La bibliothèque organisait depuis des dizaines d'années une heure de lecture à haute voix pour les classes spécialisées des écoles élémentaires et des collèges des environs. Avant Dewey, les enfants se tenaient mal. C'était leur grande sortie de la semaine, et ils étaient excités : ils criaient, hurlaient, sautaient partout. Dewey changea tout cela. À mesure qu'ils apprenaient à le connaître, les enfants comprirent que trop de bruit ou d'agitation faisait fuir Dewey. Ils auraient fait n'importe quoi pour qu'il reste, et au bout de quelques mois ils devinrent si calmes qu'il était difficile de croire qu'il s'agissait du même groupe d'enfants.

Ils ne pouvaient pas facilement le caresser, car la plupart avaient des handicaps physiques. Dewey ne s'en souciait pas. Quand ils arrivaient à rester calmes, il passait l'heure avec eux. Il faisait le tour de la pièce et se frottait à leurs jambes. Il sautait sur leurs genoux. Les enfants étaient tellement obsédés par lui qu'ils ne remarquaient rien d'autre. On aurait pu leur lire le Bottin sans qu'ils s'en soucient une seconde.

Crystal était l'une des plus handicapées du groupe. Cette jolie fillette de onze ans environ ne parlait pas et contrôlait à peine ses membres. Elle était dans un fauteuil roulant équipé d'un plateau de bois. Lorsqu'elle arrivait dans la bibliothèque, elle avait toujours la tête baissée et les yeux fixés sur ce plateau. Son professeur enlevait son manteau, ou ouvrait sa veste, sans qu'elle fasse le moindre mouvement. Comme si elle n'était pas là.

Dewey remarqua Crystal tout de suite, mais le contact ne se fit pas immédiatement. Elle ne semblait pas s'intéresser à lui, alors qu'une foule d'enfants tentaient désespérément d'attirer son attention. Puis, un jour, Dewey sauta sur son plateau en bois. L'enfant poussa un cri aigu. Cela faisait des années qu'elle venait à la bibliothèque, et je ne savais même pas qu'elle pouvait former des sons.

Dewey rendit visite à Crystal chaque semaine. Chaque fois qu'il sautait sur son plateau, Crystal criait de joie. C'était un cri fort et très aigu, mais Dewey ne manifesta jamais la moindre frayeur. Il comprenait la signification de ce cri. Il pouvait sentir l'excitation de Crystal, ou peut-être voir son changement d'expression. Lorsqu'elle apercevait Dewey, elle rayonnait. Ses yeux avaient toujours été vides. Dorénavant, ils flamboyaient.

Bientôt, il ne fut plus nécessaire d'attendre que Dewey saute sur le plateau. Dès que son professeur la poussait dans la bibliothèque, Crystal s'éveillait à la vie. Lorsqu'elle voyait Dewey, qui l'attendait à la porte d'entrée, elle s'extériorisait. Ce n'était alors pas son cri aigu habituel, mais un son plus grave. Je crois qu'elle l'appelait. Dewey devait penser la même chose, car dès qu'il l'entendait, il allait à sa rencontre. Une fois le fauteuil calé, il sautait sur le plateau, et la petite fille rayonnait de bonheur. Elle criait et affichait un sourire impossible à décrire tant il était grand et radieux. Crystal avait le plus beau sourire du monde.

D'habitude, le professeur de Crystal prenait sa main et l'aidait à caresser Dewey. Ce contact, la sensation de sa fourrure sur sa main, provoquait toujours une nouvelle série de cris aigus encore plus forts et plus enthousiastes. Un jour, je le jure, elle leva la tête et me regarda dans les yeux. Elle était bouleversée de joie et voulait partager ce moment avec quelqu'un, avec tout le monde. Une fillette qui, pendant des années, n'avait jamais détaché les yeux du sol.

Un jour, je pris Dewey qui s'était installé sur le plateau de Crystal, et le mis dans son manteau. Elle ne cria même pas. Elle se contenta de le regarder avec stupéfaction. Elle était si heureuse. Et Dewey était comblé. Il pouvait se blottir contre une poitrine accueillante et chaude, et il était avec quelqu'un qu'il aimait. Il ne voulut plus sortir du manteau. Il resta là pendant vingt minutes, plus longtemps peut-être, tandis que les autres enfants regardaient les livres. Dewey et Crystal étaient assis ensemble devant le bureau de l'accueil. Le bus attendait devant la bibliothèque, tous les enfants étaient déjà à bord, mais Dewey et Crystal étaient encore là où nous les avions laissés, tout seuls, tous les deux. Ce sourire, cet instant valaient des millions.

Je ne peux imaginer la vie de Crystal. J'ignore ce qu'elle ressentait lorsqu'elle était ailleurs, ou ce qu'elle faisait. Mais je sais que chaque fois qu'elle était à la bibliothèque municipale de Spencer avec Dewey, elle était heureuse. Je crois qu'elle connut le genre de bonheur total que peu d'entre nous ont jamais ressenti. Et Dewey le savait. Il voulait qu'elle connaisse ce bonheur, et il l'aimait pour ça. N'est-ce pas un héritage digne de n'importe quel chat, ou de n'importe quel être humain ?

GOÛTS ET DÉGOÛTS DE DEWEY

Écrits sur une grande affiche orange, au bureau d'accueil de la bibliothèque municipale de Spencer pour le premier anniversaire de Dewey, le 18 novembre 1988.

Catégorie	**Il aime**	**Il déteste**
Nourriture	Purina Special Dinners, au goût de lait	Tout le reste !
Lieu pour dormir	N'importe quelle boîte, n'importe quels genoux	Seul ou dans son panier
Jouet	Tout ce qui touche l'herbe à chats	Les jouets qui ne bougent pas
Moment de la journée	8 h 00, l'arrivée du personnel	Le départ de tout le monde
Position	Allongé sur le dos	Rester debout trop longtemps
Température	Chaud, chaud, chaud !	Froid, froid, froid !
Cachette	Entre les westerns, étagère du bas	L'entrée
Activités	Se faire des amis, regarder la photocopieuse	Le vétérinaire
Câlins	Sur la tête, derrière les oreilles	Grattouilles ou autres sur le ventre
Équipement	La machine à écrire de Kim, la photocopieuse	L'aspirateur
Animal	Lui-même !	
Toilette	Se laver les oreilles	Le brossage
Médicaments	Felaxin (contre les boules de poils)	Tout le reste
Jeux	Cache-cache, pousse-crayon	La lutte
Gens	Presque tout le monde	Les gens qui le maltraitent
Bruits	Un bonbon qui s'ouvre, le papier qui bruisse	Les gros camions, les aboiements
Livres	*Le chat qui voulait être roi*	*101 façons d'utiliser un chat mort*

9

Dewey et Jodi

La relation entre Dewey et Crystal n'était pas importante uniquement parce qu'elle avait changé la vie de la fillette, mais aussi parce qu'elle illustrait assez bien l'un des pouvoirs de Dewey. Elle montrait son effet sur les gens. Son amour. Sa compassion pour eux. À quel point il s'en souciait. Chaque fois que je raconte cette histoire, je dis : « Prenez cette personne, multipliez-la par mille et vous comprendrez à quel point Dewey était important pour la ville de Spencer. » Pas pour tout le monde, mais pour une personne différente chaque jour, un cœur à la fois. Et l'une de ces personnes, qui m'était infiniment chère, était ma fille Jodi.

J'étais mère célibataire, et lorsqu'elle était petite, Jodi et moi étions inséparables. Nous promenions notre chienne Brandi au parc. Nous faisions du lèche-vitrine au centre commercial. Nous organisions des pyjamas-parties dans le salon, rien que nous deux. Lorsque nous voulions regarder un film à la télévision, nous pique-niquions par terre. *Le Magicien d'Oz* – le monde de l'autre côté de l'arc-en-ciel, où tout est en couleurs et où vous portez en vous, depuis toujours, le pouvoir de faire ce que vous avez toujours désiré, pour peu que vous sachiez vous en servir – était diffusé chaque année, et c'était notre film préféré. Quand Jodi eut neuf ans, lorsque le temps le permettait, nous nous promenions tous les après-midi dans un site sauvage près de chez nous. Au moins une fois par semaine, nous gravissions le sommet d'une falaise de calcaire pour nous asseoir et papoter, de mère à fille, en contemplant la rivière.

À cette époque, nous vivions à Mankato, dans le Minnesota, mais nous passions beaucoup de temps dans la maison de mes parents à Hartley, dans l'Iowa. Pendant les deux heures de route, à mesure que les champs de maïs du Minnesota cédaient la place à ceux de l'Iowa, nous chantions des chansons sentimentales des années 1970, de John Denver et Barry Manilow, diffusées sur une vieille 8 pistes. Et nous jouions toujours au même jeu. Je lui demandais : « Quel est l'homme le plus grand que tu connaisses ? »

Jodi répondait, puis demandait à son tour : « Qui est la femme la plus musclée que tu connaisses ? »

Je répondais, et reprenais : « Qui est la femme la plus drôle que tu connaisses ? »

Nous nous posions mutuellement des questions jusqu'à ce qu'il ne me reste plus qu'une seule question à poser, celle qui me brûlait les lèvres depuis le début : « Qui est la femme la plus maligne que tu connaisses ? »

Jodi répondait toujours : « C'est toi, maman ! » Elle ne se doutait pas à quel point j'avais hâte d'entendre ça.

Puis Jodi eut dix ans, et elle arrêta de répondre à mes questions. C'était normal à son âge, mais je ne pus m'empêcher d'être déçue.

À treize ans, alors que nous nous étions installées à Spencer, elle ne voulut plus que je l'embrasse pour lui souhaiter bonne nuit : « Je suis trop vieille pour ça, maman.

– Je sais. Tu es une grande maintenant. » Cela me brisa le cœur.

Je regagnai le salon. Nous habitions une maison de trois pièces, de 110 m^2, à un kilomètre seulement de la bibliothèque – comme la moitié de Spencer, d'ailleurs. Je regardai par la fenêtre les maisons tranquilles, tels des cubes posés sur de jolies pelouses carrées. Comme dans le reste de l'Iowa, la plupart des routes de Spencer étaient parfaitement rectilignes. Pourquoi la vie n'était-elle pas aussi simple que ça ?

Brandi tituba vers moi et fourra son museau dans ma main. Je l'avais depuis ma grossesse, et elle souffrait visiblement de son âge. Elle était léthargique, et commençait même à se laisser aller par terre. « Pauvre Brandi. Pas toi. » Je tins autant que je pus, mais je dus me résoudre à l'emmener chez le Dr Esterly, qui diagnostiqua un stade avancé d'insuffisance rénale.

« Elle a quatorze ans. Ce n'est pas surprenant.

– Que faut-il faire ?

– Je peux la traiter, Vicki, mais elle n'a aucune chance de guérir. »

Je regardai ma pauvre chienne fatiguée. Elle avait toujours été là pour moi, elle m'avait tout donné. Je pris sa tête entre mes mains et la grattai derrière les oreilles : « Je n'ai pas beaucoup de moyens, ma belle, mais je ferai mon possible. »

Plusieurs semaines de cachets plus tard, j'étais assise au salon, Brandi sur les genoux, lorsque je sentis quelque chose de chaud. Je réalisai que j'étais mouillée. Brandi me faisait pipi dessus. Visiblement, elle n'était pas seulement gênée : elle souffrait.

« C'est le moment », déclara le Dr Esterly.

Je ne dis rien à Jodi, pas toute la vérité en tout cas. En partie pour la protéger. En partie aussi parce que je refusais moi-même de l'admettre. J'avais l'impression d'avoir toujours connu Brandi. Je l'aimais ; j'avais besoin d'elle. Je ne pouvais me résoudre à la faire piquer.

Je téléphonai à ma sœur Val et demandai à son mari : « S'il te plaît, viens chez moi et prends-la. Ne me dis pas quand, fais-le, c'est tout. »

Quelques jours plus tard, je rentrai pour le déjeuner et Brandi n'était plus là. Je savais ce que cela signifiait. Elle était partie. Je téléphonai à Val, lui demandai de prendre Jodi à l'école et de l'emmener dîner. J'avais besoin de temps pour me calmer. Pendant le dîner, Jodi sentit que quelque chose n'allait pas. Val finit par craquer et lui avoua que notre chienne avait été piquée.

À ce moment-là, j'avais déjà fait un tas de choses de travers. J'avais essayé de soigner la souffrance de Brandi. Je l'avais laissée mourir avec mon beau-frère. Je n'avais pas été complètement honnête avec Jodi. Et j'avais laissé ma sœur annoncer à ma fille la mort de sa chienne adorée. Mais ma plus grande erreur fut mon attitude quand Jodi rentra à la maison. Je ne pleurai pas. Je ne montrai aucune émotion. Je m'étais dit : « Je dois être forte, pour elle. » Je ne voulais pas lui faire voir à quel point je souffrais. Quand Jodi partit à l'école le lendemain, je craquai. Je pleurai au point de m'en rendre malade. Je ne pus même pas conduire jusqu'au travail avant l'après-midi tant j'étais désespérée. Jodi n'en sut rien. Pour cet esprit de treize ans, j'étais la femme qui avait tué son chien et qui s'en fichait complètement.

La mort de Brandi ne marqua pas véritablement un tournant dans notre relation. Ce fut plutôt un révélateur du gouffre qui se creusait entre nous. Jodi n'était plus une petite fille, mais je ne pouvais m'empêcher parfois de la traiter encore comme telle. Elle n'était pas adulte non plus, mais une partie d'elle le croyait et estimait qu'elle n'avait plus besoin de moi. Alors même que je réalisais, pour la première fois, la distance entre nous deux, la mort de Brandi nous sépara davantage.

Quand Dewey arriva, Jodi avait seize ans, et comme beaucoup de mamans d'adolescentes, je sentais que nous vivions des vies différentes. La faute me revenait en grande partie. Je travaillais beaucoup sur le projet de rénovation de la bibliothèque que j'avais fini par faire accepter au conseil municipal, et il ne me restait pas beaucoup de temps pour la maison. Mais elle portait sa part de responsabilité. Jodi passait la majeure partie de son temps à sortir avec ses amis, ou enfermée dans sa chambre. Pendant presque toute la semaine, nos seuls échanges n'avaient lieu qu'au dîner. Même alors, nous n'avions pas grand-chose à nous dire.

Et Dewey arriva. Il me permit de trouver un sujet de conversation qui intéressait ma fille. Je lui racontais ce qu'il avait fait, qui était venu le voir, avec qui il avait joué et quel journal ou station de radio locale avait appelé pour demander une interview. Quelques membres du personnel se relayaient pour nourrir Dewey le dimanche matin. Même si je n'arrivais jamais à tirer Jodi de son lit si tôt, nous nous arrêtions souvent à la bibliothèque le dimanche soir en revenant de notre dîner chez mes parents.

L'état d'excitation de Dewey quand Jodi passait le seuil de la bibliothèque était à peine croyable. Le chat cabriolait. Il se livrait à de véritables acrobaties du haut des étagères rien que pour l'impressionner. Pendant que je nettoyais sa litière et remplissais sa gamelle dans le cagibi, Dewey et Jodi jouaient. Elle était plus qu'un visiteur de passage : Dewey était absolument fou d'elle.

J'ai dit que Dewey ne suivait jamais personne, qu'il préférait garder une certaine distance, au moins au début. Avec Jodi, c'était différent. Il la suivait comme un chien. Elle était la seule personne au monde dont l'affection lui était nécessaire. Même lorsqu'elle venait à la bibliothèque pendant les heures d'ouverture, Dewey courait à ses côtés. Il se moquait de savoir qui le regardait : il n'avait aucune fierté quand elle était là. Dès qu'elle s'asseyait, Dewey sautait sur ses genoux.

Pendant les vacances, quand la bibliothèque fermait quelques jours, j'emmenais Dewey chez moi. Il n'aimait pas le trajet en voiture – comme il imaginait toujours qu'il allait chez le Dr Esterly, il passait les premières minutes tapi au sol, à l'arrière –, mais dès qu'il comprenait que je quittais Grand Avenue pour tourner dans Eleventh Street, il bondissait pour regarder à la fenêtre. La porte à peine ouverte, il se ruait dans la maison et reniflait longuement chaque recoin. Puis il montait et descendait en courant les escaliers de la cave. Son univers, à la bibliothèque, n'avait qu'un seul niveau : il ne se lassait jamais de courir dans mes escaliers.

Une fois la première excitation des marches passée, Dewey s'asseyait à côté de moi sur le canapé. Mais tout aussi souvent, il choisissait le dossier du canapé et regardait par la fenêtre. Il attendait Jodi. Il bondissait et courait jusqu'à la porte juste avant qu'elle n'arrive. À peine était-elle entrée qu'il se transformait en pot de colle. Il ne la lâchait plus. Il se faufilait entre ses jambes, au risque de la faire trébucher, tant il était excité. Quand elle prenait sa douche, Dewey attendait dans la salle de bains, les yeux fixés sur le rideau. Si elle fermait la porte, il s'asseyait devant. Si la douche s'arrêtait mais que Jodi ne sortait pas assez vite à son goût, il pleurait. Elle ne pouvait pas s'asseoir sans qu'il bondisse sur ses genoux. Peu importait qu'elle soit à table ou aux toilettes. Il lui sautait dessus, malaxait son ventre et ronronnait, ronronnait, ronronnait sans fin.

La chambre de Jodi était un bazar sans nom, mais, lorsqu'il s'agissait de son apparence, ma fille était impeccable. Pas un cheveu ne dépassait, pas un grain de poussière nulle part. Jugez plutôt : elle repassait ses chaussettes. Qui aurait cru que sa chambre ressemblait au repaire d'un troll ? Seule une adolescente était capable de vivre dans une pièce où le sol était invisible et la porte du placard impossible à fermer, où assiettes et verres sales croupissaient pendant des semaines sous des vêtements à laver. Je me refusais à nettoyer la chambre de Jodi, mais je persistais à la harceler à ce sujet. Typique des relations mère-fille, je le sais bien, mais c'est facile à dire, après la bataille. Ce n'est jamais simple au moment où on le vit.

Pour Dewey, tout était facile. Une chambre sale ? Une mère insistante ? Qu'est-ce que ça pouvait lui faire ? *Jodi est là*, me disait-il dans un dernier regard en disparaissant derrière sa porte pour la nuit. *Quelle importance le reste peut-il avoir ?*

Parfois, juste avant de se coucher, Jodi m'appelait. J'entrais dans sa chambre et trouvais Dewey qui montait la garde sur son oreiller comme sur un trésor, ou allongé sur le haut de sa tête. Il était si ostensiblement avide de contacts avec Jodi que cela nous faisait rire. Jodi était fofolle et drôle avec ses amis, mais, pendant toutes ses années de lycée, elle était très sérieuse avec moi. Dewey était le seul à pouvoir rendre notre relation légère et enjouée. Quand Dewey était là, nous riions ensemble, presque comme quand elle était enfant.

Jodi et moi n'étions pas les seules que Dewey aidait. Le collège de Spencer était en face de la bibliothèque, et environ cinquante élèves restaient régulièrement avec nous après l'école. Les jours où ils entraient comme des fous, Dewey les évitait, surtout les plus chahuteurs, mais en général il se mêlait à eux. Il avait beaucoup d'amis parmi les élèves, filles et garçons. Ils le caressaient et jouaient avec lui, faisaient tomber des crayons de la table et s'amusaient de son étonnement quand ils disparaissaient. Une fille joua à faire sortir un stylo par la manche de son manteau. Dewey pourchassa le stylo jusqu'à l'intérieur de la manche puis, décidant qu'il faisait bon dans cet endroit obscur et chaud, s'y installa pour une petite sieste.

La plupart des enfants partaient juste après cinq heures, quand leurs parents quittaient leur travail. Quelques-uns restaient jusqu'à huit. Spencer n'était pas exempte de problèmes – alcoolisme, négligence, mauvais traitements – mais nos habitués étaient des enfants de cols bleus. Ces parents étaient aimants, le problème c'est qu'ils devaient cumuler les emplois ou les heures supplémentaires pour joindre les deux bouts.

Ils ne faisaient que passer à la bibliothèque et prenaient rarement le temps d'adresser une caresse à Dewey. Leurs journées de travail étaient longues, et il fallait rentrer préparer le repas et faire le ménage avant de se coucher enfin. Mais leurs enfants passaient des heures avec Dewey ; il les amusait et les aimait. Je ne me rendis pas compte de l'importance de cette relation, ni de la profondeur de cet attachement, jusqu'à ce que je voie la mère de l'un de ces garçons se baisser et chuchoter : « Merci, Dewey » en lui caressant tendrement la tête.

J'imagine qu'elle le remerciait de passer du temps avec son fils, de combler ce qui aurait pu être pour lui un moment solitaire et difficile.

Elle se releva et entoura son fils de ses bras. Puis, alors qu'ils sortaient de la bibliothèque, je l'entendis lui demander : « Comment allait Dewey aujourd'hui ? » Soudain, je compris exactement ce qu'elle ressentait. Dewey avait transformé une séparation difficile en terrain d'entente ; il était le chemin vers tout ce qu'elle avait laissé derrière elle. Ce garçon n'était pas particulièrement proche de Dewey – il passait la plupart de son temps à faire l'imbécile avec ses copains ou à jouer à l'ordinateur – mais il était clair que Dewey avait une influence sur sa vie au-delà des murs de la bibliothèque. Et il ne s'agissait pas juste de cet enfant-là. Plus j'observais Dewey, plus je constatais que la braise qui avait réchauffé ma relation avec Jodi éclairait d'autres familles. Comme moi, des parents de tout Spencer passaient leur heure quotidienne avec leurs ados à parler de Dewey.

Le personnel ne comprenait pas. En voyant Jodi et Dewey ensemble, ils pensaient que je serais vexée de voir que Dewey me préférait quelqu'un d'autre. Après le départ de Jodi, quelqu'un disait en général : « Elle a la même voix que toi. C'est pour ça qu'il l'aime tant. »

Mais je n'étais absolument pas jalouse. Dewey et moi entretenions une relation complexe, qui impliquait des bains, des brossages, des visites chez le vétérinaire et autres expériences déplaisantes. La relation de Dewey et

Jodi était pure et innocente. C'était des jeux et du bon temps, dégagés de toute responsabilité. Si je voulais ramener leur relation à moi, je dirais que Dewey comprenait l'importance que Jodi revêtait à mes yeux, et que cela suffisait à la lui rendre précieuse aussi. Je pourrais pousser les choses encore plus loin et dire que peut-être, mais ce n'est pas sûr, Dewey comprenait la valeur de ces moments que nous partagions tous les trois, combien rire avec ma fille me manquait, et il était heureux de se jeter par-dessus ce fossé pour servir de pont entre nous deux.

Mais je ne crois pas qu'il s'agissait de ça. Dewey l'aimait pour ce qu'elle était : une ado chaleureuse, amicale, ma merveilleuse Jodi. Et son amour pour ma fille me le rendait encore plus cher.

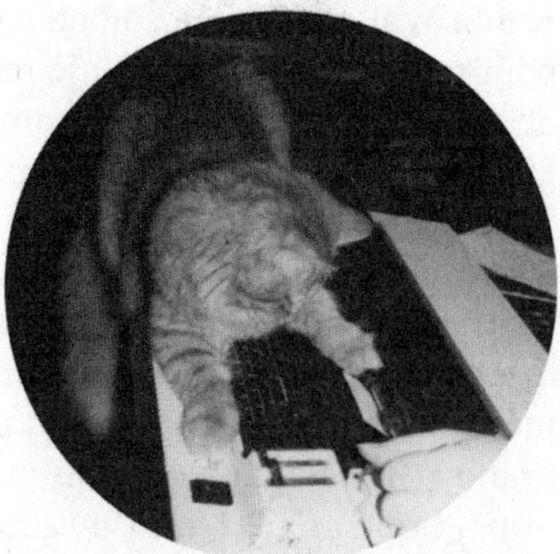

10

Je reviens de loin

Quand j'eus quatorze ans, ma famille s'installa à Hartley, dans l'Iowa. J'étais une bonne élève, déléguée à la bibliothèque et deuxième de ma classe après Karen Watts. Vicki Jipson ne récoltait que des A, sauf pour taper à la machine, où je méritais un C. Mais cela ne m'empêchait pas d'avoir une drôle de réputation. Un soir, je me rendis avec mes parents à un bal à Sanborn, une petite ville à neuf kilomètres d'Hartley. La fête se termina à vingt-trois heures et à peine étions-nous arrivés au restaurant d'à côté que je m'évanouis. Papa me fit prendre un peu l'air, mais je me mis à vomir. Le lendemain matin, dès 8 h 30, mon grand-père téléphona : « Qu'est-ce qui se passe chez vous, bon sang ? On m'a raconté que Vicki s'était saoulée à Sanborn hier soir ! » La cause finit par se révéler être un abcès dentaire, mais rien ne pouvait défaire une mauvaise réputation dans une petite ville comme Hartley.

Mon plus grand frère, en revanche, était considéré comme l'un des gamins les plus intelligents à avoir jamais fréquenté le lycée d'Hartley. Tout le monde l'appelait le Professeur. David passa son bac un an avant moi et partit étudier à l'université à cent kilomètres de là, à Mankato, Minnesota. Je me dis que je le suivrais. Lorsque je mentionnai mes projets à mon conseiller d'orientation, il me répondit : « Ne t'occupe pas de l'université. Tu vas te marier, avoir des enfants, et laisser un homme prendre soin de toi. » Pauvre type. On était en 1966. L'Iowa rural. Ce fut le seul conseil que je reçus jamais.

Après mon diplôme, je me fiançai à mon troisième amoureux. Nous nous fréquentions depuis deux ans, et il m'adorait. Mais j'avais besoin de sortir du microcosme de ma petite ville d'Iowa ; il me fallait être loin, et seule. Je rompis nos fiançailles, ce qui fut la chose la plus difficile que j'avais jamais faite, et partis m'installer à Mankato avec Sharon, ma meilleure amie.

David étudiait à l'université à l'autre bout de la ville, et Sharon et moi travaillions à la Mankato Box Company. Mankato Box emballait des produits comme JetDry, le produit à vaisselle, et Gumby, une figurine qui était une star, à l'époque. Je travaillais surtout sur Punch and Grow, une barquette de terreau avec des graines attachées au couvercle. Je devais prendre les pots pleins de terre sur un tapis roulant, fixer le couvercle en plastique, les glisser dans une pochette puis les placer dans des boîtes. Sharon et moi travaillions côte à côte, et nous chantions toujours des chansons idiotes à propos de Punch and Grow sur des airs à la mode. Nous faisions rire toute la chaîne, nous étions les Laverne et Shirley de Mankato Box. Au bout de trois ans de travail, je fus promue au remplissage de la machine avec les barquettes en plastique. J'étais plus isolée, donc je chantais moins, mais au moins je ne me mettais plus du terreau partout.

Sharon et moi avions pris des habitudes, ce qui est banal quand on travaille à la chaîne. Nous sortions de l'usine à dix-sept heures pile, prenions le bus jusqu'à notre appartement pour un dîner rapide, puis nous écumions les discothèques avec mon frère David et ses amis. David n'était pas juste mon frère, c'était aussi mon meilleur ami. Nous étions inséparables et dansions à nous user les pieds jusqu'à la fermeture. Quand je restais à la maison, ce qui arrivait rarement, je mettais un disque et je dansais, toute seule dans ma chambre. J'avais besoin de danser. J'adorais ça.

Je rencontrai Wally Myron dans un club de danse. Il était différent des garçons avec qui j'étais sortie. Il était très intelligent et cultivé, ce qui m'impressionna immédiatement. Et il avait de la personnalité. Wally souriait tout le temps, et faisait sourire tous ceux qui le fréquentaient. Il était du genre à aller chez l'épicier acheter du lait et à rester deux heures dans le magasin à papoter avec l'employé. Wally pouvait parler avec n'importe qui, de n'importe quoi. Il n'avait pas une once de méchanceté. Je l'affirme encore aujourd'hui : Wally était incapable de faire intentionnellement du mal à quelqu'un.

Nous nous fréquentâmes pendant un an et demi avant de nous marier, en juillet 1970. J'avais vingt-deux ans, et je tombai enceinte immédiatement. Ce fut une grossesse difficile, avec des nausées matin, midi et soir. Après son travail, Wally passait ses fins d'après-midi avec ses amis, à faire de la moto en général, mais il était toujours rentré à 19 h 30. Il aurait aimé une femme agréable en société, mais s'accommodait d'une épouse malade puisqu'un bébé était en route.

Parfois, il suffit d'une seule décision pour changer le cours de votre vie. Ce n'est pas forcément une décision que vous avez prise vous-même, et il peut arriver que vous ne soyez même pas au courant. Quand le travail commença, le médecin décida d'accélérer la procédure à l'aide de deux doses massives de Pitocin. Je sus plus tard qu'il était invité à une soirée et qu'il voulait en finir rapidement. En deux heures, je passai de trois centimètres de dilatation à l'ouverture totale. Le choc rompit le placenta, ils déclenchèrent donc un nouveau travail. Mais tous les morceaux ne sortirent pas. Six semaines plus tard, je fis une hémorragie et je fus renvoyée à l'hôpital pour une opération en urgence.

J'avais toujours souhaité avoir une fille que j'appellerais Jodi Marie. J'en rêvais depuis toute jeune. À présent elle était là, Jodi Marie Myron, et je mourais d'envie de passer du temps avec elle, la câliner, lui parler et la regarder dans les yeux. Mais l'opération me mit complètement K.O. Mes hormones se détraquèrent, et je fus ravagée par des maux de tête, des insomnies et des suées. Deux ans et six opérations plus tard, ma santé ne s'étant pas améliorée, mon médecin me proposa de faire de la chirurgie exploratoire. En me réveillant dans mon lit d'hôpital, j'appris qu'ils m'avaient enlevé les ovaires et l'utérus. La souffrance physique était intense, mais savoir que je n'aurais pas d'autre enfant était bien pire. Je m'attendais à un petit coup d'œil à l'intérieur, pas à me faire vider. Et je n'étais pas non plus préparée à cette ménopause brutale et sévère. J'avais vingt-quatre ans, soixante à l'intérieur, des cicatrices au ventre, des regrets au cœur, et une fille que je ne pouvais pas prendre dans mes bras. Le rideau tomba, tout devint noir.

Quand je repris mes esprits quelques mois plus tard, Wally n'était plus là. Enfin, il était là, mais pas comme avant. C'est à ce moment-là que je découvris que tout se rapportait à la boisson pour Wally. S'il allait pêcher, cela signifiait qu'il allait boire. Chasser ? Boire. Même faire un tour à moto, c'était boire. Il ne fallut pas longtemps pour qu'il ne rentre plus à l'heure. Il sortait tard, ne téléphonait pas. Quand il arrivait, ivre, je lui disais : « Mais qu'est-ce que tu fais ? Tu as une femme malade et un enfant de deux ans !

– On est juste allés à la pêche, répondait-il. J'ai bu un ou deux verres de trop. C'est pas grave. »

Quand je me réveillais le lendemain matin, il était parti travailler. Je trouvais un mot sur la table de la cuisine. *« Je t'aime. Je ne veux pas qu'on se dispute. Pardon. »* Wally dormait très mal et il passait des nuits entières à m'écrire de longues lettres. Il avait de l'esprit, et une plume magnifique. Et tous les matins, quand je voyais ces lettres, je l'aimais.

Se rendre compte que son mari a un problème d'alcool arrive d'un coup, mais l'admettre prend très, très longtemps. Vous sentez des nœuds se nouer à l'intérieur, mais votre cœur refuse de comprendre. Vous trouvez des explications, puis des excuses. Vous redoutez la sonnerie du téléphone. Puis vous redoutez le silence, quand il ne sonne pas. Plutôt que d'en parler, vous jetez les canettes de bière. Vous faites semblant de ne pas remarquer certaines choses, comme l'argent par exemple. Il finit toujours par en donner, mais uniquement quand les placards sont vides. Vous n'osez pas vous plaindre. Quels sont les risques, vous dites-vous, que cela empire ?

« Je comprends, dit-il quand vous lui en parlez. Ce n'est pas un problème. Mais je vais arrêter. Pour toi. Promis. » Il n'y croit pas. Vous non plus.

Jour après jour, votre monde rétrécit. Vous n'ouvrez plus les placards de peur de ce que vous allez y trouver. Vous ne vous aventurez plus à faire les poches de ses pantalons. Vous ne voulez plus sortir. Où pourrait-il vous emmener sans boire ?

Un matin, je trouvai des bouteilles de bière dans le four. Jodi tomba sur des canettes dans sa boîte à jouets. Wally se réveillait très tôt, et si j'osais mettre le nez à la fenêtre, je le voyais, assis dans son van, boire de la bière tiède. Il ne faisait même pas l'effort de tourner le coin de la rue.

Lorsque Jodi eut trois ans, mon frère Mike se maria à Hartley. Jodi et moi participions à la cérémonie, Wally avait donc du temps libre devant lui. Il disparut et ne refit surface que tard le soir, quand tout le monde fut couché.

« Tu nous évites ? lui demandai-je.

– Mais non, j'adore ta famille. Tu le sais. »

Un soir, toute la famille se réunit autour de la table de la cuisine de maman. Comme d'habitude, Wally était introuvable. À court de bière, ma mère ouvrit sa réserve, où elle en gardait pour le cas où ses amis de la ville ou sa famille passeraient la voir. Il n'en restait presque plus.

« Qu'est-ce qui t'a pris, de boire la bière de ma mère ?

– Je ne sais pas. Je suis désolé.

– Qu'est-ce que je ressens à ton avis ? Et Jodi ?

– Elle ne sait rien.

– Elle est assez grande pour comprendre. Tu ne la connais pas. »

Peur de demander. Peur de ne pas demander. « Mais tu continues à travailler ?

– Évidemment. Tu vois bien les chèques, non ? »

Le père de Wally lui avait légué une partie de l'entreprise de construction familiale, ce qui signifiait que Wally n'avait pas de feuille de paie fixe. Je n'avais aucun moyen de savoir si l'entreprise était entre deux projets, ou si le monde s'écroulait autour de nous.

« Ce n'est pas qu'une question d'argent, Wally.

– Je sais. Je vais passer plus de temps à la maison.

– Arrête de boire une semaine.

– Pourquoi ?

– Wally.

– D'accord, une semaine. J'arrête. »

Là encore, aucun de nous deux n'y croyait.

Après le mariage de Mike, je finis par admettre que Wally avait un problème. Qu'il rentrait de moins en moins souvent à la maison. Que je ne le voyais presque plus jamais sobre. Il n'avait pas l'alcool mauvais, mais pas bon non plus. Pourtant, il gérait nos vies. Il conduisait notre unique voiture. Il me fallait prendre le bus ou me faire accompagner d'une amie pour faire les courses. Il encaissait les chèques, payait les factures. J'étais souvent trop malade pour suivre nos finances, sans parler d'élever seule un enfant. J'appelais notre maison « le cercueil bleu » parce qu'elle était peinte d'un bleu immonde et avait la forme d'une boîte. Au départ, c'était une plaisanterie – c'était en réalité une jolie maison dans un quartier agréable –, mais, en deux ans, c'était presque devenu une réalité. Jodi et moi, nous étions coincées dans cette maison, enterrées vivantes.

Ma famille me vint en aide. Ils ne me firent aucun reproche. Ils ne me sermonnèrent jamais non plus. Mes parents n'avaient pas d'argent, mais ils prirent Jodi en charge, par périodes de deux semaines, et l'élevèrent comme leur propre fille.

Et puis il y avait mes amies. Cet obstétricien avait détruit mon corps, mais une inconnue sauva mon âme. Quand Jodi eut six mois, une femme vint frapper à ma porte. Elle avait une fille dans une poussette, à peu près de l'âge de Jodi. « Je suis Faith Landwer. Mon mari et le vôtre sont amis depuis le lycée, alors prenons un café et faisons connaissance. »

Grâce à Dieu, j'acceptai.

Faith m'introduisit dans un club de nouvelles venues qui jouaient aux cartes une fois par mois. Pendant nos parties je rencontrai Trudy, puis Barb, Pauli, Rita et Idelle. Bientôt, nous prenions le café toutes ensemble chez Trudy deux fois par semaine. Nous étions de jeunes mères, et la maison de Trudy était la seule qui fût assez grande pour nous recevoir toutes. Nous mettions les enfants dans sa gigantesque salle de jeux, nous nous asseyions autour de la table de la cuisine et nous nous empêchions de devenir folles. Je leur racontai mes problèmes avec Wally, et elles ne bronchèrent pas. Trudy se leva et vint me serrer dans ses bras.

Ce qu'ont fait mes amies pour moi, ces années-là ? Mais que n'ont-elles pas fait ? Quand j'avais besoin de faire une course, elles m'emmenaient. Elles me soignaient quand j'étais malade. Quand il me fallait quelqu'un pour garder Jodi, elles venaient la chercher.

Je ne sais pas combien de fois l'une d'entre elles passa avec un plat chaud juste au moment où j'en avais besoin.

« J'ai fait trop de ragoût. Tu en veux ? »

Pourtant, ce ne fut pas ma famille ni mes amis qui me sauvèrent la vie. Pas vraiment. Ma vraie motivation, la vraie raison qui me faisait me prendre en main tous les matins pour continuer à lutter, c'était ma fille Jodi. Il fallait que je sois sa mère, pour lui montrer l'exemple. Nous n'avions pas d'argent, mais nous nous avions l'une l'autre. Quand j'étais coincée au lit, Jodi et moi passions des heures à parler. Quand j'étais en forme, nous faisions des promenades dans le parc avec le vrai troisième membre de notre famille, notre cockapoo Brandi. Brandi et Jodi me faisaient confiance, ils m'adoraient sans se poser de questions, ils me vouaient un amour inconditionnel, ce qui est le pouvoir secret des enfants et des chiens. Chaque soir lorsque je couchais Jodi, je l'embrassais et ce contact, cette peau sur la mienne, me soutenait.

« Je t'aime, maman.

– Je t'aime aussi. Bonne nuit. »

L'une de mes héroïnes, le Dr Charlene Bell, dit que tout le monde possède une échelle de douleur qui va de zéro à dix. Personne ne décide de changer avant d'avoir atteint dix. Neuf ne suffit pas. À neuf, on a encore peur. Ce n'est qu'à dix qu'on bouge, et quand on y est, on le sait. Et personne ne peut prendre la décision à votre place.

J'ai d'abord pu le constater avec une de mes amies. Elle était enceinte, et son mari, violent, continuait à la battre tous les jours. Nous avons alors décidé de la sortir de là avant qu'il ne soit trop tard et l'avons convaincue de le quitter. Nous l'avons installée dans une caravane avec ses enfants. Ses parents venaient tous les jours. Elle ne manquait de rien. Deux semaines plus tard, elle retournait avec son mari. J'ai compris alors qu'on ne peut pas faire le bien de quelqu'un contre son gré. Il faut que la prise de conscience se fasse par le principal intéressé. Un an plus tard, mon amie quitta son mari pour de bon. Elle n'eut besoin de l'aide de personne.

J'appris cette leçon à mes dépens aussi, car un mariage se défait très doucement. Ce n'est peut-être pas la lenteur, mais la permanence du processus, qui vous écrase. Chaque jour est un peu pire que la veille, un peu moins prévisible, jusqu'au moment où vous vous surprenez à faire des choses dont vous ne vous seriez vraiment jamais cru capable. Une nuit que je cherchais à manger dans la cuisine, je tombai sur un carnet de chèques. C'était celui d'un compte bancaire que Wally avait ouvert secrètement, rien que pour lui. J'allumai la cuisinière à deux heures du matin, détachai les chèques et les brûlai tous un à un. En le faisant je me disais : « Les vrais gens ne vivent pas comme ça. »

Mais je restai. J'étais épuisée. Émotionnellement vidée. Ma confiance en moi était en miettes. Les opérations m'avaient affaiblie. Et j'avais peur. Mais pas assez pour changer les choses.

La dernière année fut la pire. C'était si affreux que je ne peux même plus m'en rappeler les détails. Ce fut une année absolument noire. Wally avait cessé de rentrer à la maison avant trois heures du matin, et comme nous faisions chambre à part, je ne le voyais jamais. Il quittait la maison à l'aube, sans que je sache où il allait. Il avait été évincé de l'entreprise familiale, et notre situation financière était passée de mauvaise à intenable. Maman et papa m'envoyèrent ce qu'ils pouvaient. Ils sollicitèrent le reste de la famille et rassemblèrent quelques centaines de dollars supplémentaires. Quand cet argent-là fut dépensé, Jodi et moi n'eûmes plus rien à manger. Nous vécûmes de flocons d'avoine, rien d'autre, pendant deux semaines. Je finis par aller voir la mère de Wally, qui, je le savais, me tenait pour responsable de l'état de son fils.

« Ne le faites pas pour moi, lui demandai-je. Faites-le pour votre petite-fille. » Elle acheta un sac de courses, le posa sur la table de la cuisine et s'en alla.

Quelques jours plus tard, Wally rentra à la maison. Jodi dormait. J'étais dans le salon, à lire *Un jour à la fois*, la bible d'Al-Anon, un groupe de soutien pour les partenaires de personnes alcooliques. Je ne criai pas, ne le frappai pas, ni rien de ce genre. Nous fîmes tous les deux comme si Wally rentrait normalement à la maison. Je ne l'avais pas vu depuis un an, sa mauvaise mine me choqua. Il était mince, maladif. Il était visible qu'il ne mangeait pas. L'odeur de l'alcool était perceptible, et il avait la tremblote. Il s'assit de l'autre côté de la pièce sans un mot, cet homme qui autrefois pouvait parler pendant des heures à tout le monde, et me regarda lire. Il finit par s'endormir ; je fus donc très surprise d'entendre : « Qu'est-ce qui te fait sourire ?

– Rien », répondis-je.

J'avais compris au moment où il avait ouvert la bouche. Je venais d'atteindre dix. Pas de feu d'artifice. Pas d'injustice de dernière minute. Le moment était venu en douce.

J'allai voir un avocat le lendemain et entamai la procédure de divorce. C'est là que je découvris que nous avions six mois de retard pour le paiement de la maison, six mois de retard pour le paiement de la voiture, et 6 000 dollars de dettes. Wally avait même contracté un prêt pour l'amélioration de l'habitat, mais naturellement rien n'avait été fait. Le cercueil bleu s'effondrait.

Grandma Stephenson, la mère de maman, qui avait aussi divorcé de son mari alcoolique, me donna l'argent nécessaire pour sauver la maison. Nous abandonnâmes la voiture à la banque. Elle ne valait pas la peine d'être récupérée. Mon père fit passer le chapeau à Hartley et réunit 800 dollars pour m'acheter une Chevy 1962 qui avait appartenu à une vieille dame qui ne la sortait qu'en cas de beau temps. Je n'avais jamais conduit de ma vie. Je pris des leçons pendant un mois et obtins mon permis. J'avais vingt-huit ans.

La première fois que je conduisis cette voiture fut pour me rendre au bureau d'aide sociale. J'avais une fille de six ans, mon bac, un passé médical qu'on ne pouvait que qualifier de désastreux et j'étais endettée jusqu'au cou. Je n'avais pas le choix. Je leur dis : « J'ai besoin d'aide, mais je ne l'accepterai que si vous me laissez aller à l'université. »

Grâce à Dieu, l'aide sociale était différente à l'époque. Ils acceptèrent. Je me rendis directement à l'université de Mankato State et m'inscrivis pour le semestre suivant. Quatre ans plus tard, en 1981, j'obtins mon diplôme avec mention très honorable, la plus haute distinction, un diplôme d'études générales, psychologie et études de l'histoire des femmes avec option anthropologie et bibliothéconomie. L'aide sociale finança tout : les cours, le logement, les dépenses courantes. Mes frères David et Mike n'avaient pas de diplôme d'études supérieures, et à trente-deux ans, je devins la première Jipson à être titulaire d'une maîtrise. Douze ans plus tard, ma fille Jodi serait la deuxième.

11

Cache-cache

À la sortie de l'université, je découvris qu'un diplôme ne suffirait pas pour devenir psychologue. Pour joindre les deux bouts, j'acceptai de devenir la secrétaire de Brian, le mari de mon amie Trudy. Au bout d'une semaine, je vins le voir : « Ne gaspille plus ton argent à me former. Je ne resterai pas. » Je haïssais le classement. Je détestais taper à la machine. À trente-deux ans, j'en avais assez de recevoir des ordres. Pendant la plus grande partie de ma vie d'adulte, j'avais essayé d'être celle que mon conseiller d'orientation avait vue en moi au lycée d'Hartley. J'avais suivi le chemin tracé pour moi, et pour à peu près toutes les femmes de ma génération. Je n'en voulais plus.

Ma sœur Val, qui vivait à Spencer, me parla d'une annonce pour un poste à la bibliothèque municipale. À ce moment-là, je n'avais aucune intention de rentrer chez moi. Malgré mes études en bibliothéconomie, je n'avais jamais vraiment envisagé de travailler dans une bibliothèque. Mais je passai l'entretien, et les gens me plurent. Une semaine plus tard, je revenais dans le nord-ouest de l'Iowa, nouvelle directrice adjointe de la bibliothèque municipale de Spencer.

Je ne m'attendais pas à aimer ce travail. Comme pour la plupart des gens, être bibliothécaire signifiait pour moi tamponner des dates de retour sur des livres. Mais c'était tellement plus que ça. Quelques mois suffirent à me plonger en immersion totale dans les campagnes marketing et le graphisme. Je lançai un programme à domicile, qui permettait un accès aux livres aux gens incapables de se déplacer, et mis sur pied une grande campagne pour intéresser les adolescents à la lecture. J'élaborai des projets pour les maisons de retraite et les écoles, je commençai à répondre à des questions à la radio et à m'adresser à des clubs et à des associations. Je ne faisais pas les choses à moitié, et je commençais à voir la différence que pouvait faire une bibliothèque solide au sein d'une ville. Puis je m'impliquai dans le côté financier de la gestion de la bibliothèque – les prévisions budgétaires et la programmation à long terme – et je devins accro. Je compris que c'était un métier que je pourrais aimer pour le reste de ma vie.

En 1987, mon amie et patronne Bonnie Pluemer obtint un poste de direction régional. Je parlai en privé à plusieurs membres du conseil d'administration de la bibliothèque et leur annonçai que je voulais prendre sa place. Contrairement aux autres candidats, qui passèrent leurs entretiens à la bibliothèque, je passai le mien secrètement chez l'un des membres du conseil. Après tout, une petite ville douillette peut se transformer très rapidement en bouquet d'orties pour peu que vous ayez l'air un peu trop conquérant.

La plupart des membres du conseil m'aimaient bien, mais restaient sceptiques. Ils ne cessaient de me demander : « Vous êtes sûre que vous êtes *capable* d'assumer ce poste ?

– Je suis directrice adjointe depuis cinq ans, je connais le poste mieux que personne. Je connais l'équipe. Je connais la ville. Je connais les problèmes de la bibliothèque. Les trois derniers directeurs sont partis pour des postes régionaux. Voulez-vous encore recruter quelqu'un qui considère ce poste uniquement comme un marchepied ?

– D'accord, mais vous voulez *vraiment* ce poste ?

– Vous ne vous imaginez pas à quel point. »

La vie est un voyage. Après tout ce que j'avais traversé, il me paraissait inconcevable que je ne sois pas la meilleure candidate pour ce poste de directrice, qu'il ne soit pas ma prochaine étape. J'étais plus âgée que les directeurs précédents. J'avais une fille. Je n'allais pas laisser passer une telle opportunité.

« C'est ma place, affirmai-je au conseil. C'est là que je veux être. »

Le lendemain, ils me proposaient le poste.

Je n'avais pas les qualifications requises. Ce n'était pas une opinion, c'était un fait. J'étais futée, j'avais de l'expérience et je travaillais dur, mais le poste demandait une maîtrise en bibliothéconomie, et je n'en avais pas. Le conseil avait accepté de passer outre ce détail si je commençais une maîtrise dans les deux ans. Cela me semblait tout à fait juste, et j'acceptai.

Puis je découvris que le programme de maîtrise de l'American Library Association le plus proche était à cinq heures de route à Iowa City. J'étais mère célibataire. Je travaillais à plein temps. Cela n'allait pas être possible.

Aujourd'hui, on peut obtenir une maîtrise reconnue en bibliothéconomie sur Internet. En 1987, je ne pus même pas trouver un programme d'études par correspondance. Et croyez-moi, j'ai cherché. Finalement, poussée par mon administrateur régional, John Houlahan, l'Emporia State University d'Emporia, au Kansas, sauta le pas. Le premier programme à distance de maîtrise reconnue par l'American Library Association du pays eut lieu à Sioux City, Iowa, à l'automne 1988. Et je fus la première étudiante à m'y inscrire.

Les cours me passionnèrent. Il ne s'agissait pas de classer ou de vérifier des livres. Les cours portaient sur la démographie, la psychologie, les prévisions budgétaires, l'analyse commerciale et la méthodologie du traitement de l'information. Nous étudiions les relations communautaires. Nous passâmes trois semaines éreintantes à faire de l'analyse du public, ce qui consiste en l'art de comprendre ce que veulent les lecteurs. À première vue, l'analyse du public est facile à faire. À Spencer, par exemple, nous n'avions pas de livres sur le ski, mais étions toujours à la pointe sur la pêche et la navigation car les lacs n'étaient qu'à vingt minutes de la bibliothèque.

Mais une bonne bibliothécaire va plus loin. Quelles sont les valeurs de la communauté ? D'où viennent-elles ? Comment et pourquoi ont-elles changé ? Et, surtout, vers quoi se dirigent-elles ? Une bonne bibliothécaire développe une espèce de filtre dans son cerveau pour capturer et traiter les informations. La crise agricole bat son plein ? Ne vous contentez pas de manuels expliquant comment rédiger son CV ou orienter sa carrière, achetez des ouvrages sur la réparation des moteurs et sur le système D. L'hôpital recrute des infirmières ? Mettez à jour les manuels de médecine et établissez un partenariat avec l'université locale pour l'aider à utiliser vos ressources. Les femmes travaillent de plus en plus à l'extérieur ? Lancez une deuxième « Heure de l'histoire » le soir, et adressez-vous aux crèches la journée.

Le matériel pédagogique était complexe, le travail à fournir énorme. Tous les étudiants étaient des bibliothécaires en activité, et je n'étais pas la seule mère célibataire. Ce programme n'était pour personne une décision prise à la légère, mais plutôt la dernière chance, et nous comptions tous ne pas ménager notre peine. Outre les cours à partir de 17 h 30 le vendredi jusqu'à midi le dimanche – après pas moins de deux heures de voiture jusqu'à Sioux City –, nous faisions des recherches et rendions deux dissertations par semaine, parfois davantage. Je ne possédais pas de machine à écrire, encore moins un ordinateur, je quittais donc mon travail à dix-sept heures, préparais le dîner pour Jodi et moi, et retournais à la bibliothèque où je travaillais jusqu'à minuit, souvent plus tard.

En même temps, je me lançai dans la rénovation de la bibliothèque. Je voulais la terminer pour l'été 1989, et il me fallut des mois de travail avant même de pouvoir commencer. J'appris comment aménager l'espace, l'organisation des sections, les règles de conformité pour les handicapés. Je choisis les couleurs, agençai la disposition des meubles et dus décider si nous avions assez d'argent pour de nouvelles tables et de nouvelles chaises (ce n'était pas le cas, les vieilles furent donc remises à neuf). Jean Hollis Clark et moi fabriquâmes des maquettes à l'échelle de l'ancienne bibliothèque et de la nouvelle pour les exposer à l'accueil. Programmer une grande rénovation ne suffisait pas : il fallait enthousiasmer le public et le tenir informé. Dewey nous y aida en dormant chaque jour dans l'une des maquettes.

Une fois le style choisi, je passai à l'étape suivante : organiser le déménagement de plus de trente mille objets du bâtiment, puis leur réinstallation aux endroits idoines. Je trouvai des espaces de stockage, dénichai des équipements de déménagement, trouvai des volontaires et leur fixai un planning. Chaque projet, chaque cent devait être compté, affecté et justifié devant le conseil d'administration.

Les longues heures de travail et de cours m'épuisaient, physiquement et moralement, et les frais de scolarité asséchaient mon budget. Quand j'appris que la municipalité mettait en place un fonds de formation de ses salariés, je n'en crus pas mes oreilles. Lorsqu'un employé municipal déciderait de retourner sur les bancs de l'école pour améliorer ses capacités de travail, la ville financerait ses études. Donna Fisher, la secrétaire de mairie, obtint ainsi un diplôme bien mérité. Lorsque je mentionnai mon cursus de maîtrise pendant une réunion du conseil municipal, ses membres ne me réservèrent pas un accueil aussi chaleureux.

Cleber Meyer, notre nouveau maire, était assis en face de moi au bout de la table. Cleber était la quintessence des piliers du Sister's Café, un col bleu du type sel de la terre. Il avait quitté l'école à la fin du collège, et il avait une voix forte, des épaules larges et la haute main sur la vie de Spencer. Il était propriétaire et gérant d'une station-service, Meyer Service Station, mais ses grandes mains épaisses montraient qu'il avait grandi à la ferme. Enfant, il avait vécu non loin de Moneta, et mon père et lui se connaissaient depuis toujours. Eh oui, Cleber était son vrai nom. Son frère, croyez-le ou pas, s'appelait Cletus.

Malgré son caractère soupe au lait, Cleber Meyer était l'homme le plus gentil du monde. Il vous aurait donné sa chemise (taches d'essence comprises) et je crois qu'il aurait été incapable de faire du mal à quiconque. Il était plein de bonnes intentions et avait toujours l'intérêt de Spencer à cœur. Mais c'était un gars fruste et conservateur, aux opinions très arrêtées. Disons simplement qu'il pouvait se montrer bourru. Lorsque je parlai de ma maîtrise, Cleber abattit son poing sur la table et tonna : « Tu te prends pour qui ? Une employée municipale ? »

David Scott, avocat et membre du conseil, me prit à part quelques jours plus tard et me dit qu'il allait intervenir en ma faveur. Après tout, j'étais *vraiment* une employée municipale.

« Ne t'embête pas, lui répondis-je. Ça ne pourrait que porter préjudice à la bibliothèque. » Je n'avais aucune intention de défaire tout le bien que Dewey avait fait.

Je me mis à travailler encore plus dur. Je passais plus de temps sur mes devoirs : écriture, recherche, étude. Plus de temps sur le projet de rénovation : planning, recherche, budgétisation. Plus de temps à gérer le quotidien de la bibliothèque. Tout cela signifiait malheureusement que je passais moins de temps avec ma fille. Un dimanche, ma sœur Val m'appela alors que je m'apprêtais à quitter Sioux City.

« Salut, Vicki. J'ai une mauvaise nouvelle. Hier soir…

– Qu'est-ce qui s'est passé ? Où est Jodi ?

– Jodi va bien. Mais ta maison…

– Quoi ?

– Écoute, Vicki, Jodi a organisé une soirée avec des amis, et elle s'est un peu laissé déborder. » Elle marqua une pause. « Imagine le pire pendant les deux heures qui viennent, et tu seras contente de ce que tu trouveras. »

La maison était une épave. Jodi et ses amis avaient passé la matinée à nettoyer, mais il restait des taches sur la moquette… et le plafond. La porte du placard de la salle de bains avait été arrachée. Les gamins avaient cassé tous mes disques en les jetant contre le mur. Quelqu'un avait mis des canettes de bière dans les bouches d'aération. Mes médicaments avaient disparu. Un ado déprimé s'était enfermé dans la salle de bains et avait essayé de se suicider… aux œstrogènes. Je découvris plus tard que la police avait été appelée deux fois, mais comme l'équipe de foot, victorieuse cette saison-là, participait à la fête, les policiers avaient fermé les yeux. Le désordre ne m'ennuyait pas vraiment, mais tout cela me rappela une fois de plus que Jodi grandissait sans moi. Je me rendis compte que la seule chose que le surplus de travail ne pouvait pas améliorer, c'était ma relation avec ma fille.

Ironie du sort, ce fut Cleber Meyer qui remit les pendules à l'heure. Il faisait le plein de ma voiture – il n'était maire qu'à temps partiel – quand nous nous mîmes à parler de Jodi. « Ne t'inquiète pas, me rassura-t-il. Quand ils ont quinze ans, à leurs yeux on est les gens les plus stupides du monde. Et puis quand ils en ont vingt-deux, on redevient intelligents. »

Le travail, les cours, la maison, la politique locale... Je fis ce que j'avais toujours fait en période de stress : je pris une grande inspiration, plongeai en moi-même et me forçai à garder la tête haute, plus que jamais. Je m'étais débrouillée toute seule toute ma vie. Il n'y avait rien dans cette situation, pensais-je, que je ne pouvais pas gérer. Ce ne fut que très tard, à la bibliothèque, seule avec mes pensées et les yeux fixés sur l'écran vide de l'ordinateur, que je commençai à sentir la pression monter. Ce ne fut qu'à cet instant, lors de mon premier moment tranquille de la journée, que je sentis que mes fondations se mettaient à trembler.

Une bibliothèque fermée est un lieu solitaire. Il y règne un silence éprouvant, et les rayonnages créent un nombre incroyable de recoins sombres qui donnent la chair de poule. La plupart des bibliothécaires que je connais évitent de rester seuls après la fermeture, surtout quand il fait noir, mais je ne me sentais jamais ni nerveuse ni effrayée. J'étais forte. Obstinée. Et, surtout, je n'étais jamais seule. Dewey était avec moi. Tous les soirs, il s'asseyait sur l'écran de mon ordinateur qu'il balayait mollement de sa queue. Quand j'étais dans l'impasse, soit par manque d'inspiration, soit à cause de la fatigue ou du stress, il sautait sur mes genoux ou sur le clavier. *Ça suffit*, me disait-il. *On joue, maintenant*. Aussi incroyable que cela paraisse, Dewey savait toujours quand le moment était venu.

« D'accord, Dewey. Tu commences. »

C'est à cache-cache que Dewey aimait jouer, et dès que je lançais le signal, il disparaissait à l'angle d'une étagère vers le centre de la bibliothèque. Une fois sur deux, je repérais immédiatement les fesses d'un chat aux longs poils roux. Pour Dewey, se cacher signifiait mettre la tête entre deux livres. Il oubliait totalement qu'il avait une queue.

« Je me demande où est Dewey ? » claironnais-je en m'approchant à pas de loup. « Bouh ! » criais-je à quelques mètres, et Dewey détalait à toute vitesse.

Parfois il se cachait mieux. Je furetais parmi quelques étagères, sans résultat, et m'engageais dans une autre allée pour le voir cabrioler vers moi avec ce grand sourire qui était le sien.

Tu ne m'as pas trouvé ! Tu ne m'as pas trouvé !

« Ce n'est pas juste, Dewey. Tu ne m'as laissé que vingt secondes. »

Parfois, il se pelotonnait dans un petit coin et ne bougeait plus. Je le cherchais pendant cinq minutes, puis commençais à l'appeler : « Dewey ! Dewey ! » Une bibliothèque sombre peut paraître vide lorsqu'on se penche entre les tours de livres et qu'on écume des rangées d'étagères, mais j'imaginais toujours que Dewey était là, à quelques mètres, en train de se moquer de moi.

« D'accord, Dewey, ça suffit. Tu as gagné ! » Rien. Mais où était ce chat ? Je me retournais et il était là, au milieu de l'allée, les yeux fixés sur moi.

« Oh Dewey, tu es un malin. À moi maintenant. »

Je partais en courant me cacher derrière un rayonnage, et, invariablement, il pouvait se passer deux choses. Soit je me cachais, je me retournais et Dewey était là, derrière moi. Il m'avait suivie.

Trouvé ! C'était facile.

Soit il partait en courant de l'autre côté du rayonnage et arrivait avant moi à ma cachette.

Oh, c'est là que tu voulais te cacher ? Non, parce que je l'avais déjà trouvé, figure-toi !

Je riais et le caressais derrière les oreilles. « Très bien, Dewey. Et si on courait un peu ? »

Nous courions entre les rayons, en nous retrouvant au bout des allées, sans que personne ne se cache ni ne se cherche. Au bout d'un quart d'heure, j'oubliais complètement ma dissertation, ou la dernière réunion de budget pour le projet de rénovation, ou une malheureuse conversation avec Jodi. Mes soucis avaient disparu. Ce poids sur ma poitrine s'était volatilisé.

« Allez, Dewey. Il faut se remettre au travail. »

Dewey ne se plaignait jamais. Je me rasseyais et il reprenait sa place au sommet de l'écran de mon ordinateur qu'il recommençait à balayer avec sa queue. Quand j'aurais besoin de lui, il serait là.

Je n'exagère pas quand je dis que ces parties de cache-cache avec Dewey, ce temps passé ensemble m'aida à surmonter mes épreuves. Il serait sans doute plus facile de raconter que Dewey mettait sa tête sur mes genoux et pleurnichait quand je pleurais, ou qu'il léchait les larmes sur mon visage. Cela ferait vibrer n'importe qui. Et c'est presque vrai, d'ailleurs, car quelquefois, quand le ciel me tombait sur la tête et que je me retrouvais le regard fixe sur mes genoux, sans rien voir, les yeux pleins de larmes, Dewey était là, exactement là où j'avais besoin de lui.

Mais la vie n'est pas si simple. Aucune relation ne peut se sceller avec des larmes. D'abord, je ne suis pas du genre à pleurer facilement. Et si Dewey savait extérioriser son amour – il était toujours partant pour un câlin nocturne –, son affection n'était pas débordante. D'une manière ou d'une autre, Dewey savait quand j'avais besoin d'un coup de pouce ou d'un corps tout chaud, et il savait quand j'avais besoin d'une bonne partie de cache-cache. Il donnait, sans arrière-pensée, sans rien attendre en retour, et sans que je le sollicite. Ce n'était pas seulement de l'amour. C'était davantage que cela. Du respect. De l'empathie. Et cela allait dans les deux sens. Cette étincelle que Dewey et moi avions ressentie lors de notre rencontre, nos nuits à deux dans la bibliothèque l'avaient transformée en brasier.

J'en suis arrivée à cette conclusion : quand tout autour de moi était si compliqué, quand les choses partaient dans tant de directions à la fois qu'il semblait parfois que je ne pourrais les retenir toutes, ma relation avec Dewey était si simple et si naturelle qu'elle rendait belle ma vie, malgré tout.

Hello
the 1988

12
Noël

Noël est une fête que les habitants de Spencer célèbrent ensemble. C'est la période creuse pour l'agriculture et l'industrie, un moment de détente où nous abandonnons aux commerçants l'argent que nous avons gagné. La principale activité de la saison est la Grande Balade de Grand Avenue qui commence le premier week-end de décembre. Toute la rue s'illumine de lumières blanches coordonnées qui mettent en valeur les jolies lignes de nos édifices. Des chants de Noël résonnent et le père Noël vient chercher les listes des enfants. Ses elfes habillés de rouge, installés aux coins des rues, agitent des clochettes et recueillent des pièces pour des œuvres caritatives. Toute la ville est de sortie et chacun rit, papote et s'étreint pour partager sa chaleur. Les magasins aux rayons de Noël bien garnis offrent des cookies et des chocolats chauds pour combattre le froid mordant.

Toutes les vitrines sont décorées. Nous les appelons les « vitrines vivantes », parce que dans chacune d'elles des habitants interprètent des scènes de Noël.

Le musée Parker, qui expose une collection d'objets du comté de Clay, notamment un camion de pompiers qui participa à la lutte contre le grand incendie de 1931, offre toujours une variation sur le thème du Noël des pionniers. D'autres vitrines proposent des scènes de Noël d'antan, avec des remorques Radio Flyers et des poupées en porcelaine. Certaines ont des crèches. D'autres arborent des tracteurs et de petites voitures, un rêve d'enfant au matin de Noël. Impossible de voir ces vitrines, amusantes ou touchantes, drôles ou sérieuses, sans penser aux cent cinquante Grandes Balades qui ont eu lieu le long de ces boutiques, et aux cent cinquante qui leur succéderont. Toutes ces vitrines semblent dire : c'est ça, Spencer.

Le Festival des sapins, un concours de décoration de sapins de Noël, se tient à l'angle de First Avenue et de Fifth Street, dans ce qui était le Convention Center de Spencer, transformé aujourd'hui en Eagle's Club, association liée à l'armée qui organise des bals et des dîners pour recueillir des fonds destinés à des œuvres caritatives. Le Noël de 1988 était le premier pour Dewey, la bibliothèque inscrivit donc son arbre sous le nom de « Chat c'est Noël ». Le sapin fut décoré avec... des photos de Dewey. On lui ajouta des babioles en forme de chaton cotonneux et des boules de Noël en fil rouge. Les cadeaux sous le sapin étaient des livres de circonstance, comme *Le Chat botté* et *Les Contes du chat perché*, ornés de jolis nœuds rouges. Les visiteurs allaient d'un arbre à l'autre et se fendaient d'un petit don pour des œuvres. Il n'y avait pas de jugement officiel, mais il ne me semble pas exagéré de dire que notre « Chat c'est Noël » surpassa tous les autres, et de loin.

Noël à la bibliothèque, tout comme Noël sur Grand Avenue, était le moment de mettre de côté tous ses soucis pour se concentrer sur le moment présent. Après un automne éprouvant, j'étais soulagée d'oublier un peu mes cours et la rénovation de la bibliothèque et, pour une fois, de ne penser qu'aux décorations. Le lundi qui suivit la Grande Balade, il fut temps de descendre les boîtes des étagères du haut de la réserve pour préparer la période des fêtes. Le clou en était notre faux sapin érigé à côté du bureau de l'accueil. Le premier lundi de décembre, Cynthia Behrends et moi arrivions toujours tôt pour l'installer et le décorer. Cynthia était le membre du personnel le plus dur à la tâche, toujours volontaire dès qu'il y avait du travail. Mais elle ne savait pas dans quoi elle mettait les pieds car, cette année-là, lorsque nous fîmes glisser la longue boîte mince contenant le sapin de Noël de sa haute étagère, nous n'étions pas seules.

« Dewey est excité ce matin. Cette boîte doit lui plaire.

– Ou alors c'est l'odeur du plastique. » Son nez reniflait visiblement quatre-vingt-dix odeurs à la minute et son cerveau carburait. *Est-ce possible ? Est-ce que maman aurait caché l'élastique le plus énorme, le plus spectaculaire, le plus merveilleusement odorant du monde, pendant tout ce temps ?*

Lorsque nous sortîmes l'arbre de Noël de sa boîte, je pus presque voir la mâchoire de Dewey se décrocher de surprise.

Ce n'est pas un élastique. C'est... c'est... beaucoup mieux !

Dewey se jetait sur chaque branche que nous déployions. Il voulait renifler et mâchouiller chaque bout de plastique vert relié aux branches en fil de fer. Il arracha quelques aiguilles de plastique du sapin et commença à les mastiquer.

« Donne-moi ça, Dewey ! »

Il cracha quelques bouts de plastique, puis il bondit et mit le nez dans la boîte juste au moment où Cynthia sortait la prochaine branche.

« Recule, Dewey. »

Cynthia le posa à terre, mais il revint à la charge la seconde d'après, une aiguille verte collée sur sa truffe humide. Cette fois, toute sa tête disparut dans la boîte. « Ça ne va pas être possible, Dewey. Tu veux que je sorte le reste de l'arbre ou pas ? »

Apparemment la réponse était non, car Dewey ne bougeait pas.

« Hey, Dewey, oust. Je ne voudrais pas que tu y perdes un œil. » Cynthia ne le grondait pas, elle riait. Dewey comprit le message et bondit en arrière, pour commencer à fouiner dans le tas de branches posées au sol.

« Ça va nous prendre la journée, soupira Cynthia.

– Mais j'espère bien. »

Pendant que Cynthia sortait les dernières branches de la boîte, je commençai à assembler le sapin. Dewey, au comble de la joie, faisait des cabrioles en surveillant le moindre de mes mouvements. Il s'approchait pour renifler et mâchouiller un brin, puis bondissait en arrière pour prendre un peu de recul. Ce pauvre chat était sur le point d'exploser d'excitation. *Vite, vite. C'est bientôt mon tour*. Je ne l'avais pas vu aussi heureux de l'année.

« Oh non, Dewey, pas encore ! »

Je découvris Dewey enfoui dans la boîte à sapin, en train de renifler et de donner des coups de patte, plongé dans les effluves du carton. Il disparut totalement à l'intérieur, et quelques secondes plus tard la boîte se mit à rouler en tous sens. Il s'arrêta, sortit la tête et regarda autour de lui. Il jeta un coup d'œil au sapin à demi monté et retourna d'un bond dans sa boîte pour mâcher les branches du dessous.

« Je crois qu'il a trouvé un nouveau jouet.

– Je crois qu'il a trouvé un nouvel *amour* », répliquai-je en encastrant les branches supérieures dans les trous sur le mât vert qui faisait office de tronc.

C'était vrai. Dewey raffolait du sapin de Noël. Il aimait son odeur. Sa texture. Son goût. Une fois qu'il fut assemblé et disposé près du bureau de l'accueil, il adora s'installer dessous. *Il est à moi*, disait-il en tournant autour de la base plusieurs fois. *Laissez-nous tranquilles, merci.*

« Désolée, Dewey. Il y a encore du travail. Il n'est même pas encore décoré. »

Les décorations apparurent : nouvelles guirlandes, images et ornements correspondant au thème de l'année. Petits anges suspendus, pères Noël, boules brillantes parsemées de paillettes. Rubans, décorations, cartes et poupées. Dewey courait de boîte en boîte, mais le tissu, le métal, les crochets et les lumières ne l'intéressaient guère. Il se laissa distraire par notre couronne, que je fabriquais avec les morceaux tombés du sapin de l'année précédente, mais le vieux plastique ne valait pas le nouveau, si brillant. Il ne tarda pas à revenir dans son coin, sous l'arbre.

Nous commençâmes à accrocher les ornements. Tantôt Dewey était dans les boîtes, à choisir la prochaine décoration, tantôt il était à nos pieds, à jouer avec nos lacets. Ensuite il s'étirait sur le sapin pour une nouvelle bouffée de plastique. Quelques secondes plus tard, il disparaissait.

« C'est quoi, ce bruissement ? »

Soudain, Dewey déboula en courant, la tête engagée dans la poignée d'un des sacs en plastique que nous utilisions pour le rangement. Il dévala toute la largeur de la bibliothèque, avant de revenir vers nous d'un pas mal assuré.

« Attrape-le ! »

Mais Dewey nous esquiva et continua à courir. Il ne tarda pourtant pas à revenir. Cynthia bloqua l'espace près de la porte d'entrée. Je me chargeai du bureau de l'accueil. Dewey piqua un sprint exactement entre nous deux. Je pouvais voir dans ses yeux qu'il était en plein délire. Il n'avait pas la moindre idée de la façon de s'y prendre pour dégager le sac en plastique de son cou. Il ne pouvait que penser : *Courir, encore. Je peux peut-être semer ce monstre.*

Bientôt, cinq ou six personnes le prirent en chasse, mais il nous esquivait toujours et détalait à toute vitesse. Le fait que nous riions tous ne l'aidait pas beaucoup.

« Désolée, Dewey, mais admets que c'est drôle. »

Je finis par le bloquer dans un coin, et malgré ses contorsions terrifiées, je parvins à le libérer du sac. Il se précipita immédiatement vers son nouveau meilleur ami le sapin, et s'allongea sous les branches pour une toilette complète et réconfortante. La boule de poils guettait, aujourd'hui ou au plus tard demain matin. Mais au moins, il avait appris une leçon. À partir de ce jour, Dewey détesta les sacs en plastique.

Ce premier jour avec le sapin de Noël de la bibliothèque fut l'un des meilleurs. Le personnel avait passé la journée entière à rire, et Dewey avait vécu – à l'exception de l'épisode du sac en plastique, naturellement – un état de béatitude sentimental et romantique. Son amour pour le sapin de Noël ne se démentit jamais. Chaque année, quand la boîte descendait de son étagère, il se remettait à cabrioler.

Les bibliothécaires recevaient en général quelques cadeaux de la part de lecteurs reconnaissants, mais cette année-là notre petit butin de chocolats et de cookies fut éclipsé par la quantité gigantesque de balles, de friandises et de souris en plastique que reçut Dewey. Il semblait que tout le monde en ville voulait qu'il sache – et que nous sachions – à quel point il était devenu important. Il y avait quelques jouets fantaisistes dans ce magot, et même quelques jolis objets faits maison. Pourtant, le jouet préféré de Dewey pendant ces fêtes de fin d'année ne fut pas un cadeau, mais une boule de fil rouge qu'il trouva dans une boîte de décorations. Cet écheveau de fil devint son compagnon fidèle, pas seulement pendant les fêtes, mais pour plusieurs années. Il l'envoyait rouler dans toute la bibliothèque jusqu'à ce que quelques dizaines de centimètres de fil dépassent : il bondissait, engageait la lutte et finissait ficelé. Plusieurs fois, je faillis être renversée par un chat roux qui traversait la salle du personnel comme une flèche, un fil rouge dans la gueule, traînant la boule derrière lui. Une heure plus tard, je le retrouvais affalé sous le sapin, les quatre pattes accrochées à son nouveau copain rouge.

Quand la bibliothèque fermait quelques jours à Noël, Dewey venait à la maison. Il restait la plupart du temps tout seul car la tradition familiale chez les Jipson voulait que nous passions Noël à Hartley. Toute la famille se réunissait chez papa et maman, et quiconque y dérogeait risquait de se voir renié. Chacun était tenu de participer aux nombreuses activités festives : repas pantagruéliques, décorations, jeux pour les enfants, chants de Noël, desserts et cookies, jeux pour les adultes, visites des proches les bras chargés de biscuits ou d'un petit rien, juste une babiole que j'ai vue à Sioux City et qui m'a semblé idéale pour toi, et une année d'anecdotes à raconter sans fin. Il y avait toujours un récit à faire autour du sapin familial. Les cadeaux n'avaient rien d'extravagant, mais chaque Jipson gagnait une semaine dans les bras d'une immense famille, et cela valait tous les cadeaux du monde.

Et quelqu'un finissait toujours par proposer : « Jouons Johnny M'Go. »

Mes parents collectionnaient les antiquités, et quelques années plus tôt nous les avions utilisées pour former le groupe familial des Jipson. Je jouais de la basse, qui était en fait un baquet fixé à un manche à balai, avec un fil. Ma sœur jouait de la planche à laver. Papa et Jodi marquaient le rythme avec des cuillères. Mike soufflait sur un peigne recouvert de papier paraffiné. Doug quant à lui soufflait dans l'embouchure d'un alambic. C'était une antiquité bien sûr, qui n'avait jamais retrouvé sa fonction d'origine. Maman retournait une vieille baratte de l'époque des pionniers et tapait dessus comme sur un tambour. Nous jouions « Johnny Be Good ». Quand Jodi était petite, elle disait toujours : « Joue Johnny M'Go ! » et le nom était resté. Chaque année, nous jouions Johnny M'Go et d'autres vieilles chansons rock'n roll jusque tard dans la nuit sur nos instruments de bric et de broc, hommage à une tradition nationale qui n'atteignit probablement jamais cette partie de l'Iowa, en riant tous ensemble du début à la fin.

La veille de Noël, après la messe de minuit, Jodi et moi rentrâmes à la maison pour retrouver Dewey, toujours impatient de nous revoir. Nous passâmes la matinée de Noël à Spencer, tous les trois. Je n'avais pas acheté de cadeau pour Dewey. Pour quoi faire ? Il avait déjà trop de choses. Et après une année ensemble, notre relation allait bien au-delà des cadeaux et des attentions forcées. Nous n'avions rien à prouver. Tout ce que Dewey voulait ou attendait de ma part, c'était quelques heures de mon temps. Je ressentais la même chose. Cet après-midi-là, je déposai Jodi chez mes parents et revins à la maison pour passer du temps avec Dewey sur le canapé : oisifs et silencieux, juste deux amis qui se prélassent, telle une vieille paire de chaussettes qui attend de trouver chaussure à son pied.

13

Une bonne bibliothèque

Une bonne bibliothèque n'est pas nécessairement grande ou belle. Elle n'a pas besoin des meilleurs équipements, du personnel le plus efficace ou du plus grand nombre d'utilisateurs. Une bonne bibliothèque est prévoyante. Elle est impliquée dans la vie de sa ville au point de se rendre indispensable. Une bonne bibliothèque n'est jamais remarquée par personne, simplement parce qu'elle est toujours là, et qu'elle fournit toujours ce dont on a besoin.

La bibliothèque municipale de Spencer fut fondée en 1883 dans le petit salon de Madame H. C. Crary. En 1890, elle fut déplacée dans une petite maison de bois sur Grand Avenue. En 1902, Andrew Carnegie donna 10 000 dollars à la ville pour financer une nouvelle bibliothèque. Carnegie était un pur produit de la révolution industrielle qui avait transformé tout un pays d'agriculteurs en ouvriers d'usine, en pétroliers et en employés des hauts fourneaux. C'était un capitaliste impitoyable, qui fit de son entreprise, United States Steel, la firme la plus lucrative du pays. Il était baptiste, et en 1902 il s'attachait à donner son argent à des causes dignes d'intérêt. Il finançait entre autres les bibliothèques des petites agglomérations. Pour une municipalité comme Spencer, si une bibliothèque Carnegie n'était pas synonyme de gloire totale, elle signifiait en tout cas qu'elle était arrivée plus loin qu'Hartley et Everly.

La bibliothèque municipale de Spencer ouvrit le 6 mars 1905 sur East Third Street, à un demi-pâté de maisons de Grand Avenue. Elle correspondait aux standards des bibliothèques Carnegie, qui obéissaient tous à un style classique et à une conception symétrique. Trois fenêtres à vitraux ornaient le hall d'entrée, deux avec des fleurs, tandis que la troisième arborait le mot « bibliothèque ». Le bibliothécaire était juché derrière un grand bureau central, entouré de tiroirs remplis de fiches. Les salles de lecture étaient petites et fermées, couvertes de rayonnages du sol au plafond. Alors qu'à l'époque les bâtiments publics séparaient les sexes, hommes et femmes étaient libres de circuler à leur guise dans les bibliothèques Carnegie. Elles furent aussi parmi les premières à laisser les lecteurs choisir les livres directement sur les étagères au lieu d'en faire la demande au bibliothécaire.

Certains historiens trouvent ces bibliothèques Carnegie quelconques, mais cela n'est vrai qu'en comparaison avec les bibliothèques centrales et sophistiquées de villes comme New York et Chicago, qui arborent bas-reliefs, plafonds peints et lustres en cristal. Comparée au salon d'une habitante ou à une vitrine de Grand Avenue, la décoration de la bibliothèque Spencer Carnegie était exubérante. Les plafonds étaient hauts et les fenêtres énormes. Le rez-de-chaussée à demi souterrain abritait la bibliothèque des enfants, une innovation à l'époque où ceux-ci étaient le plus souvent sous clé à la maison. Les enfants pouvaient s'asseoir pour lire sur un banc circulaire, éclairés par une fenêtre au ras du sol qui donnait sur une pelouse. Les parquets de tout l'édifice étaient faits de bois sombre bien ciré, aux lames très larges. Leurs grincements étaient souvent les seuls bruits ambiants. La Carnegie était une bibliothèque où les livres étaient vus, pas entendus. Un musée. Aussi calme qu'une église ou un monastère. C'était un sanctuaire du savoir, et en 1902, savoir était synonyme de livres.

Pour beaucoup, une bibliothèque c'est une bibliothèque Carnegie. Elles font partie de notre enfance. Si tranquilles, et si hautes. Avec leur bureau central et son imposante bibliothécaire (dans nos souvenirs en tout cas). Elles semblaient conçues pour faire croire aux enfants qu'on pouvait s'y perdre, que personne ne vous retrouverait, et que ce serait la chose la plus merveilleuse du monde.

Quand je fus engagée en 1982, la vieille bibliothèque Carnegie n'existait plus. Elle avait été belle, mais elle était devenue trop petite. Trop petite pour une ville en pleine expansion. Le contrat de cession du terrain spécifiait que la ville devait l'utiliser pour une bibliothèque ou le rendre à son propriétaire. En 1971, la municipalité détruisit l'ancien bâtiment Carnegie pour construire une bibliothèque plus grande, plus moderne, plus efficace, sans parquets grinçants ni éclairage tamisé, et sans rayonnages à la hauteur impossible, ni salles où se perdre.

Ce fut un désastre.

Spencer obéit à un style traditionnel. Les commerces sont en briques, les maisons de Third Street sont des pensions de famille en bois de deux ou trois étages. La nouvelle bibliothèque était en béton. De plain-pied, elle faisait le gros dos dans un angle, comme un bunker. La grande pelouse avait disparu, remplacée par deux jardins minuscules. Trop ombragés pour favoriser la verdure, ils ne tardèrent pas à être remplis de cailloux. Les portes de verre étaient en retrait de la rue, mais l'entrée était clôturée et peu accueillante. Le mur de l'est, qui faisait face au collège de la ville, était en béton. Grace Renzig noyauta le conseil d'administration de la bibliothèque à la fin des années 1970 dans l'unique but de faire pousser des plantes grimpantes le long de ce mur. Elle les obtint quelques années plus tard, et siégea au conseil pendant presque vingt ans.

La bibliothèque municipale de Spencer était devenue moderne mais d'une efficacité glacée et brutale. Et il y faisait terriblement froid. Une verrière donnait au nord, avec une très jolie vue sur l'allée. En hiver, l'arrière du bâtiment était impossible à chauffer. C'était un espace ouvert qui ne prévoyait rien pour le stockage. Aucun espace réservé au personnel n'y avait été conçu. Il n'y avait en tout que cinq prises de courant. Les meubles, fabriqués par des artisans locaux, étaient très beaux mais tout à fait malcommodes. Les tables, faites de chêne solide recouvert d'un plateau stratifié, ce qui les rendait trop lourdes à déplacer, étaient pourvues de barres de soutien saillantes qui empêchaient de rajouter des chaises. La moquette était orange, un vrai cauchemar d'Halloween.

En fait, ce bâtiment n'était pas adapté à une ville comme Spencer. La bibliothèque avait toujours été bien gérée. Le fonds était exceptionnel, surtout pour une agglomération de cette taille, et les directeurs avaient toujours été prompts à adopter les nouvelles technologies et les idées novatrices. La bibliothèque était imbattable en termes d'enthousiasme, de professionnalisme et d'expertise. Mais à partir de 1971, le tout fut comprimé dans un bâtiment inadapté. L'extérieur n'allait pas avec le voisinage. L'intérieur n'était ni pratique, ni accueillant. Il ne donnait pas envie de s'asseoir pour se détendre. Il était froid dans tous les sens du terme.

Nous commençâmes la rénovation – ou plutôt le réchauffement – en mai 1989, au moment où le nord-ouest de l'Iowa se réveillait et passait du marron au vert. Soudain les pelouses avaient besoin d'être tondues et les arbres de Grand Avenue se couvraient de feuilles nouvelles. Dans les fermes, les plantes jaillissaient de terre et se dépliaient, et le résultat de tout ce temps passé à réparer les outils, à retourner les champs et à ensemencer apparaissait enfin. Il commença à faire chaud. Les enfants sortirent leurs bicyclettes. À la bibliothèque, après presque un an d'études, il était enfin temps de se mettre au travail.

La première étape de la rénovation consistait à peindre les murs de béton nus. Nous décidâmes de laisser les rayonnages de deux mètres soixante-dix de haut boulonnés aux murs, et Tony Joy, notre peintre et le mari de Sharon Joy, l'une de nos employées, n'eut qu'à recouvrir les sols pour les protéger et à appuyer son échelle contre les étagères. À peine l'avait-il posée que Dewey l'escalada.

« Allez, Dewey, tu descends. »

Dewey n'y prêta pas attention. Il vivait à la bibliothèque depuis plus d'un an, mais il ne l'avait jamais vue d'une telle altitude. Ce fut une révélation. Il bondit de l'échelle au sommet de l'étagère fixée au mur. Quelques pas de plus et il fut hors d'atteinte.

Tony déplaça l'échelle. Dewey changea de place. Tony escalada les barreaux, posa ses coudes sur la plus haute étagère et regarda ce chat obstiné.

« Ce n'est pas une bonne idée, Dewey. Je vais peindre ce mur, et toi tu vas t'y frotter. Vicki verra un chat bleu, et tu sais ce qui va se passer ? Je serai mis à la porte. » Dewey contemplait la bibliothèque. « Tu t'en moques, pas vrai ? D'accord, je t'aurai prévenu. Vicki !

– Je suis là.

– Tu es témoin ?

– Tu l'as prévenu. Je ne te tiendrai pas pour responsable. »

Je ne me faisais pas de souci pour Dewey. C'était le chat le plus attentif que j'avais jamais vu. Il dévalait les rayonnages sans un faux pas. Il frôlait les objets en passant, comme le font les chats, sans jamais les faire tomber. Je savais qu'il était non seulement capable de parcourir une étagère sans toucher à la peinture fraîche, mais qu'il pouvait aussi bien gravir une échelle en douceur sans renverser le pot de peinture posé à son sommet. C'était plutôt pour Tony que je m'inquiétais. Ce n'est pas facile de partager une échelle avec le roi de la bibliothèque.

« Moi, ça me va comme ça si c'est bon pour toi, lançai-je.

– Je tente le coup », plaisanta Tony.

En quelques jours, Tony et Dewey étaient devenus amis. Ou peut-être devrais-je dire Tony et Dewkster, car Tony ne l'appelait pas autrement. Il trouvait que Dewey était un nom trop doux pour un chat aussi macho. Il craignait que les chats de gouttière du coin ne se réunissent, la nuit, devant la fenêtre de la section enfants, pour se moquer de lui. Tony décida donc que son vrai nom n'était pas Dewey, mais The Duke, comme John Wayne. « Seuls ses vrais amis l'appellent Dewkster », expliqua Tony, qui par ailleurs m'appelait toujours Madame la Présidente.

« Que pensez-vous de cette nuance de rouge, Madame la Présidente ? s'enquérait-il en me voyant traverser la bibliothèque.

– Je ne sais pas trop. On dirait du rose. »

Mais la peinture rose était loin d'être notre principale préoccupation. Impossible d'empêcher notre chat d'ordinaire si poli et si bien élevé de grimper sur le haut des étagères. Un jour, Tony l'aperçut juché sur l'une d'entre elles, de l'autre côté de la bibliothèque. La vie venait de changer pour Dewey : il avait compris qu'il pouvait monter tout en haut des étagères fixées au mur quand il le voulait. De son perchoir, il dominait la bibliothèque, et certains jours il y restait du matin au soir.

« Où est Dewey ? » demanda chaque membre du club de généalogie en s'installant pour la réunion du premier samedi du mois. Comme tous les membres des clubs qui se réunissaient dans notre bibliothèque – notre salle ronde était la plus grande salle de réunion gratuite de la ville, et elle était presque toujours occupée –, ceux du club de généalogie avaient pris l'habitude de se voir administrer le traitement Dewey.

Pour commencer, Dewey bondissait au centre de la table au début de chaque réunion. Il faisait le tour des participants et allait renifler la main ou regarder sous le nez de chacun. Une fois effectué son tour complet, il choisissait quelqu'un et s'asseyait sur ses genoux. Ce qui se passait pendant la réunion n'importait pas, Dewey ne modifiait jamais ses habitudes. La seule manière de briser ce rythme, c'était de le jeter dehors et de fermer la porte.

Le traitement Dewey reçut d'abord un accueil réservé, surtout de la part des groupes d'entreprise et politiques qui organisaient souvent des réunions dans la salle ronde, mais au bout de quelques mois, même les représentants le trouvèrent amusant. Pour le club de généalogie c'était presque un jeu, car à chaque réunion mensuelle Dewey choisissait une personne différente. Cela les faisait rire et chacun essayait de l'attirer sur ses genoux, presque comme les enfants pendant « L'heure de l'histoire ».

« Dewey a la tête ailleurs en ce moment, leur expliquai-je. Depuis que Tony a commencé à peindre la bibliothèque, il a perdu ses repères. Mais dès qu'il saura que vous êtes là… »

Comme s'il attendait le signal, Dewey franchit le seuil à cet instant, sauta sur la table et commença sa ronde.

« N'hésitez pas à nous solliciter si vous avez besoin de quelque chose », ajoutai-je en retournant dans la bibliothèque. Personne ne répondit, ils étaient trop accaparés par Dewey. « Ce n'est pas juste, Esther, entendis-je à mesure que les bruits de la réunion s'effaçaient. Tu as du thon dans la poche. »

Quand Tony termina la peinture trois semaines plus tard, Dewey était un autre chat. Peut-être se prenait-il vraiment pour le Duke, car, soudain, les siestes et les genoux ne lui suffisaient plus. Il voulait explorer. Escalader. Et, surtout, il voulait franchir de nouveaux obstacles. Nous qualifiâmes son état de phase Edmund Hillary, d'après le célèbre alpiniste. Dewey refusait de s'arrêter de monter tant qu'il n'avait pas atteint le sommet de son Everest personnel, ce qu'il parvint à faire plus d'un mois plus tard.

« Tu as vu Dewey ce matin ? demandai-je à Audrey Wheeler, qui tenait le bureau de l'accueil. Il n'est pas venu pour le petit déjeuner.

– Je ne l'ai pas vu.

– Dis-le-moi si tu le vois. Je veux être sûre qu'il va bien. »

Cinq minutes plus tard, j'entendis à ma grande surprise Audrey proférer ce qui, pour nous, était l'équivalent d'un juron : « Juste ciel ! »

Debout au beau milieu de la bibliothèque, elle regardait en l'air. Et là, perché au-dessus des lampes, Dewey la contemplait.

Lorsqu'il vit que nous l'avions repéré, Dewey recula et devint parfaitement invisible. Puis sa tête réapparut à quelques centimètres sous une lampe. Puis elle disparut à nouveau, pour resurgir un peu plus loin. Les lampes s'alignent sur plusieurs mètres, et cela faisait clairement des heures qu'il était là, à nous regarder.

« Comment allons-nous le faire descendre ?

– On devrait peut-être appeler la mairie. Ils enverront quelqu'un avec une échelle.

– Attendons qu'il sorte de là, tempérai-je. Il ne fait rien de mal là-haut, et il faudra bien qu'il descende pour manger. »

Une heure plus tard, Dewey arriva dans mon bureau d'un pas léger en se léchant les babines après un petit déjeuner tardif, et bondit sur mes genoux pour son câlin. De toute évidence, son nouveau jeu l'amusait énormément, mais il ne voulait pas trop en faire non plus. Je savais qu'il mourait d'envie de demander : *Qu'est-ce que tu penses de ça ?*

« Je ne veux même pas en parler, Dewey. »

Il leva la tête vers moi.

« Je ne plaisante pas. »

Bon, d'accord. Je dors alors. Tu parles d'une matinée excitante.

Je me renseignai, mais personne ne l'avait vu redescendre. Il nous fallut plusieurs semaines d'une surveillance de chaque instant pour découvrir son stratagème. D'abord, Dewey sautait sur le bureau vide de la salle du personnel. Il bondissait ensuite sur un classeur, qui faisait office de tremplin jusqu'au sommet du mur élevé autour de l'espace du personnel, où il pouvait se cacher derrière un énorme morceau de l'histoire de Spencer. De là, il ne lui restait qu'un mètre à franchir jusqu'aux lampes.

Évidemment, nous aurions pu agencer l'ameublement autrement, mais une fois qu'il se fut pris de passion pour le plafond, nous savions qu'à part la sénilité et les rhumatismes rien ne l'empêcherait de marcher sur les lampes s'il en avait envie. Quand les chats ignorent l'existence de quelque chose, il est assez facile de les en tenir éloignés. S'ils ne peuvent pas atteindre une chose qu'ils se sont mis en tête d'obtenir, c'est presque impossible. Les chats ne sont pas des paresseux, ils sont prêts à tout pour contrecarrer les projets les plus élaborés.

En outre, Dewey aimait être au-dessus des lampes. Il adorait déambuler d'un bout à l'autre du plafond, jusqu'à trouver un endroit intéressant. Alors il s'allongeait, passait sa tête sur le côté et regardait. Les lecteurs adoraient ça, eux aussi. Parfois, lorsque Dewey marchait, on pouvait les voir tendre le cou vers le plafond, la tête basculant d'avant en arrière comme un pendule. Ils lui parlaient. Quand on montrait du doigt aux enfants sa tête qui dépassait du bord d'une lampe, ils criaient de joie. Les questions fusaient :

« Qu'est-ce qu'il fait ? »

« Comment il est monté ? »

« Pourquoi il est là-haut ? »

« Est-ce qu'il va se brûler ? »

« Et s'il tombe, il va mourir ? »

« Et s'il tombe sur une personne, ça la tuera ? »

Quand les enfants comprenaient qu'ils ne pouvaient pas le rejoindre au plafond, ils le suppliaient de redescendre. « Dewey aime être là-haut, devions-nous leur expliquer. Il joue. » Finalement, même les enfants comprenaient que, lorsque Dewey était sur les lampes, il ne descendait que quand il en avait envie. Il avait trouvé là-haut son petit septième ciel à lui.

La rénovation officielle eut lieu en juillet, car c'était le mois le plus creux de la bibliothèque. C'étaient les vacances, ce qui signifiait qu'il n'y avait plus de sorties scolaires ni de soutien après l'école. Une entreprise de conseil fiscal fit don d'espace de stockage dans notre rue. La bibliothèque de Spencer comptait 55 blocs de rayonnages, 50 000 livres, 6 000 magazines, 2 000 journaux, 5 000 disques et cassettes et 1 000 généalogies, sans oublier les projecteurs, les écrans, les télévisions, les caméras (16 mm et 8 mm), les machines à écrire, les bureaux, les tables, les chaises, les fichiers, les classeurs et les fournitures de bureau. Un numéro fut attribué à chaque objet. Il correspondait à une grille de classement par couleurs, qui indiquait à la fois sa place dans l'entrepôt et son futur emplacement dans la bibliothèque. Sur la nouvelle moquette bleue, Jean Hollis Clark et moi traçâmes à la craie l'emplacement de chaque étagère, de chaque table et de chaque bureau. Si un rayonnage était placé quelques centimètres de travers, les ouvriers devaient le déplacer car il nous fallait nous conformer aux normes strictes de l'ADA (la loi sur les Américains handicapés) pour la largeur des allées. Si une étagère était décalée de quelques centimètres, la prochaine le serait du double. Il n'en faudrait pas plus pour qu'un fauteuil roulant se retrouve coincé dans l'angle d'une allée.

Toute la ville participa au déménagement. Le Rotary aida à enlever les livres, les Golden Kiwanis[1] à les rapporter. Notre urbaniste, Bob Rose, déménagea les rayonnages. Jerry, le mari de Doris Armstrong, passa plus d'une semaine à visser cent dix nouveaux plateaux en acier sur les crémaillères des rayonnages, au moins six vis par plateau, sans jamais se plaindre. Tout le

1. Organisation non gouvernementale américaine qui soutient des projets destinés à aider l'enfance et la jeunesse.

monde se porta volontaire : le club de généalogie, le conseil d'administration de la bibliothèque, les professeurs, les parents, les neuf membres du conseil de l'Association des amis de la bibliothèque de Spencer. Les commerçants de la ville s'y mirent aussi et fournirent boissons et en-cas gratuits.

La rénovation se passa comme sur des roulettes. En trois semaines exactement, notre horreur d'Halloween fut remplacée par une moquette d'un bleu neutre, sur laquelle étaient posés des meubles colorés. Deux doubles balancelles furent ajoutées au coin des enfants pour que les mères puissent lire avec leurs petits en les berçant. Dans un placard, je découvris dix-huit estampes de Grosvenor et sept esquisses à la plume. La bibliothèque n'était pas assez riche pour les faire encadrer, chaque œuvre fut donc « adoptée » par un membre de la communauté qui finança son encadrement. Les nouvelles étagères d'angle, agencées différemment, attiraient les regards sur les livres, dont les milliers de tranches colorées vous invitaient à les feuilleter, à les lire et à vous détendre.

L'inauguration de la nouvelle bibliothèque donna lieu à un buffet avec thé et cookies. Personne ne fut plus excité que Dewey ce jour-là. Il était resté enfermé chez moi trois semaines, durant lesquelles tout son univers avait changé. Les murs et la moquette avaient changé de couleur, toutes les chaises et les tables avaient été déplacées. Même l'odeur des livres était différente après leur expédition dans l'entrepôt de l'autre côté de la rue.

Dès que les gens commencèrent à arriver, Dewey se rua à la table des rafraîchissements pour être à nouveau au centre de l'attention. Oui, la bibliothèque avait changé, mais ce qui lui avait le plus manqué au cours de ces trois semaines, c'était les gens. Il détestait être éloigné de ses amis de la bibliothèque. Et c'était réciproque. En allant chercher des cookies, ils s'arrêtaient tous pour caresser Dewey. Certains le hissaient sur leurs épaules pour une petite visite de l'agencement des nouveaux rayonnages. D'autres se contentaient de le regarder, de parler de lui, et souriaient. La bibliothèque avait peut-être changé, mais Dewey restait le roi.

Entre 1988, l'année où Dewey nous tomba dans les bras, et 1989, l'année de la rénovation, le nombre de visiteurs à la bibliothèque municipale de Spencer passa de 63 000 par an à plus de 100 000. Il était clair que quelque chose avait changé. Les usagers avaient de leur bibliothèque une conception différente, ils l'appréciaient davantage. Et cela ne se limitait pas aux citoyens de Spencer. Cette année-là, 19,4 % de nos visiteurs venaient du comté rural de Clay, et 18 % des comtés environnants. Devant ces chiffres, personne ne pouvait avancer que la bibliothèque n'était pas un centre régional.

La rénovation y contribua, cela ne fait aucun doute. La revitalisation de Grand Avenue aussi ; ainsi que l'économie, qui reprenait du poil de la bête, et le dynamisme du personnel, sans oublier nos nouveaux programmes d'aide à la recherche d'emploi et de divertissement. Mais le plus grand changement, ce qui attirait la plupart des lecteurs et qui finit par faire de la bibliothèque municipale de Spencer un lieu de rencontre, pas simplement un entrepôt à livres, c'était Dewey.

14

La grande évasion

La fin juillet est la saison la plus agréable à Spencer. Le maïs, vert et or, culmine à trois mètres. Il est si haut que les agriculteurs ont l'obligation légale de le couper à mi-hauteur tous les kilomètres, à chaque intersection. L'Iowa rural a trop de carrefours et pas assez de panneaux Stop. Abaisser le niveau du maïs est une mesure pratique, qui permet de voir les voitures arriver sans pour autant porter préjudice aux agriculteurs. En effet, les épis poussent au centre de la tige, pas en haut.

Il est très facile de se laisser aller à la paresse l'été, dans l'Iowa. Le vert est vif, le soleil chaud, les champs interminables. On laisse la fenêtre de son bureau ouverte, juste pour l'odeur. On passe sa pause déjeuner au bord de la rivière, les week-ends à pêcher près de Thunder Bridge. Parfois, c'est dur de rester enfermé.

« Est-ce le paradis ? » Je me pose la question chaque année.

« Non, c'est l'Iowa. » Telle est ma réponse imaginaire.

En août 1989, l'épopée de la rénovation était achevée. La fréquentation était en hausse, le personnel heureux. Non seulement Dewey avait été accepté par la communauté, mais en plus il attirait et inspirait le public. La foire du comté de Clay, le plus grand événement de l'année, allait se tenir juste à côté, en septembre. J'avais même un mois de congé pour ma maîtrise. Tout était parfait.... sauf Dewey. Mon petit bonhomme joyeux, notre héros de bibliothèque, s'était transformé en chat distrait, nerveux et, surtout, gênant.

Le problème venait des trois semaines que Dewey avait passées chez moi pendant les travaux de la bibliothèque, à regarder le monde à travers les écrans de mes fenêtres. De la maison, il ne pouvait pas voir le maïs, mais il entendait les oiseaux. Il sentait le vent. Il percevait les odeurs qui font vibrer les chats quand ils mettent le nez dans le vaste monde. À présent, ces écrans lui manquaient. À la bibliothèque, les fenêtres ne s'ouvraient pas. On pouvait humer la nouvelle moquette, mais pas l'extérieur. On entendait les camions passer, mais impossible de deviner les oiseaux. *Comment as-tu pu me montrer un monde si merveilleux et me le reprendre après ?* pleurait-il.

Un petit vestibule était aménagé à l'entrée de la bibliothèque municipale de Spencer, dont au moins une des deux portes restait toujours fermée, ce qui empêchait le froid hivernal d'entrer. Pendant deux ans Dewey avait détesté ce vestibule ; après son séjour de trois semaines chez moi, il se mit à l'adorer. Là, il pouvait entendre les oiseaux. Quand les portes de l'extérieur étaient ouvertes, il sentait l'air frais. Pendant quelques heures l'après-midi, une tache de soleil s'y étalait. Il prétendait que s'asseoir dans ce soleil, à écouter les oiseaux, suffisait à son bonheur. Mais nous n'étions pas dupes. S'il restait trop longtemps dans le sas, Dewey voudrait savoir ce qui se passait de l'autre côté de la deuxième porte, dans le monde extérieur.

« Dewey, reviens ici ! » criait l'employée de l'accueil chaque fois qu'il emboîtait le pas à un lecteur qui franchissait la première porte. Le pauvre n'avait aucune chance. Le bureau de l'accueil faisait face au vestibule, et la personne qui le tenait le remarquait toujours. Dewey décida donc d'arrêter d'écouter, surtout si c'était Joy DeWall qui était à ce poste. Joy était la plus jeune et la dernière arrivée au sein de l'équipe, la seule célibataire. Elle vivait dans une maison accolée à celle de ses parents, dont le bail interdisait les animaux domestiques. Elle avait donc un faible pour Dewey. Il le savait très bien, et il n'écoutait pas un mot de ce qu'elle disait. Joy prit l'habitude de venir me chercher. J'étais la voix maternelle. Dewey m'avait toujours écoutée. Toutefois, dans ce cas précis, il avait tellement l'intention de désobéir que je fus forcée d'appuyer mes menaces.

« Dewey, tu veux que j'aille chercher le pulvérisateur ? »

Il me fixa sans bouger.

Je sortis le pulvérisateur de derrière mon dos. De l'autre main, je tenais la porte de la bibliothèque ouverte. Dewey se glissa à l'intérieur.

Dix minutes plus tard : « Vicki, Dewey est encore dans le vestibule. »

C'était trop. Trois fois dans la même journée. Il fallait marquer le coup. Je sortis de mon bureau en trombe, pris ma voix maternelle la plus autoritaire, ouvris avec force la porte du sas et vociférai : « Rentrez immédiatement, jeune homme. »

Un jeune homme d'une vingtaine d'années frôla la crise cardiaque. Avant que j'aie eu le temps de finir ma phrase, il s'était rué dans la bibliothèque, s'était emparé d'un magazine et s'y était plongé pour lire jusqu'à la dernière mention légale. Embarrassant, c'est le moins que l'on puisse dire. Je gardais la porte ouverte, muette et sonnée, incapable de croire que je n'avais pas vu ce jeune juste sous mon nez, quand Dewey passa devant moi en trottinant comme si de rien n'était. J'aurais juré qu'il souriait.

Une semaine plus tard, Dewey n'apparut pas pour son petit déjeuner et resta introuvable. Rien de très inhabituel : il avait un nombre incalculable de cachettes. Par exemple, le débarras derrière le présentoir, à côté de la porte, qui, je le jure, avait la taille d'une boîte de crayons de couleur – les vieilles boîtes de 64, celles avec un taille-crayon intégré. Il y avait aussi le fauteuil marron dans la section enfants, sauf qu'en général sa queue dépassait de cette cachette-là. Un après-midi que Joy était en train de ranger les livres dans le bas de la section westerns, elle fut bien surprise de voir surgir Dewey. Dans une bibliothèque, les livres sont placés de chaque côté des étagères. Les deux rangées qui se font face ne sont séparées que de quelques centimètres. La cachette suprême de Dewey était entre les livres : rapide, pratique et sûre. Pour le trouver, le seul moyen était de soulever des livres au hasard pour regarder derrière. Rien de difficile à première vue, sauf quand on sait que la bibliothèque municipale de Spencer comptait plus de quatre cents étagères couvertes de livres. Au milieu se déployait un véritable labyrinthe, un monde étroit et tout en longueur, qui n'appartenait qu'à Dewey.

Heureusement, le plus souvent il restait dans son coin préféré, en bas des westerns. Mais pas cette fois. Il n'était pas non plus sous le fauteuil marron, ni dans son réduit. Je n'avais pas vu sa tête sortir des lampes du plafond. J'ouvris les portes des toilettes pour vérifier qu'il n'y était pas enfermé. Pas ce matin.

« Quelqu'un a vu Dewey ? »

Non. Non. Non. Et encore non.

« Qui a fait la fermeture hier ?

– Moi, dit Joy, et il était là. » Je savais que Joy n'aurait jamais oublié de s'assurer de la présence de Dewey. À part moi, elle était la seule capable de rester tard pour jouer à cache-cache avec lui.

« Bien. Il doit être dans le bâtiment alors. On dirait qu'il s'est trouvé une nouvelle cachette. »

Après ma pause déjeuner, Dewey était toujours porté disparu. Et il n'avait pas touché à sa nourriture. Je commençai à m'inquiéter.

« Où est Dewey ? » demanda un lecteur.

C'était la vingtième fois que cette question revenait, et on n'était qu'au milieu de l'après-midi. Je dis à l'équipe : « Répondez-leur que Dewey ne se sent pas bien. Inutile d'alarmer les gens. » Il allait réapparaître. J'en étais sûre.

Ce soir-là, au lieu de rentrer directement chez moi, je fis une ronde d'une demi-heure en voiture. Je ne m'attendais pas à voir un chat roux et floconneux déambuler dans le voisinage, mais après tout… Je ne pouvais m'empêcher de penser : « Et s'il lui est arrivé quelque chose ? S'il a besoin de moi, et que je ne suis pas là ? Je suis en train de le laisser tomber. » Je savais qu'il n'était pas mort. Il était en si bonne forme. Et j'étais certaine qu'il ne s'était pas échappé. Mais cette pensée commençait à s'insinuer…

Le lendemain matin, personne ne m'attendait à la porte. Le bâtiment était comme mort. Une sueur glacée me parcourut la colonne vertébrale, alors qu'il faisait trente-deux degrés dehors. Quelque chose n'allait pas.

Je m'adressai à l'équipe : « Regardez partout. »

Chaque recoin fut inspecté. Pas un placard, pas un tiroir ne fut oublié. Les livres furent déplacés, dans l'espoir de le trouver dans son tunnel favori. L'arrière des étagères fixées au mur fut vérifié avec une lampe électrique. Certaines s'étaient écartées du mur de quelques centimètres, Dewey avait pu tomber en se promenant et rester coincé. Il n'avait rien de pataud, mais en cas de crise toutes les possibilités sont envisageables.

Le gardien de nuit ! Cette pensée me transperça comme une flèche et je décrochai mon téléphone. « Bonjour, Virgil, c'est Vicki de la bibliothèque. Avez-vous vu Dewey hier soir ?

– Qui ?

– Dewey. Le chat.

– Nan. Pas vu.

– Est-ce qu'il a pu toucher quelque chose susceptible de le rendre malade ? Un produit d'entretien par exemple ? »

Il hésita légèrement. « J'crois pas. »

Je n'avais pas envie de lui poser la question, mais il le fallait : « Laissez-vous les portes ouvertes parfois ? »

Son hésitation fut palpable cette fois. « Je laisse la porte de derrière ouverte quand je sors les poubelles.

– Combien de temps ?
– Peut-être cinq minutes.
– Vous l'avez fait avant-hier soir ?
– Je le fais tous les soirs. »

Mon cœur sombra. Voilà. Dewey ne se serait jamais enfui spontanément par une porte ouverte, mais s'il avait eu plusieurs semaines pour y penser, reconnaître le terrain, renifler ici et là…

« Vous croyez qu'il s'est enfui ? demanda Virgil.
– Oui, Virgil. »

J'informai l'équipe. N'importe quelle information valait mieux pour notre moral que de ne rien savoir du tout. Des rondes furent organisées : pendant que deux personnes s'occupaient de la bibliothèque, les autres cherchaient Dewey. Les habitués se rendirent vite compte que quelque chose clochait. « Où est Dewey ? » Cette question innocente ne tarda pas à traduire une réelle inquiétude. Nous persistions à dire aux lecteurs que tout allait bien, mais nous prîmes les habitués à part pour leur dire que Dewey avait disparu. Bientôt, une douzaine de personnes arpentaient les trottoirs. « Regarde tous ces gens. Regarde tout cet amour. On va le retrouver », me répétais-je sans fin.

Je me trompais.

Je passai toute mon heure de déjeuner à sillonner les rues, à la recherche de mon bébé. Il était tellement protégé dans la bibliothèque. Il n'avait rien d'un combattant. C'était un gourmet tatillon. Comment pourrait-il s'en sortir ?

Grâce à la gentillesse d'étrangers, bien sûr. Dewey faisait confiance aux gens. Il n'hésiterait pas à appeler à l'aide.

Je passai voir M. Fonley, le fleuriste de Fonley Flowers, dont la porte de derrière donnait sur l'allée à l'arrière de la bibliothèque. Il n'avait pas vu Dewey. Rick Krebsbach, de l'atelier photo, non plus. J'appelai tous les vétérinaires de la ville. Nous n'avions pas de refuge, c'est donc là qu'il serait déposé si quelqu'un le trouvait. Enfin, si personne ne le reconnaissait. Je dis aux vétérinaires : « Si quelqu'un vous amène un chat qui ressemble à Dewey, c'est sûrement lui. Il doit s'être échappé. »

Je me disais : « Tout le monde connaît Dewey. Tout le monde l'aime. Si quelqu'un le trouve, il le ramènera à la bibliothèque. »

Je ne voulais pas que la nouvelle de sa disparition se répande. Il y avait tant d'enfants qui aimaient Dewey, sans parler des élèves aux besoins spécifiques. Mon Dieu, et Crystal ? Je ne voulais pas leur faire peur. Je savais que Dewey reviendrait.

Le troisième matin, Dewey n'était toujours pas devant la porte et mon estomac se noua. J'avais secrètement espéré, au fond de mon cœur, qu'il serait assis là, à m'attendre. Il n'y était pas, je fus dévastée. C'est alors que je compris : Dewey était parti. Il était peut-être mort. Il ne reviendrait sans doute pas. Je savais qu'il occupait une grande place dans ma vie, mais c'est à ce moment-là que je mesurai à quel point son absence provoquerait un manque. Pour la ville de Spencer, Dewey incarnait la bibliothèque. Comment continuer sans lui ?

Quand Jodi avait trois ans, un jour je la perdis dans le centre commercial de Mankato. Le temps de baisser les yeux, elle avait disparu. Je suffoquai, mon cœur me remonta dans la gorge à une allure folle. Quand je réalisai qu'elle n'était plus là, je devins absolument hystérique. Mon bébé. Mon bébé ! Mon cerveau cessa de fonctionner. Je n'étais plus capable que d'arracher les vêtements des cintres et de courir dans les allées de plus en plus vite. Je finis par la retrouver, ravie, au milieu d'un portant de vêtements circulaire. Elle était restée là tout le temps. Mon Dieu, j'avais cru mourir en pensant qu'elle avait disparu.

Le même sentiment m'étreignit. Je compris que Dewey n'était pas juste un chat. Je n'étais pas triste pour la ville de Spencer, ni pour sa bibliothèque, ni même pour ses enfants. J'étais triste pour moi. Il avait beau vivre à la bibliothèque, Dewey était mon chat. Je l'aimais. Ce ne sont pas que des mots. Je n'aimais pas juste un aspect de sa personnalité, c'est lui que j'aimais, tout entier. Mais mon petit bonhomme, mon bébé Dewey, il n'était plus là.

À la bibliothèque, tout le monde broyait du noir. La veille, nous espérions encore. Nous pensions que ce n'était qu'une question de temps. Maintenant, nous savions qu'il était parti. Les recherches continuèrent, mais nous avions regardé partout. Nous ne savions plus quoi faire. Je m'assis pour réfléchir à ce que j'allais dire à la ville. J'appellerais la station de radio, qui relayait les informations locales de Spencer. Ils feraient une annonce immédiatement. Ils pouvaient mentionner la disparition d'un chat roux sans dire son nom. Les adultes comprendraient, mais peut-être cela permettrait-il de gagner un peu de temps avec les enfants.

« Vicki ! »

Le journal, aussi. Il publierait l'article sans problème dès le lendemain. Peut-être quelqu'un avait-il recueilli Dewey.

« Vicki ! »

Des tracts, peut-être ? Pourquoi pas une récompense ?

« Vicki ! »

Qui essayais-je de tromper ? Il n'était plus. Nous l'aurions trouvé, sinon…

« Vicki ! Devine qui est là ! »

Je sortis la tête du bureau et je le vis, mon grand copain roux, dans les bras de Jean Hollis Clark. Je me ruai sur lui pour le serrer dans mes bras. Il posa sa tête sur ma poitrine. Juste sous mon nez, au beau milieu d'un portant de vêtements, mon enfant était réapparu !

« Oh mon petit, mon petit ! Ne fais plus jamais ça. »

Dewey n'avait pas besoin que je le sermonne. Je vis immédiatement que c'était du sérieux. Il ronronnait exactement comme lors de notre premier jour. Il était si content de me voir, si soulagé d'être dans mes bras. Il avait l'air heureux. Mais je le connaissais trop bien. À l'intérieur, profondément, il tremblait encore.

« Je l'ai trouvé sous une voiture sur Grand Avenue, me racontait Jean. J'allais à White Drug, et un reflet roux a attiré mon regard. »

Je n'écoutais pas. J'aurais l'occasion d'entendre cette histoire bien des fois au cours des jours qui allaient suivre, mais à ce moment-là, je n'écoutais pas. Tous mes sens étaient tournés vers Dewey.

« Il était blotti contre une roue à l'autre bout de la voiture. Je l'ai appelé, mais il n'est pas venu. Il semblait avoir envie de détaler, mais il était bien trop terrorisé. Il a dû rester là tout le temps. Vous y croyez ?

Tous ces gens qui le cherchaient, et lui il était là depuis le début. »

Le reste de l'équipe s'était rassemblé autour de nous. Visiblement, ils mouraient tous d'envie de le prendre pour le caresser, mais hors de question que je le lâche.

« Il faut qu'il mange », leur dis-je. Quelqu'un lui ouvrit une boîte de pâtée, et nous le regardâmes tous l'engloutir goulûment. Il n'avait sans doute pas mangé depuis son départ.

Une fois ses besoins assouvis – eau, nourriture, litière –, je laissai l'équipe le prendre. Il passa de bras en bras comme un héros dans un défilé de la Victoire. Quand chacun l'eut accueilli, nous le sortîmes pour le montrer au public. La plupart des lecteurs n'avaient été au courant de rien, mais quelques yeux devinrent humides. Dewey, notre fils prodigue, nous revenait. On aime vraiment davantage une chose qu'on a cru perdre.

Cet après-midi-là, je donnai un bain à Dewey, ce qu'il toléra pour la première fois depuis cette glaciale matinée de janvier il y avait si longtemps. Il était couvert d'huile de moteur, qui mit des mois à partir de ses longs poils. Une de ses oreilles était déchirée, et son nez égratigné. Je les nettoyai doucement, avec amour. Qui lui avait infligé cela ? Un autre chat ? Un fil de fer ? Un châssis de voiture ? Je frottai son oreille déchirée entre mes doigts, et Dewey ne broncha même pas. « Qu'est-ce qui s'est passé ? » avais-je envie de lui demander, mais nous avions tous deux, tacitement, passé un accord. Nous ne parlerions plus jamais de cet incident.

Des années plus tard, je pris pour habitude de laisser ouverte une porte sur l'extérieur au cours des réunions du conseil d'administration de la bibliothèque. Un membre du conseil, Cathy Greiner, me demandait chaque fois : « Ne craignez-vous pas que Dewey ne s'échappe ? »

Je regardais Dewey, fidèle au poste à chaque réunion, et il me rendait mon regard. Je pouvais lire dans ses yeux, croix de bois, croix de fer, qu'il n'essaierait plus de s'enfuir. Comment était-il possible que je sois la seule à le voir ?

« Il n'ira nulle part, la rassurais-je. Il est attaché à la bibliothèque. »

C'était vrai. Jamais plus au cours des seize années qui suivirent Dewey ne s'aventura dans le vestibule. Il se prélassait pendant sa sieste près de la porte d'entrée, surtout le matin, mais n'emboîta jamais le pas à aucun lecteur. Si les portes étaient ouvertes et qu'un camion venait à passer, il se réfugiait en courant dans l'espace du personnel. Il ne voulait plus entendre parler de camions. Dewey avait rompu tout lien avec l'extérieur.

15

Le chat préféré de Spencer

Environ un mois après l'évasion de Dewey, Jodi quitta Spencer. Je n'étais pas sûre de pouvoir lui payer l'université, et elle voulait quitter la maison. Jodi avait envie de voyager, elle accepta donc un job de nounou en Californie et commença à économiser pour financer ses études. Le fait que la Californie soit très loin de maman était certainement un atout à ses yeux.

Je ramenai Dewey à la maison pour le dernier week-end de Jodi. Comme d'habitude, il ne la lâcha pas d'une semelle. Je crois que ce qu'il préférait, c'était les nuits. À peine Jodi avait-elle soulevé ses couvertures qu'il était dans son lit. En fait, il y arrivait avant elle. Au moment où elle reposait sa brosse à dents, il était déjà assis sur son oreiller, prêt à se blottir. Elle se mettait au lit et il se collait à son visage, sans même la laisser respirer. Elle le repoussait sous les couvertures, mais il revenait à la charge. Elle le renvoyait encore, il revenait sur son visage. Plus loin sous les couvertures. Hop, sur son cou.

« Reste là-dessous, Dewey. »

Il finissait par abandonner et s'endormait, blotti contre sa hanche. Certes elle pouvait respirer, mais se retourner était impossible. Se doutait-il que notre fille partait, peut-être pour de bon ? Lorsqu'il dormait avec moi, Dewey allait et venait toute la nuit, tantôt en exploration dans la maison, tantôt roulé en boule dans mon lit. Avec Jodi, il ne bougeait jamais. Il arrivait qu'il fasse une descente pour s'attaquer à ses orteils sous les couvertures, mais il n'allait jamais plus loin. Jodi ne put fermer l'œil cette nuit-là.

Quand Dewey revint, Jodi était partie. Il trouva le moyen de rester quand même près d'elle en dormant dans sa chambre, pelotonné sur le sol près du radiateur, à rêver sans doute à ces chaudes nuits d'été où il se blottissait contre Jodi.

« Je sais, Dewey, compatis-je. Je comprends. »

Un mois plus tard, j'emmenai Dewey faire son premier portrait officiel. J'aimerais vous dire que c'était pour une raison sentimentale, que mon univers était bouleversé et que je voulais immortaliser ce moment, ou que je me rendais compte que Dewey était à un tournant de sa vie bien plus crucial qu'aucun de nous deux n'aurait pu l'imaginer. Rien de tout cela : en fait, c'est une réduction qui m'avait motivée. Le photographe de la ville, Rick Krebsbach, proposait des portraits de vos animaux domestiques pour 10 dollars.

Dewey était un chat très facile, aussi m'imaginai-je que le prendre en photo dans un studio professionnel serait une partie de plaisir. Mais il détesta le studio. À peine entré, il se mit à tourner la tête dans toutes les directions et à regarder partout. Je le plaçai sur la chaise, il en descendit d'un bond. Je le repris dans mes bras et le remis dessus. Je reculai d'un pas : plus de Dewey.

« Il est nerveux. Il n'est jamais beaucoup sorti de la bibliothèque, expliquai-je en regardant Dewey renifler la toile de fond.

– Ce n'est pas grave, répondit Rick.

– Les animaux ne sont pas faciles à photographier, n'est-ce pas ?

– Vous n'imaginez pas à quel point », confia-t-il. La tête de Dewey disparut sous un coussin. « Un jour, un chien a essayé de manger mon appareil photo. Un autre a dévoré mes fleurs artificielles. D'ailleurs, il a vomi sur ce coussin juste après. »

Je m'empressai de prendre Dewey dans mes bras, mais mon contact ne le calma pas. Il continuait de regarder partout, plus tendu qu'intéressé.

« Il est arrivé plusieurs fois que certains se laissent aller à faire pipi, hélas. J'ai dû jeter un drap. Je désinfecte tout, naturellement, mais pour un animal comme Dewey, ici ça doit sentir la ménagerie.

– Il n'est pas habitué aux autres animaux », soulignai-je, tout en sachant que ce n'était pas tout à fait exact. Dewey ne se souciait pas des autres animaux. Il avait toujours ignoré le chien d'aveugle qui venait à la bibliothèque. Même le dalmatien lui était indifférent. Il n'avait pas peur, il était troublé. « À la bibliothèque, il sait ce qu'on attend de lui, mais il ne comprend pas pourquoi il est là.

– Prenez votre temps. »

Une idée me traversa l'esprit. « M'autorisez-vous à montrer l'appareil photo à Dewey ?

– Si vous pensez que ça peut l'aider. »

Dewey posait sans arrêt à la bibliothèque, mais devant des amateurs. L'appareil professionnel de Rick ressemblait à une grosse boîte. Dewey n'en avait encore jamais vu de semblable, mais il apprenait vite.

« C'est un appareil photo, Dewey. Appareil photo. Nous sommes ici pour faire ton portrait. »

Dewey renifla l'objectif. Il recula pour mieux le regarder, puis le renifla à nouveau. Je sentis qu'il se détendait, et qu'il était en train de comprendre.

Je pointai mon doigt. « La chaise. Monte sur la chaise. »

Je le lâchai. Il renifla chaque pied de la chaise de bas en haut, et deux fois l'assise. Puis il bondit dessus et regarda droit dans l'objectif. Rick se précipita et prit six photos.

« C'est incroyable ! » s'exclama-t-il alors que Dewey descendait de sa chaise.

Je ne répondis rien, mais en fait cela se produisait tout le temps. Dewey et moi avions une manière de communiquer que même moi je ne comprenais pas. Il semblait toujours savoir ce que je voulais, ce qui ne signifiait malheureusement pas qu'il était toujours prêt à obéir. Je n'avais même pas besoin de mentionner le brossage ou le bain, il suffisait que j'y pense pour que Dewey disparaisse. Un après-midi, alors que je passais devant lui dans la bibliothèque, il me regarda avec son indifférence paresseuse coutumière. *Salut, ça va ?*

Je pensai : « Oh, il a deux nœuds de fourrure dans le cou. Il faut que j'aille chercher les ciseaux pour couper ça. » À peine l'idée s'était-elle formée dans mon esprit que pschit ! il avait disparu.

Depuis son évasion, pourtant, Dewey utilisait ce pouvoir pour de bonnes causes, pas pour faire des bêtises. Il ne se contentait pas d'anticiper ce que je voulais, il le faisait. Pas quand il s'agissait d'être brossé ou de prendre un bain, bien sûr, mais pour ce qui concernait la bibliothèque. C'était une des raisons pour lesquelles il acceptait si volontiers de se faire tirer le portrait. Il voulait faire de son mieux.

« Il sait que c'est pour la bibliothèque », expliquai-je à Rick, qui de toute évidence n'en croyait pas un mot. Pourquoi un chat se soucierait-il d'une bibliothèque ? Et comment pourrait-il faire le rapprochement entre une bibliothèque et un studio de photo à plusieurs rues de là ? Pourtant c'était la vérité, et je le savais.

Je pris Dewey et le caressai à son endroit préféré, au sommet du crâne, entre les oreilles. « Il sait ce qu'est un appareil photo. Ça ne lui fait pas peur.

– Il a déjà posé ?

– Au moins deux ou trois fois par semaine. Pour les lecteurs. Il adore ça.

– C'est peu ordinaire, pour un chat. »

J'avais envie de lui dire que Dewey n'était justement pas un chat ordinaire, mais ça faisait une semaine que Rick prenait des animaux en photo. Il avait sans doute entendu cette phrase cent fois.

Pourtant, quand on voit la photo officielle de Dewey faite par Rick ce jour-là, il saute aux yeux qu'il ne s'agit pas d'un chat comme les autres. Il est beau, d'accord, mais encore mieux que cela : il est à l'aise. Il n'a pas peur de l'objectif, il ne se pose pas de questions. Ses yeux sont clairs et grands ouverts. Son pelage est parfaitement soigné. Il ne ressemble pas à un chaton, mais pas non plus à un chat adulte. C'est un jeune homme que l'on prend en photo le jour de la remise des diplômes, ou un marin qui laisse un souvenir à sa fiancée avant d'embarquer pour la première fois. Sa posture est remarquablement droite, le port de sa tête altier, ses yeux regardent tranquillement l'objectif. Cette photo me fait toujours sourire, il a l'air si sérieux. On dirait qu'il veut avoir l'air beau et fort, mais qu'il n'y arrive pas tout à fait parce qu'il est simplement trop craquant.

Quelques jours après avoir reçu les photographies, je vis que notre Shopko local, une grande chaîne de magasins comme Wal-Mart ou Kmart, organisait un concours de photos d'animaux domestiques dont les bénéfices seraient reversés à des œuvres caritatives. Il fallait payer un dollar pour voter, au profit de la lutte contre la dystrophie musculaire. C'était tout à fait typique de Spencer. Il y avait toujours une collecte en cours, soutenue par les habitants de la ville, et ces initiatives étaient sponsorisées par notre station de radio, KCID. Le journal y consacrait un article. Le taux de participation était généralement énorme. Nous ne sommes pas riches, à Spencer, mais quand quelqu'un a besoin d'aide, nous sommes heureux de lui tendre la main. C'est une question de fierté civique.

J'inscrivis Dewey au concours sur un coup de tête. Après tout, cette photo était destinée à faire la promotion de la bibliothèque, n'était-ce pas là l'occasion rêvée ? Quelques semaines plus tard, Shopko accrocha à un fil, derrière la vitrine, une douzaine de photos de chiens et de chats. La ville vota… et Dewey remporta une victoire écrasante. Il obtint plus de 80 % des voix, sept fois plus que le deuxième prix. C'était ridicule. Quand le magasin téléphona pour m'annoncer les résultats, j'en fus presque gênée.

L'une des raisons de la victoire écrasante de Dewey tient à sa photo. Il vous fixe, et vous demande de lui rendre son regard. Il crée un lien, malgré la touche de majesté dans sa pose.

Son apparence y est aussi pour beaucoup. On croirait une idole des années 1950, cool et affable. Il est si beau qu'on ne peut que l'aimer.

Et puis, il y a la personnalité de Dewey. En photo, la plupart des chats ont l'air d'être absolument terrifiés, de mourir d'envie de renifler l'objectif ou d'être dégoûtés par tout ce cirque – souvent les trois à la fois. Les chiens, quant à eux, ont l'air soit d'être au bord de la folie, soit sur le point de tout renverser dans la pièce, soit encore de vouloir s'enrouler dans les câbles électriques et de dévorer l'objectif. Dewey, lui, était calme.

Mais si Dewey battit tous les autres candidats à plate couture, c'est surtout parce que la ville l'avait adopté. Pas seulement les habitués de la bibliothèque, compris-je pour la première fois, mais toute la ville. Pendant que moi, j'avais la tête ailleurs, que mes pensées étaient tournées vers mes études, la rénovation et Jodi, Dewey exerçait tranquillement sa magie. Son histoire, pas seulement celle de son sauvetage mais celle de son quotidien et de ses relations, s'imposait et prenait vie. Il n'était pas juste le chat de la bibliothèque, plus maintenant. C'était le chat de Spencer. Il était notre inspiration, notre ami, notre survivant. Il était des nôtres. Et, en même temps, il était à nous.

Était-il une mascotte ? Non. Changea-t-il la vision que la ville avait d'elle-même ? Absolument. Pas pour tout le monde, bien sûr, mais pour beaucoup. Dewey nous rappelait, une nouvelle fois, que notre ville était différente des autres. Nous avions de l'amour à donner.

Nous savions apprécier la valeur des petites choses. Nous comprenions que l'important, dans la vie, ce n'est pas la quantité mais la qualité. Dewey était une raison supplémentaire d'aimer cette petite ville rustique des plaines de l'Iowa. L'amour de Spencer, l'amour de Dewey, tout se mêlait dans l'esprit du public.

16

Le temps de la célébrité

Je sais à présent, avec le recul, que la fuite de Dewey était un tournant, une dernière folie de jeunesse. Après cela, il se contenta de ce que la vie lui accordait : le statut de chat à demeure à la bibliothèque municipale de Spencer, d'ami, de confident, et d'ambassadeur de bonne volonté auprès de tous. Il accueillait les gens avec un enthousiasme nouveau. Il réussit à parfaire l'art de la sieste au milieu des biographies de la section adultes, où toute la bibliothèque pouvait le voir, mais où il y avait assez de place pour que les usagers circulent sans lui marcher dessus. S'il était d'humeur contemplative, il s'allongeait sur le ventre, la tête en l'air, et les pattes négligemment croisées devant lui. Nous appelions ça sa pose Bouddha. Dewey pouvait s'oublier dans cette position pendant une heure, petit bonhomme gras en paix avec le monde. Son autre position préférée était allongé sur le dos, pattes écartées. Il se détendait alors complètement et devenait tout mou.

Incroyable comme, lorsque vous arrêtez de courir et que vous commencez à vous étaler, le monde vient à vous. À défaut du monde, l'Iowa en tout cas. Peu après le concours de Shopko, Dewey fut l'objet de la chronique « Iowa Boy » de Chuck Offenburger du journal *The Des Moines Register*. « Iowa Boy » était le genre d'article capable de publier : « C'est l'information la plus incroyable qu'il m'ait jamais été donné d'apprendre depuis que j'ai découvert, il y a quelques années, que la bibliothèque municipale de Cleghorn, juste au coin de la rue, proposait de prêter des moules à gâteaux à ses lecteurs. » D'ailleurs, c'est mot pour mot ce qui fut publié dans cette chronique – eh oui, la bibliothèque municipale de Cleghorn, au coin de la rue, prête des moules à gâteaux. Je connais au moins une dizaine de bibliothèques de l'Iowa qui proposent une vaste collection de moules. Les bibliothécaires les accrochent aux murs. Si vous voulez préparer un gâteau spécial, par exemple en forme de Winnie l'Ourson pour un anniversaire d'enfant, vous l'empruntez à la bibliothèque. Voilà des bibliothécaires au service de leurs communautés !

En lisant l'article, je pensai : « Cette fois, Dewey est vraiment célèbre. » Qu'une ville adopte un chat était une chose, mais qu'une région entière se l'approprie, comme l'avait fait le nord-ouest de l'Iowa avec Dewey, c'était encore mieux. La bibliothèque accueillait chaque jour des visiteurs venus de petites villes et de fermes des comtés voisins. L'été, les vacanciers qui séjournaient au bord des lacs prenaient leur voiture pour le rencontrer, puis en parlaient à leurs voisins et à leurs invités, qui venaient à leur tour la semaine d'après. Il faisait de fréquentes apparitions dans les journaux des villes voisines. Mais le *Des Moines Register* ! C'était le quotidien de Des Moines, capitale de l'État, dont la population atteignait presque cinq cent mille personnes. Ce journal était lu dans tout l'État. Plus d'un demi-million de personnes étaient sans doute en train de lire l'histoire de Dewey à cet instant. C'était plus que tous les visiteurs de la foire du comté de Clay réunis !

Après l'histoire « Iowa Boy », Dewey apparut régulièrement aux informations des chaînes de télévision locales, diffusées à partir de Sioux City, dans l'Iowa, et de Sioux Falls, dans le Dakota-du-Sud. Il ne tarda pas à faire des apparitions sur des chaînes d'autres villes et d'États voisins. Chaque reportage commençait de la même manière, avec une voix off qui disait : « La bibliothèque ne s'attendait pas à trouver dans sa boîte de dépôt autre chose que des livres, par cette glaciale matinée de janvier… » Quelle que soit la manière de la présenter, l'histoire était toujours la même, celle d'un pauvre petit chaton tout faible, presque gelé à mort, qui appelait à l'aide. L'histoire de l'arrivée de Dewey à la bibliothèque était irrésistible.

Et sa personnalité l'était tout autant. Les équipes techniques n'avaient pas l'habitude de filmer des chats – aucun des milliers de chats du nord-ouest de l'Iowa n'était encore arrivé jusque devant les caméras –, elles commençaient donc toujours par suivre leur première idée, qui leur paraissait être la bonne : « Faites-le se comporter de façon naturelle.

– Eh bien, le voilà, endormi dans une boîte avec la queue qui pend et le ventre qui déborde sur le côté. On peut difficilement faire plus naturel. »

Cinq secondes plus tard : « Il pourrait peut-être sauter, non ? »

Dewey leur donnait toujours ce qu'ils voulaient. Il bondissait vers la caméra, en pleine action. Il paradait entre deux objets pour montrer son habileté. Il courait, puis sautait du haut d'une étagère. Il jouait avec un enfant. Il s'amusait avec sa boule de fil rouge. Il restait docilement assis sur l'écran d'ordinateur en fixant la caméra, véritable incarnation de la bienséance. Il n'était pas fier : poser pour la caméra faisait partie de son travail de directeur de la publicité de la bibliothèque, et il s'acquittait de sa tâche. Avec enthousiasme.

Le passage de Dewey dans l'émission de la télévision publique « La vie dans l'Iowa » qui présente des sujets, des événements et des gens en rapport avec notre État, fut assez typique. L'équipe de tournage m'avait donné rendez-vous à la bibliothèque à 7 h 30 du matin. Dewey était fin prêt. Il ondula. Fit des roulades. Sauta entre les étagères. Posa sa truffe sur la caméra. Il se colla à la présentatrice, une très jolie jeune femme, qui ne put s'empêcher de craquer.

« Je peux le prendre ? » demanda-t-elle.

Je lui montrai le port Dewey – sur l'épaule gauche, le postérieur au niveau de l'aisselle, sa tête dans le dos. Si vous vouliez transporter Dewey pendant un moment, le port Dewey s'imposait.

« Il le fait ! » chuchota la présentatrice tout excitée, tandis que Dewey s'installait sur son épaule.

Dewey leva la tête. *Qu'est-ce qu'elle dit ?*

« Comment le calmer ?

– Caressez-le. »

La présentatrice lui caressa le dos. Dewey posa sa tête sur son épaule et se blottit contre son cou. « Il le fait ! Il est vraiment en train de le faire ! Je le sens ronronner ! » Elle sourit à son caméraman et chuchota : « Ça tourne ? »

Je fus tentée de lui dire : « Évidemment qu'il le fait. Il le fait avec tout le monde. » Mais pourquoi gâcher sa joie ?

L'épisode sur Dewey fut diffusé quelques mois plus tard. Il était intitulé « Le conte de deux chatons » (oui, c'est un jeu de mots sur Charles Dickens). L'autre chat s'appelait Tom et vivait dans la boutique Kibby's Hardware à Conrad, dans l'Iowa, une petite ville au beau milieu de l'État. Comme Dewey, Tom avait été trouvé la nuit la plus glaciale de l'année. Le propriétaire de la boutique, Ralph Kibby, avait emmené l'animal perdu et gelé chez le vétérinaire. « Ils lui ont fait pour 60 dollars de piqûres, raconta-t-il pendant l'émission, et ils m'ont dit que s'il était encore vivant au matin, il aurait peut-être une chance de s'en sortir. » En regardant l'émission, je compris pourquoi la présentatrice avait l'air si heureuse ce matin-là. On voyait au moins trente secondes de Dewey sur son épaule, alors que tout ce qu'elle avait pu tirer de Tom, c'était un petit reniflement de son doigt.

Dewey n'était pas le seul à élargir son horizon. Pendant ma maîtrise, j'étais devenue très active dans les cercles de bibliothécaires de l'État, et après mon diplôme je devins présidente de l'Association des petites bibliothèques de l'Iowa, qui soutenait les bibliothèques des villes de moins de dix mille habitants. Enfin, « soutenait » était un bien grand mot, au moment où je rejoignis ce groupe en tout cas. Un sérieux complexe d'infériorité prévalait. « Nous sommes de petits établissements », telle était leur logique. « Qui se soucie de nous ? Contentons-nous de lait, de cookies et de quelques ragots. Nous ne valons pas mieux. »

Mais j'étais bien placée pour savoir que la petite taille ne signifie pas qu'on ne soit pas intéressant, et l'inspiration me vint. « Vous pensez que les petites villes n'ont pas d'importance ? leur demandai-je. Vous ne croyez pas que votre bibliothèque peut changer quelque chose ? Regardez Dewey. Tous les bibliothécaires de l'État connaissent Dewey Readmore Books. Il a fait par deux fois la une du bulletin des bibliothèques de l'Iowa. Ses fans lui écrivent d'Angleterre et de Belgique. On a parlé de lui dans le bulletin des bibliothèques... de l'Illinois ! Toutes les semaines, je reçois des appels de bibliothécaires qui me demandent comment convaincre leur conseil d'administration d'adopter un chat. Pour vous c'est sans importance ?

– Devrions-nous tous avoir un chat ?

– Non. Vous devriez croire en vous. »

C'est ce qu'ils firent. Deux ans plus tard, l'Association des petites bibliothèques était l'une des plus actives et des plus respectées de l'État de l'Iowa.

La percée de Dewey ne se fit pourtant pas grâce à mes efforts : elle arriva par la poste. Un après-midi, la bibliothèque reçut un colis contenant vingt *Country* de juin-juillet 1990, un magazine national diffusé à plus de cinq millions d'exemplaires. Nous recevions régulièrement des magazines envoyés par des éditeurs qui espéraient que la bibliothèque s'abonne, mais vingt exemplaires à la fois ? Je n'avais jamais lu *Country Magazine*, et je n'avais jamais parlé à personne qui y travaillait, mais leur slogan me plaisait : « Pour ceux qui rêvent de la campagne et pour ceux qui y vivent. » Je décidai de le feuilleter. Et là, page 57, je tombai sur un article en couleurs de deux pages, consacré à Dewey Readmore Books de la bibliothèque municipale de Spencer, avec des photos envoyées par une habitante que je ne connaissais même pas, mais dont la fille fréquentait la bibliothèque. Et qui avait dû parler de Dew à sa mère.

Ce n'était qu'un petit article, mais son impact fut extraordinaire. Pendant des années, les visiteurs me dirent à quel point il les avait inspirés. Les journalistes qui m'appelaient pour obtenir des renseignements sur Dewey y faisaient souvent allusion. Près de dix ans plus tard, j'ouvris une lettre qui contenait un exemplaire parfaitement conservé de l'article, soigneusement découpé. Son expéditrice voulait que je sache à quel point l'histoire de Dewey l'avait touchée.

À Spencer, ceux qui avaient oublié l'existence de Dewey, ou qui n'avaient jamais manifesté le moindre intérêt à son égard, commencèrent à le remarquer. Même les habitués du Sister's Café dressèrent l'oreille. Le pire de la crise agricole était derrière nous, et nos édiles cherchaient un moyen d'attirer de nouvelles entreprises. L'attention nationale que Dewey suscitait était une aubaine, et, naturellement, cette énergie et cette excitation déteignaient sur la ville. Certes, personne n'a jamais construit d'usine à cause d'un chat, mais les usines ne s'installent pas non plus dans des villes dont personne n'a jamais entendu parler. Une fois de plus, Dewey jouait son rôle, plus seulement à Spencer cette fois mais dans le vaste monde, au-delà des champs de maïs de l'Iowa.

Mais ce qui changea le plus, ce fut ce sentiment de fierté. Les amis de Dewey étaient fiers de lui, et chacun était fier de l'avoir dans la ville. Un homme, revenu pour la vingtième réunion des anciens de son lycée, s'arrêta à la bibliothèque pour jeter un œil aux journaux de cette année-là. Évidemment, il fut immédiatement conquis par Dewey. Mais quand il eut entendu parler des amis de Dewey et qu'il eut vu les articles qui lui étaient consacrés, il fut véritablement impressionné. Il nous écrivit plus tard pour nous remercier et pour nous dire qu'il avait parlé à tout monde, à New York, de sa merveilleuse ville natale et de son chat de bibliothèque si populaire.

Il ne fut pas le seul. Trois ou quatre personnes venaient chaque semaine dans la bibliothèque juste pour montrer Dewey à quelqu'un. « Nous sommes là pour voir le célèbre chat, dit un jour un vieil homme en s'approchant du bureau.

– Il dort derrière. Je vais le chercher.

– Merci, répondit-il, en rejoignant une femme plus jeune accompagnée d'une petite fille blonde qui se cachait derrière sa jambe. Je voulais que ma petite-fille Lydia le rencontre. Elle vient du Kentucky. »

Quand Lydia vit Dewey, elle sourit et regarda son grand-père comme pour lui demander une permission. « Vas-y, mon cœur. Dewey ne mord pas. » La petite fille tendit timidement la main vers Dewey ; deux minutes plus tard, elle le caressait, étendue de tout son long sur le sol.

« Tu vois ? dit le grand-père à la mère de la petite. Je t'avais dit que cela vaudrait le déplacement. » Je suppose qu'il pouvait aussi bien parler de la bibliothèque que de Dewey, mais je soupçonne qu'il parlait de quelque chose de plus.

Plus tard, alors que la mère s'était jointe à sa fille pour caresser Dewey, le grand-père vint me parler :

« Merci mille fois d'avoir adopté Dewey. » Il avait l'air d'avoir envie d'en dire plus, mais je crois que nous comprîmes tous deux qu'il en avait assez dit. Ils partirent une demi-heure plus tard et j'entendis la jeune femme glisser au vieux monsieur : « Tu avais raison, papa. C'était extra. On aurait dû venir avant.

– Ne t'inquiète pas, maman, lui répondit la petite fille. On le reverra l'année prochaine. »

Fierté. Confiance. La certitude que ce chat, cette bibliothèque, cette expérience, peut-être même cette ville, avaient vraiment quelque chose de particulier. L'article du *Country* sur Dewey ne l'avait rendu ni plus beau ni plus amical ; en fait, la célébrité ne le changea jamais. Tout ce que Dewey voulait, c'était un coin chaud pour faire sa sieste, une boîte de nourriture, de l'amour et l'attention de chaque personne qui mettait le pied dans la bibliothèque municipale de Spencer. Pourtant, Dewey avait *quand même* changé, car à présent les gens le regardaient différemment.

La preuve ? Avant l'article du *Country*, personne n'était venu revendiquer l'abandon de Dewey. Cette histoire était connue de tous, mais personne n'avait avoué. Quand Dewey devint célèbre, onze personnes différentes me rendirent visite en secret pour jurer sur la tombe de leur mère (ou sur sa tête si elle était encore en vie) qu'elles avaient jeté Dewey dans la boîte à livres. Elles ne se le reprochaient pas : elles s'en vantaient. « J'ai toujours su que cela finirait bien », disaient-elles.

Onze personnes ! Vous y croyez ? Cela avait dû être une sacrée expédition de sauvetage de chaton.

EMPLOI DU TEMPS

Tel qu'il fut mis au point par Dewey Readmore Books peu après sa regrettable escapade hors de la bibliothèque municipale de Spencer, respecté à la lettre jusqu'à la fin de sa vie.

7 h 30 : maman arrive.
Exiger à manger, mais sans me précipiter. Regarder tout ce qu'elle fait. Ne pas la lâcher. Lui faire sentir que je l'aime.

8 h 00 : le personnel arrive.
Passer une heure à voir tout le monde. Deviner pour qui la matinée est difficile, et le laisser me caresser tant qu'il voudra. Ou jusqu'à…

8 h 58 : préparation.
Se mettre en position près de la porte d'entrée, prêt pour le premier lecteur de la journée. Cela a l'avantage de rappeler l'heure aux membres du personnel un peu distraits. Je déteste quand ils ouvrent en retard.

9 h 00-10 h 30 : ouverture des portes.
Saluer les lecteurs. Suivre les gentils, ignorer les fâcheux, mais donner à tous l'occasion d'embellir leur journée en me prêtant attention. Me caresser est un cadeau que l'on obtient en se rendant à la bibliothèque.

10 h 30 : trouver des genoux pour la sieste.
Les genoux, c'est fait pour dormir. Seuls les chatons jouent dans les girons.

11 h 30-11 h 45 : buller.
Au milieu des biographies adultes, la tête haute, les pattes croisées. Les humains appellent ça la pose Bouddha. J'appelle ça faire le lion. Hakuna Matata. Non, je ne sais pas ce que ça veut dire, mais les enfants le disent tout le temps.

11 h 45-12 h 15 : s'étaler.
Quand il devient trop fatigant de garder la tête levée, le temps de l'étalage est venu : sur le dos, pattes ouvertes. Caresses assurées. Surtout ne pas s'endormir. On s'expose sinon à une attaque de chatouilles sur le ventre. J'ai horreur de ça.

12 h 15-12 h 30 : déjeuner dans la salle de repos.
Quelqu'un a du yaourt ? Non ? Tant pis.

12 h 30-13 h 00 : balade en chariot !
Quand l'employée remet les livres en rayon, sauter sur le chariot et c'est parti pour une virée dans la bibliothèque. Comme il est agréable de me détendre et de laisser mes pattes dépasser des barreaux en métal !

13 h 00-15 h 55 : temps libre.
À l'écoute de l'ambiance de la journée. Associer une expédition dans les lampes à quelques séjours sur des genoux. Saluer les visiteurs de l'après-midi. Passer dix minutes avec maman. Le léchage de fourrure est encouragé, sans être obligatoire. Se souvenir de trouver une jolie boîte pour la sieste. Comme si c'était possible de l'oublier !

15 h 55 : repas.
Ils persistent à croire que je mange à 16 h 00. Si je reste assis ici assez longtemps, ils vont finir par comprendre.

16 h 55 : départ de maman.
Sauter partout pour qu'elle se rappelle que c'est l'heure de jouer. Courir, sauter du haut d'une étagère puis faire une galipette, ça marche à tous les coups.

17 h 30 : jeux.
Maman l'appelle la piste de Bouddha. Moi j'appelle ça chasse à la balle, car il n'y a rien de plus drôle que de courir derrière. À part ma boule bien sûr. J'adore ma boule rouge. Quelqu'un veut jouer avec moi ?

20 h 55 : départ du dernier employé.
Reproduire le schéma de 16 h 55, mais ne pas s'attendre au même résultat, sauf si c'est Joy qui fait la fermeture. Joy trouve toujours le temps de faire des boulettes de papier et de les envoyer dans toute la bibliothèque. Courir après la boulette le plus vite possible, et une fois sur place, l'ignorer superbement.

21 h 00-7 h 30 : mon moment à moi !
Ce que je fais ne vous regarde plus, petits curieux…

17

Dewey dans le monde moderne

Je ne suis pas naïve. Je sais que tout le monde à Spencer n'était pas tombé sous le charme de Dewey. Cette femme, par exemple, qui continuait d'envoyer régulièrement des lettres dans lesquelles elle menaçait d'amener sa vache en ville si cette injustice, cette horreur – ce chat qui vivait dans un bâtiment public – ne cessait pas. C'était la plus véhémente, mais elle était loin d'être la seule à ne pas comprendre le phénomène Dewey.

« Qu'est-ce qu'il a de spécial, ce chat ? entendait-on autour d'une tasse de café au Sister's Café. Il ne quitte jamais la bibliothèque. Il dort. Il ne *fait* rien. »

Ils voulaient dire par là que Dewey ne créait pas d'emplois. Il apparaissait régulièrement dans des magazines, des journaux et on en parlait à la radio dans tout le pays, mais il n'améliorait pas l'état de nos parcs municipaux. Il ne pavait pas les routes. Il n'attirait pas de nouvelles entreprises. Le pire de la crise agricole était passé, le moral remontait ; il était temps que Spencer ouvre ses ailes et attire de nouveaux employeurs vers notre courageuse ville du Midwest franchement éloignée des sentiers battus.

La commission pour le développement économique de Spencer connut son premier grand triomphe en 1992 quand Montfort, une grande entreprise d'abattage du Colorado, décida de louer l'abattoir situé au nord de la ville. En 1952, quand des industriels de la région avaient fait construire ces bâtiments, Spencer en avait tiré une grande fierté. C'était une entreprise locale, gérée localement, et qui employait des travailleurs du coin avec de bons salaires. En 1964, ils étaient payés 15 dollars de l'heure, le meilleur taux de la ville. Les camions attendant leur déchargement s'alignaient sur un kilomètre. L'entreprise commença à vendre plusieurs produits sous le label Spencer Foods. Ce label était une source de fierté, surtout lorsqu'on allait jusqu'à Sioux Falls ou Des Moines et qu'on voyait le nom de Spencer dans les nouveaux grands magasins d'alimentation.

En 1968, les ventes commencèrent à décliner. Les groupes de transformation de viande s'étaient déplacés dans des villes voisines, aux installations plus efficaces et aux salaires plus bas. Les propriétaires tentèrent de renouveler l'image des produits et de moderniser leurs installations, mais rien n'y fit. Au début des années 1970, The Spencer Packing Company fut vendue à un rival national. Lorsque les ouvriers refusèrent les salaires non syndicaux de 5,50 dollars de l'heure, l'entreprise ferma l'usine et la délocalisa à Skylar, dans le Nebraska. Land O'Lakes, le fabricant de la célèbre margarine, arriva peu après, mais lorsque la récession frappa au milieu des années 1980, eux aussi mirent la clé sous la porte. Rien ne les liait à la communauté, et il n'y avait aucune raison économique de rester.

Dix ans plus tard, Montfort négocia un bail avec le propriétaire de l'usine. L'entreprise avait besoin de désectoriser le bâtiment pour l'agrandir et l'améliorer. Les petites villes de tout le pays avaient désespérément besoin d'emplois, mais Montfort offrait 5 dollars de l'heure pour des emplois payés 15 dollars en 1974, et pratiquement aucun avantage social. L'abattage des animaux est un travail éprouvant physiquement et paralysant psychologiquement, sans parler de l'odeur, du bruit, de la saleté et de la pollution. Les habitants n'en voulaient pas, en tout cas pas à long terme. La plupart de ceux qui acceptèrent des postes étaient des immigrants hispaniques. Les villes pourvues d'abattoirs autour de Spencer, comme Storm Lake, comptaient déjà 25 % d'Hispaniques ou davantage.

Pourtant, Montfort s'était déjà imposée dans des dizaines de villes, et elle ne daigna même pas se pencher sur nos inquiétudes ni proposer des concessions. Les édiles étaient favorables à l'usine, pourquoi se soucier des citoyens ? Le conseil municipal organisa le débat public habituel sur la désectorisation de l'abattoir. Cette réunion avait généralement lieu dans une petite salle dans les bureaux de la mairie, devant cinq personnes. Il y eut cette fois tellement de demande que le débat fut organisé dans la plus grande salle de la ville, le gymnase du collège. Trois mille personnes y assistèrent ce soir-là, plus d'un quart de la ville. Ce ne fut pas franchement un débat.

« Les abattoirs sont sales. Que feront-ils des déchets ?

– Les abattoirs sont bruyants. Cette installation n'est qu'à un kilomètre du centre-ville.

– Ne parlons même pas de l'odeur.

– Et les bétaillères ? Elles passeront par Grand Avenue ? Est-ce que quelqu'un a pensé aux embouteillages ?

– Nous voulons du travail. Comment ces emplois vont-ils bénéficier à la ville ? »

En dehors de la commission pour le développement économique et du conseil municipal, il n'y avait pas cent personnes dans ce gymnase qui fussent favorables à l'abattoir. Le lendemain, le vote sur la désectorisation fut négatif.

Certains – des partisans de Montfort et les membres de commissions de développement économique de villes voisines – insinuèrent que cette décision était motivée par des raisons raciales. « Spencer la toute blanche, ricanèrent-ils, ne veut pas voir arriver de Mexicains. »

Je n'en crois pas un mot. Spencer n'est pas une ville raciste. Dans les années 1970, par exemple, nous avons accueilli cent familles de réfugiés venus du Laos. Il est vrai que nous avons été témoins des changements subis par des villes comme Storm Lake et Worthington, et que nous ne les avons pas approuvés, mais le problème, c'était les abattoirs eux-mêmes, pas les ouvriers. Spencer fit front ce jour-là, non contre les immigrants, mais contre la pollution, les embouteillages et les catastrophes écologiques. Nous n'étions pas prêts à renoncer à notre style de vie pour deux cents des pires emplois du pays. Si nous l'avions fait, cela aurait signifié que nous n'avions rien appris de l'épisode de Land O'Lakes, qui avaient quitté ce même bâtiment au moment où nous avions le plus besoin d'eux. Peut-être, comme l'ont suggéré certains, tournions-nous le dos au progrès économique pour protéger le genre de ville – une ville s'appuyant sur le commerce local, l'agriculture et la petite industrie – qui ne peut plus survivre dans l'Amérique moderne. Tout ce que je sais, c'est que Spencer ne serait pas la même si la première chose qu'on voyait (et sentait) en arrivant du nord était un abattoir, et je crois que nous vivons mieux sans.

Spencer n'est pas contre le commerce. La même année, le vieil abattoir fut transformé en entrepôt frigéré. L'entreposage ne généra pas autant d'emplois, mais les salaires étaient plus élevés, et on évitait la pollution, le bruit et les embouteillages. On remarquait à peine sa présence.

Deux années plus tard, en 1994, Spencer accueillit à bras ouverts ce que beaucoup considèrent comme le plus grand et le plus néfaste des groupes qui soient : Wal-Mart. Les commerçants du centre-ville y étaient opposés, surtout à un Wal-Mart *Superstore*, ils sollicitèrent donc l'avis d'un consultant. Après tout, les entreprises locales avaient fait vivre cette ville. Pourquoi devraient-elles abandonner à un rival ce dans quoi elles avaient investi et ce qu'elles avaient construit ?

« Wal-Mart sera la meilleure chose qui puisse arriver aux entreprises de Spencer, leur expliqua le consultant. Si vous essayez de rivaliser, vous perdrez. En revanche, si vous trouvez une niche qu'ils ont délaissée, par exemple en proposant des spécialités ou des services professionnels et personnalisés, vous y gagnerez. Pourquoi ? Parce que Wal-Mart va attirer plus de clients en ville. C'est aussi simple que ça. »

Le consultant avait raison. Il y eut des perdants bien sûr, notamment Shopko, qui mit la clé sous la porte, mais les affaires des commerces du centre-ville ont augmenté de manière significative à compter de l'arrivée de Wal-Mart. Ce grand magasin accomplit la même prouesse que la gare des décennies passées : il fit de Spencer une destination régionale.

1994 fut aussi l'année où la bibliothèque municipale de Spencer entra dans l'ère moderne. Le système de gestion des livres à l'ancienne disparut, avec ses fiches, ses tampons, ses fichiers à tiroirs, les casiers de sortie des livres, les bulletins de retard, sa classification complexe et, naturellement, des dizaines et des dizaines de boîtes. Un système complètement automatisé fut mis en place, grâce… à huit ordinateurs. Les casiers de fiches où Dewey adorait dormir l'après-midi furent remplacés par l'ordinateur de l'accueil. La machine à écrire à marguerite de Kim, que Dewey aimait tant quand il était chaton, se figea dans le silence. Nous organisâmes une fête, où tous les tiroirs furent ouverts et des milliers de fiches lancées en l'air. Puis l'ordinateur accessible au public qui allait toutes les remplacer fut allumé. Les trois armoires à fiches, avec leurs centaines de minuscules tiroirs, furent vendues aux enchères. J'en achetai une pour ma maison. Elle est à la cave, ainsi qu'un bureau à couvercle pivotant des années 1950 qui vient de l'école de Moneta. L'armoire contient toutes mes fournitures de bricolage, le bureau toutes les rédactions et les œuvres d'art de Jodi depuis l'école élémentaire, que je conserve avec soin depuis trente ans.

Après la modernisation de 1994, les gens utilisèrent la bibliothèque d'une manière différente. Avant les ordinateurs, quand une étudiante devait écrire une rédaction sur les singes, elle devait parcourir tous les livres que nous possédions sur le sujet. Aujourd'hui, elle fait sa recherche sur Internet et n'ouvre plus qu'un seul livre. Le nombre de lecteurs de la bibliothèque municipale de Spencer a augmenté entre 1994 et 2006, mais seulement un tiers du nombre correspondant de livres a été emprunté. En 1987, juste avant l'arrivée de Dewey, il n'était pas rare que la boîte à livres déborde. Cela n'est plus arrivé depuis dix ans. Les articles le plus souvent empruntés sont des DVD classiques – les magasins de vidéos locaux ne les proposent pas – et les jeux vidéo. Nous avons 19 ordinateurs en libre accès, dont 16 connectés à Internet. Notre bibliothèque est petite, mais nous nous classons dixième en termes d'équipement informatique accessible au public dans tout le réseau de bibliothèques de l'Iowa.

Autrefois, le travail d'une bibliothécaire comprenait le classement et le remplissage de fiches de références. Aujourd'hui, elle doit maîtriser l'informatique et saisir des données. Jadis, pour garder une trace de la fréquentation, l'employé du bureau d'accueil faisait une marque sur un papier chaque fois qu'un lecteur entrait dans la bibliothèque. On imagine aisément le degré de précision du système, surtout quand la bibliothèque était bondée et l'employé occupé à répondre aux demandes. Aujourd'hui, un compteur automatique enregistre chaque arrivée. Le système de sortie nous dit exactement combien de livres, de jeux et de films circulent, tout en nous indiquant quels articles sont les plus populaires et lesquels n'ont pas été empruntés depuis des années.

Cependant, malgré tout cela, la bibliothèque municipale de Spencer reste essentiellement la même. La moquette est différente. La fenêtre à l'arrière, qui donnait sur l'allée, a été condamnée et cachée derrière des rayonnages. Il y a moins de bois, moins de tiroirs et plus d'électronique. Mais les groupes d'enfants qui rient et écoutent des histoires sont toujours là, ainsi que les collégiens qui viennent tuer le temps. Des personnes âgées feuillettent les journaux. Des hommes d'affaires parcourent des magazines. La bibliothèque n'a jamais été la calme cathédrale du savoir voulue par Carnegie, mais elle reste un endroit tranquille, qui appelle à la détente.

Et lorsqu'on entre dans la bibliothèque, les livres vous sautent encore aux yeux : rayonnage après rayonnage, allée après allée, ils sont partout. Leurs couvertures sont peut-être plus colorées, leurs images plus expressives et leurs lettres moins rondes, mais ils ressemblent encore à ceux de 1982, de 1962 et de 1942. Et ça ne changera pas. Les livres ont survécu à la télévision, à la radio, au cinéma parlant, aux premiers magazines, aux premiers journaux, aux spectacles de marionnettes de Punch et Judy et aux pièces de Shakespeare. Ils ont survécu à la Seconde Guerre mondiale, à la guerre de Cent Ans, à la peste noire et à la chute de l'Empire romain. Ils ont même survécu à l'obscur Moyen Âge, quand pratiquement personne ne savait lire et que chaque livre devait être copié à la main. Ils ne se laisseront pas assassiner par Internet.

Et les bibliothèques non plus. Nous ne sommes peut-être plus le sanctuaire de livres au réconfortant silence d'autrefois, mais nous sommes plus utiles que jamais à la communauté. Nous sommes connectés au monde comme jamais nous ne l'avons été. Nous pouvons commander des livres n'importe quand et faire des recherches en appuyant sur un bouton. Nous communiquons entre bibliothécaires grâce à un panneau d'affichage électronique, nous échangeons nos astuces et nos informations essentielles pour rendre chaque bibliothèque meilleure et plus efficace, et nous avons accès à des centaines de journaux et de magazines pour un coût inférieur à celui de dix abonnements il y a encore dix ans. Le taux de fréquentation de la bibliothèque municipale de Spencer ne cesse de grimper. Qu'ils viennent emprunter des livres, louer des films, jouer à des jeux vidéo ou juste rendre visite à un chat, quelle importance ?

Dewey n'avait cure de tout cela, bien sûr. Pour lui, seul le présent importait. Et il adorait la nouvelle bibliothèque. D'accord, il y perdait quelques boîtes, mais on en trouve toujours dans une bibliothèque qui commande des livres presque tous les jours. Les ordinateurs peuvent sembler froids, comparés au papier, au bois et à l'encre qu'on pouvait toucher, mais pour Dewey ils étaient chauds. Littéralement. Il adorait s'asseoir dessus et baigner dans la chaleur de la ventilation. Une photo de lui, perché sur un ordinateur, vint orner nos nouvelles fiches de sortie informatisées. L'entreprise qui fabriquait ces fiches adorait cette image. Chaque fois que je me rendais à un salon pour bibliothécaires, je voyais Dewey figé sur une immense bannière au-dessus de leur stand.

Les nouvelles bornes placées près de la porte d'entrée, qui sonnaient si vous tentiez de partir sans signaler vos emprunts, étaient presque aussi fantastiques, en tout cas du point de vue de Dewey. La nouvelle place préférée de Dewey était juste à l'intérieur de la borne gauche (tout comme il préférait l'épaule gauche pour le port Dewey – peut-être était-il gaucher ?). Il s'asseyait près de cette borne pendant une heure chaque matin, fidèle au poste dès neuf heures moins deux. Entre Dewey et les bornes, les lecteurs avaient à peine la place de passer. Autrefois, il était déjà difficile d'ignorer Dewey lorsqu'il s'était mis en mode bienvenue près de la porte d'entrée. Désormais, c'était devenu tout bonnement impossible.

RÈGLES DE BASE POUR LES CHATS BIBLIOTHÉCAIRES

selon Dewey Readmore Books

Publiées pour la première fois dans le bulletin de la Société des chats de bibliothèque, et rééditées un nombre incalculable de fois dans le monde entier.

1. **Personnel :** Si vous vous sentez particulièrement seul et que vous vouliez que quelqu'un s'occupe de vous, asseyez-vous sur tout papier, livre ou ordinateur sur lequel il travaille – mais en lui tournant le dos et avec un air distant, pour ne pas avoir l'air de mendier. Frottez-vous continuellement à la jambe des employés qui portent du marron foncé, du bleu ou du noir, pour un effet des plus réussis.

2. **Lecteurs :** Quel que soit le temps que le lecteur compte passer à la bibliothèque, grimpez sur sa serviette ou son cartable pour un long somme bien confortable jusqu'à ce qu'il soit obligé de vous faire tomber sur la table pour partir.

3. **Échelles :** Ne manquez jamais une occasion de monter sur une échelle. Peu importe quel humain est dessus. La seule chose qui compte, c'est de monter tout en haut et d'y rester.

4. **Fermeture :** Attendez dix minutes avant la fermeture pour arrêter la sieste. Quand l'employée s'apprête à éteindre les lumières et à fermer la porte, usez de tous vos stratagèmes les plus adorables pour la faire rester jouer avec vous (si cela ne fonctionne pas très souvent, parfois elle craque et reste au moins pour une partie de cache-cache).

5. **Boîtes :** Vos humains doivent comprendre que toute boîte qui entre dans la bibliothèque vous appartient. Petite ou grande, pleine ou vide, elle est votre propriété ! Si vous ne pouvez pas y entrer en entier, utilisez n'importe quelle partie de votre corps pour indiquer qu'elle est à vous pendant la sieste (il m'est arrivé d'utiliser une ou deux pattes, ma tête, ou parfois

juste ma queue pour y entrer, et ça n'altère en rien un sommeil de qualité).

6. **Réunions :** Quels que soient le groupe, l'horaire ou le sujet, vous avez l'obligation d'assister à toutes les réunions dans la salle prévue à cet effet. S'ils ferment la porte pour que vous restiez dehors, pleurez misérablement jusqu'à ce qu'on vous laisse entrer ou que quelqu'un ouvre pour aller aux toilettes ou chercher un verre d'eau. Une fois dans la place, faites le tour de la pièce et saluez chaque participant. Si un film ou des diapositives sont projetés, montez sur une table près de l'écran, installez-vous et regardez jusqu'à la fin. Pendant le générique, feignez l'ennui le plus profond et quittez la salle.

Et la règle d'or de tout chat de bibliothèque, valable sans limitation de durée :
N'oubliez jamais, et ne laissez jamais les humains oublier, qu'ici, c'est chez vous !

18

Le documentaire

L'arrivée de l'informatique ne fut pas le seul grand changement dans la vie de Dewey. Crystal, son amie de la classe spécialisée, obtint son diplôme et se lança dans une vie que je ne peux imaginer, mais que j'espère heureuse. La petite fille qui avait eu si peur de lui surmonta sa peur des chats. Elle continuait parfois de venir à l'accueil pour nous demander d'enfermer Dewey, mais elle le faisait avec le sourire. Comme tout enfant de dix ans, elle aimait voir des adultes obéir à ses ordres. Les autres enfants de son âge, ceux que Dewey avait accompagnés au cours de « L'heure de l'histoire » pendant sa première année, grandissaient eux aussi. Les collégiens qui faisaient rouler des crayons pour l'amuser partirent. Il vivait dans la bibliothèque depuis six ans, il était inévitable que beaucoup des enfants que nous avions connus partent ou évoluent.

Jean Hollis Clark, ma directrice adjointe, changea de travail. Elle fut remplacée par Kay Larson, que je connaissais depuis des années. Kay était décontractée et avait le sens pratique, c'était une femme solide, originaire de l'Iowa rural. Elle avait été ingénieur chimiste et avait travaillé sur des plates-formes pétrolières du Golfe avant d'épouser un agriculteur et de revenir dans l'Iowa. Il n'y avait aucun poste d'ingénieur dans la région, elle travailla donc aux abattoirs pendant un moment avant de trouver un poste dans la minuscule bibliothèque de Petersen, à environ trente kilomètres au sud de Spencer. Je devrais dire *le* poste, car la bibliothèque de Petersen n'employait qu'une personne.

J'embauchai Kay parce qu'elle était douée en informatique et qu'il nous fallait quelqu'un qui soit au fait des nouvelles technologies. Je savais aussi qu'elle aimait les chats. En fait, vingt chats vivaient dans sa grange, et deux dans sa maison. « Le matou de base dans toute sa splendeur ! » commentait-elle avec son esprit pratique si typique de l'Iowa quand Dewey faisait son intéressant ou refusait de se laisser étreindre des deux bras par un lecteur. Elle trouvait Dewey beau et malin, mais pas si particulier que ça.

Dewey n'était jamais en mal d'amis. Tony, notre peintre, grattouillait son Dewkster chaque fois qu'il venait voir sa femme, Sharon, qui attendait leur troisième enfant. C'était une grossesse surprise, mais qui les remplissait de joie tous les deux. Sharon appela de l'hôpital le jour de la naissance. « Emmy est trisomique », annonça-t-elle. Elle ne s'était jamais doutée que quelque chose n'allait pas, aussi le choc fut-il fracassant. Quand elle revint après quelques mois de congé, elle était éperdument amoureuse d'Emmy. Il est des choses qu'un chat ne peut ni comprendre, ni influencer.

Je le constatai à nouveau avec la vieille amie de Dewey, Doris Armstrong. Doris continuait d'apporter à Dewey de petits cadeaux et des surprises, et elle aimait accrocher sa chère boule rouge de Noël pour qu'il joue à l'attraper. Elle était toujours aussi sociable et charmante, mais peu après la rénovation de la bibliothèque, elle commença à souffrir de vertiges. Le médecin ne put en trouver la cause et diagnostiqua des crises de panique. Puis ses mains commencèrent à trembler et elle finit par avoir les plus grandes difficultés à recouvrir les livres. Elle ne se sentait plus capable de caresser Dewey, mais il ne semblait pas s'en formaliser. Plus elle tremblait, plus il se frottait le dos contre son bras et paressait sur son bureau pour lui tenir compagnie.

Un matin, Dewey arriva dans mon bureau en courant et en pleurant. C'était inhabituel, et comme il m'attirait vers sa gamelle, je me dis qu'il avait faim. Je trouvai Doris allongée sur le sol de la salle de repos. Elle avait eu un accès de vertiges si aigu qu'elle en était tombée. Pendant des jours, sa tête tourna tant qu'elle put à peine manger. Lorsque je la trouvai à terre à nouveau, elle n'avait pas seulement eu des vertiges, elle était certaine d'avoir fait un infarctus. Quelques mois plus tard, Doris trouva un minuscule chaton noir. Elle l'amena à la bibliothèque et, de ses mains tremblantes, me le tendit pour que je le prenne. Je pouvais sentir son petit cœur battre la chamade et ses poumons suffoquer. Le chaton était faible, malade, et il avait peur.

« Qu'est-ce que je dois faire ? » me demanda-t-elle. Je ne savais pas.

Le lendemain, Doris pleurait en arrivant à la bibliothèque. Elle avait emmené le chaton chez elle et il était mort pendant la nuit. Parfois, un chat est davantage qu'un animal, et parfois on pleure autre chose que ce qui paraît être l'évidence. Dewey passa toute la journée auprès de Doris, qui réussit à poser ses mains sur lui pour le caresser, mais sa présence ne la réconforta pas. Peu de temps après, elle quitta la bibliothèque et déménagea pour s'installer plus près de sa famille, dans le Minnesota.

Et pourtant, malgré les changements, la vie de Dewey resta essentiellement la même. Les enfants grandissaient, remplacés par d'autres qui fêtaient leurs quatre ans. Les employés partaient, mais malgré notre maigre budget nous pûmes en embaucher d'autres. Dewey n'aurait peut-être plus jamais d'amie comme Crystal, mais il continuait d'attendre la classe spécialisée à la porte de la bibliothèque chaque semaine. Il tissa même des liens avec des visiteurs comme Mark Carey, qui gérait le magasin d'électronique du coin de la rue. Dewey savait que Mark n'aimait pas les chats et il prenait un malin plaisir à sauter brusquement sur sa table pour lui flanquer une peur bleue. Et Mark se complaisait à chasser Dewey de la chaise où il se prélassait, même s'il n'y avait personne d'autre dans toute la bibliothèque.

Un matin, je remarquai un homme d'affaires en costume assis à une table, en train de lire le *Wall Street Journal*. Il avait l'air de s'être arrêté là pour tuer le temps en attendant un rendez-vous, je fus donc vraiment surprise d'apercevoir une queue rousse et touffue dépasser à côté de lui. Je m'approchai et vis que Dewey s'était installé sur une page de son journal. Un homme d'affaires, en plus. Occupé, attendant un rendez-vous. « Oh, Dewey, pensai-je, là tu exagères. » Puis je me rendis compte que l'homme tenait le journal de la main droite et caressait Dewey de la gauche. L'un ronronnait, l'autre souriait. C'est là que j'ai su que Dewey et la ville vivaient conjointement une période où chacun avait trouvé son confort, et que les grandes lignes de nos vies étaient ébauchées, au moins pour les quelques années à venir.

C'est sans doute pourquoi, un matin, je fus tellement surprise de le trouver en train de faire les cent pas dans la bibliothèque. Dewey n'était jamais agité comme ça ; même ma présence ne le calma pas. Lorsque j'ouvris la porte, il partit en courant puis s'arrêta en me regardant pour que je le suive.

« Tu as besoin d'aller dans ta litière, Dewey ? Tu sais que tu n'es pas obligé de m'attendre pour ça. »

Ce n'était pas la litière le problème, et son petit déjeuner ne l'intéressait pas non plus. Il continuait à faire les cent pas en pleurant. Dewey ne pleurait jamais, à moins d'avoir mal quelque part, mais je le connaissais bien : il ne miaulait pas de douleur.

J'essayai de lui donner à manger. Non. Je vérifiai qu'il n'avait pas de crottes dans la fourrure. Il devenait absolument fou dans ces cas-là. Mais ce n'était pas ça. Je touchai son nez pour voir s'il avait de la température, ses oreilles à la recherche d'une infection. Rien.

« Faisons notre ronde, Dew. »

Comme tous les félins, Dewey vomissait des boules de poils. Quand cela lui arrivait, notre chat si fanatiquement propre était mortifié. Mais il n'agissait jamais de façon aussi étrange, je me préparai donc psychologiquement à affronter la plus grosse des boules de poils de l'univers. Je cherchai partout, dans la fiction et les biographies, et inspectai chaque recoin. Je ne trouvai rien.

Dewey m'attendait dans la bibliothèque des enfants. Ce pauvre chat était une boule de nerfs. Je ne trouvai rien là non plus.

« Je suis désolée, Dewey. Je ne comprends pas ce que tu essaies de me dire. »

Quand les employés arrivèrent, je leur demandai de garder un œil sur Dewey. J'étais extrêmement occupée, je ne pouvais pas passer la matinée à jouer aux énigmes avec un chat. Si Dewey persistait dans cet étrange comportement, je l'emmènerais voir le Dr Esterly. Je savais qu'il adorerait ça...

Deux minutes après l'ouverture de la bibliothèque, Jackie Shugars vint dans mon bureau. « Tu ne vas pas me croire, Vicki, mais Dewey a fait pipi sur les fiches. »

Je bondis. « Ce n'est pas vrai ! »

L'informatisation de la bibliothèque n'était pas encore terminée. Quand un lecteur empruntait un livre, nous tamponnions encore deux fiches. L'une d'entre elles restait dans le livre, la seconde rejoignait des centaines d'autres dans un casier. Quand le lecteur rendait le livre, nous reprenions cette fiche et replacions le livre en rayon. Il y avait deux casiers, un de chaque côté du bureau d'accueil. Dewey avait fait pipi à l'angle de l'un d'entre eux, sur le devant.

Je n'étais pas en colère contre lui. Je me faisais du souci. Il vivait dans la bibliothèque depuis des années et ne s'était encore jamais mal conduit. Cela ne lui ressemblait pas du tout. Mais je n'eus pas le temps de réfléchir car un de nos habitués vint me voir et me chuchota à l'oreille : « Vous feriez mieux de venir,

Vicki. Il y a une chauve-souris dans la section enfants. »

Elle était là, accrochée par les pieds, derrière une poutre du plafond. Et Dewey était là aussi, à *mes* pieds.

J'ai essayé de te prévenir. J'ai essayé. Regarde ce que tu as fait. Tu as laissé un lecteur la trouver. Nous aurions pu nous en occuper avant l'arrivée des autres. Maintenant il y a des enfants dans la bibliothèque. Je croyais que tu les protégeais.

Vous êtes-vous déjà fait sermonner par un chat ? Cela n'a rien d'agréable. Surtout s'il a raison. Et surtout s'il s'agit d'une chauve-souris. Elles me font horreur. Je ne pouvais pas supporter l'idée d'en avoir une dans la bibliothèque, encore moins imaginer être prisonnière toute la nuit avec cette chose voletant au-dessus de ma tête. Pauvre Dewey.

« Ne t'inquiète pas, Dewey. Les chauves-souris dorment la journée. Elle ne fera de mal à personne. »

Dewey n'avait pas l'air convaincu, mais ce n'était pas le moment de m'en inquiéter. Je ne voulais pas effrayer les lecteurs, surtout les enfants, j'appelai donc discrètement l'appariteur de la ville et lui dit : « Venez immédiatement à la bibliothèque. Apportez votre échelle. »

Il monta et jeta un œil. « Ah oui, c'est une chauve-souris.

– Chuut. Ne parlez pas trop fort. »

Il redescendit. « Vous avez un aspirateur ? »

Je frissonnai. « Ne faites pas ça.

– Un Tupperware ? Un truc avec un couvercle ? »

Je le regardai sans bouger. Tout ça me dégoûtait.

Quelqu'un dit : « On a une boîte à café vide. Elle a un couvercle. »

L'épreuve fut terminée en quelques secondes. Grâce au ciel. Il me fallait maintenant nettoyer les fiches.

« C'est ma faute, m'excusai-je auprès de Jackie, qui occupait le bureau de l'accueil.

– Je sais. » Jackie avait un sens de l'humour très particulier.

« Dewey essayait seulement de nous prévenir. Je vais nettoyer ça.

– C'est ce que je me suis dit. »

Je sortis environ vingt fiches. Dessous s'étalait un monticule de cacas de chauve-souris. Dewey n'avait pas seulement essayé d'attirer mon attention, il avait utilisé son odeur pour couvrir la puanteur de l'intrus.

« Oh Dewey, tu dois vraiment me prendre pour une idiote. »

Le lendemain, Dewey commença un rituel que j'allais appeler sa phase sentinelle. Tous les matins, il reniflait trois bouches d'aération : celle de mon bureau, celle de la porte d'entrée et celle de la bibliothèque des enfants. Il reniflait à nouveau chacune d'entre elles après le déjeuner. Il savait que ces ventilations débouchaient quelque part et que par conséquent elles étaient de possibles points d'accès. Il s'était donné pour mission de nous protéger avec son nez puissant, tel un canari au fond d'une mine de charbon. On aurait dit qu'il pensait : *Si tu n'es pas capable de comprendre qu'il y a une chauve-souris dans la bibliothèque, comment vas-tu prendre soin de tous ces gens ?*

J'imagine qu'un chat aussi vigilant pourrait prêter à rire. Que craignait-il ? Une attaque terroriste de la bibliothèque municipale ? Quitte à me faire taxer de sentimentalisme, je trouvais ce comportement adorable. À une époque de sa vie, Dewey avait eu besoin d'étendre son univers au-delà des murs de la bibliothèque pour être heureux. Maintenant que son histoire était connue dans le pays tout entier, tout ce qu'il demandait c'était se terrer à la bibliothèque et protéger ses amis. Comment ne pas aimer un tel chat ?

Et apparemment, il était aimé, car sa réputation ne cessait de grandir. Il apparaissait dans tous les magazines sur les chats – *Cats*, *Cat Fancy*, *Cats & Kittens*... Si le titre d'un magazine portait le mot « chat », vous pouviez être presque sûr que Dewey y était mentionné. Il apparut même dans *Your Cat*, éminente publication féline britannique. Marti Attoun, jeune auteur freelance, vint jusqu'à Spencer avec un photographe. Son article parut dans *American Profile*, un supplément week-end paraissant dans plus de mille journaux. Puis, à l'été 1996, un producteur de documentaires de Boston sortit des sentiers battus pour s'aventurer à Spencer, Iowa, caméra au poing, et inclure Dewey dans son film.

Gary Roma sillonnait le pays, de la côte Est au Dakota-du-Nord, pour réaliser un documentaire sur les chats de bibliothèque. En arrivant, il s'attendait à réaliser le même genre de prises que dans les autres bibliothèques : un chat qui se cache en courant derrière les livres, qui part quand vous arrivez, qui dort et qui fait tout son possible pour éviter de regarder la caméra. Dewey fit exactement l'inverse. Il ne força pas son rôle, mais continua à vaquer à ses occupations habituelles et alla jusqu'à les faire sur demande. Gary arriva tôt le matin pour filmer Dewey qui m'attendait à la porte d'entrée. Il le filma assis près des bornes, saluant les lecteurs ; allongé, dans sa pose Bouddha ; jouant avec ses jouets préférés, Marty la Souris et la pelote de fil rouge ; assis sur l'épaule d'un visiteur, pratiquant le port Dewey ; endormi dans une boîte.

Gary déclara : « Ce sont mes meilleures prises. Si ça ne vous ennuie pas, je reviendrai après le déjeuner. »

L'après-midi, il me proposa une interview. Après quelques questions préliminaires, Gary demanda simplement : « Que *signifie* Dewey ? »

Je répondis : « Dewey est idéal pour notre bibliothèque. Il soulage les tensions. Il rend l'endroit confortable. Les gens l'adorent, surtout les enfants.

– D'accord, mais quelle est sa signification profonde ?

– Il n'y en a pas. Tout le monde aime passer du temps avec Dewey. Il nous rend heureux. Il est l'un d'entre nous. Qu'y a-t-il de plus important ? »

Mais Gary ne cessait pas de vouloir un sens, un sens à tout prix. Son premier film avait pour titre *Par terre et sur les murs : documentaire sur les butoirs de portes*, et je l'imagine très bien demandant à tous ses interlocuteurs : « Quel est le sens de votre butoir de porte ?

– Il empêche la porte de cogner le mur.

– Certes, mais quel est son sens profond ?

– Eh bien, il peut aussi me servir à garder la porte ouverte.

– Mais plus profondément ?

– Hum, ça aère la pièce ? »

Gary a sans doute extrait la substantifique moelle du butoir de porte car une des critiques évoque des linguistes qui dissèquent l'étymologie du mot, et des philosophes imaginant un monde sans portes.

Environ six mois après le tournage, à l'hiver 1997, nous organisâmes une fête pour l'avant-première de *Puss in Books*[1]. La bibliothèque était pleine à craquer. Dès le début du film, on voyait Dewey de loin, assis par terre dans la bibliothèque de Spencer, balayant le sol de sa queue. Pendant que la caméra se rapprochait de lui et le suivait sous une table, le long de quelques rayonnages puis finalement lors de sa balade sur son chariot préféré, on entendait ma voix off : « Un matin, en ouvrant la boîte de dépôt pour la vider, nous y avons trouvé un minuscule chaton. Il était enfoui sous une tonne de livres, la boîte était pleine à craquer. Quand les gens apprennent l'histoire de Dewey, ils s'exclament : "Pauvre petit chaton qui s'est fait jeter dans une boîte !" Je leur réponds : "Pauvre chaton, mon œil ! Ça a été le jour de chance de sa vie, parce qu'il est le roi ici, et il le sait très bien." »

Dewey regardait alors la caméra bien en face, et je peux vous assurer que ce n'étaient pas des mots en l'air. C'était vraiment lui le roi.

À cette époque, j'étais habituée à recevoir d'étranges sollicitations pour Dewey. On nous demandait environ deux interviews par semaine, et les articles sur notre célèbre chat que nous retrouvions dans notre boîte à lettres étaient quasiment hebdomadaires. Le portrait officiel de Dewey, fait par Rick Krebsbach juste après le départ de Jodi, avait été publié dans des magazines, des bulletins, des livres et des journaux depuis Minneapolis, dans le Minnesota, jusqu'à Jérusalem, en Israël. Il apparut même sur un calendrier de chats ; Dewey était Monsieur Janvier. Pourtant, je fus quand même surprise de recevoir un jour un coup de téléphone de l'antenne dans l'Iowa d'une entreprise d'aliments pour chats.

1. « Un minet dans les livres ». Jeu de mots avec *Puss in Boots* : « Le Chat botté ».

« Nous suivons l'histoire de Dewey, m'expliquèrent-ils, et nous sommes très impressionnés. » Qui ne le serait pas ? « On dirait que c'est un chat extraordinaire. Et que les gens l'adorent. » Sans blague ! « Nous voudrions utiliser son image pour une campagne de publicité imprimée. Nous ne pouvons pas payer, mais nous pouvons lui fournir de la nourriture gratuite toute sa vie. »

C'était tentant. Dewey était difficile en termes de nourriture, et nous étions des parents indulgents. Nous jetions des gamelles pleines tous les jours juste parce que l'odeur ne lui plaisait pas, et nous donnions une centaine de boîtes d'aliments pour chats tombés en disgrâce chaque année. Comme le fruit de ma campagne « Une boîte pour le chat » (pièces jaunes et argent de la consigne des canettes de soda) ne suffisait pas et que j'avais juré qu'il ne coûterait jamais un sou à la bibliothèque, j'en étais de ma poche. Je subventionnais personnellement la subsistance d'une grande partie des chats de Spencer.

« Je vais en parler au conseil d'administration de la bibliothèque.

– Nous allons vous envoyer des échantillons. »

Quand le conseil d'administration suivant se réunit, la décision avait déjà été prise. Pas par moi, ni par le conseil, mais par Dewey lui-même. Monsieur le difficile avait complètement rejeté les échantillons gratuits.

Tu te moques de moi ? me dit-il dans un reniflement méprisant. *Hors de question de vanter cette horreur.*

« Désolée, annonçai-je au fabricant. Dewey ne mange que du Fancy Feast. »

19

Le plus fin des gourmets

Si Dewey était difficile, ce n'était pas juste une question de personnalité. C'était une maladie. Je vous assure. Ce chat avait un citron à la place de l'estomac.

Dewey détestait qu'on lui caresse le ventre. Sur le dos, derrière les oreilles, d'accord. On pouvait même lui tirer la queue et lui mettre le doigt dans l'œil, mais lui caresser le ventre, jamais. Je ne m'y étais jamais arrêtée avant que le Dr Esterly n'essaie de lui vider les glandes anales. Il devait avoir deux ans. « J'appuie juste sur les glandes et je presse pour les vider, m'expliqua-t-il. Ça prend trente secondes. »

Ça avait l'air assez simple. Je tins Dewey pendant que le Dr Esterly préparait son matériel, qui consistait en une paire de gants et une serviette en papier. « Ce n'est rien, Dewey, murmurai-je. Ce sera vite fini. »

Mais à peine le vétérinaire eut-il pressé les glandes de Dewey que celui-ci jeta un cri. Pas un gémissement plaintif, non, un hurlement terrifié qui venait du plus profond de son estomac. Son corps se souleva comme si la foudre l'avait frappé, ses pattes s'agitèrent frénétiquement et il me mordit le doigt. Fort.

Le Dr Esterly regarda mon doigt. « Il n'aurait pas dû faire ça. »

Je frottai la morsure. « Ce n'est pas grave.

– Si, c'est grave. Un chat ne doit pas mordre comme ça. »

Je ne me faisais pas de souci. Ce n'était pas le style de Dewey. Je le connaissais bien, ce n'était pas un mordeur. Je n'ai jamais réussi à oublier la panique dans le regard de cette pauvre bête. Ses yeux écarquillés ne voyaient rien : la douleur l'avait aveuglé.

Après cet épisode, Dewey détesta le vétérinaire. Il haïssait la simple idée de monter dans la voiture, parce qu'elle pouvait le conduire chez le Dr Esterly. Dès que nous nous garions sur le parking du cabinet, il commençait à trembler. L'odeur de la salle d'attente provoquait chez lui des tremblements incontrôlables. Il enfouissait la tête sous mon aisselle, comme pour dire *Protège-moi.*

Beaucoup de chats détestent le vétérinaire dans son cabinet, mais le traitent comme n'importe quel autre humain ailleurs. Pas Dewey. Il le craignait de manière inconditionnelle. S'il entendait sa voix à la bibliothèque, Dewey se mettait à grogner et détalait à l'autre bout de la pièce. Si le Dr Esterly arrivait à le caresser par surprise, il faisait un bond, regardait de tous côtés d'un air paniqué et partait en courant. Je crois qu'il reconnaissait son odeur. Cette main, à ses yeux, était la main de la mort. Il avait rencontré son ennemi juré, et il se trouvait que c'était l'un des hommes les plus adorables de la ville.

Quelques années sans histoires s'écoulèrent après l'incident des glandes anales, mais Dewey recommença sa chasse aux élastiques. Quand il était chaton, il n'y avait pas mis tant de conviction et se laissait facilement distraire. À cinq ans, les choses sérieuses commencèrent. Je découvrais des vestiges collants par terre presque tous les matins. Sa litière n'était pas seulement pleine de vers en caoutchouc, j'y trouvais parfois quelques gouttes de sang. Il arrivait que Dewey arrive en courant du cagibi, comme si quelqu'un avait allumé un pétard sous ses fesses.

Le Dr Esterly diagnostiqua une constipation sévère. « Qu'est-ce qu'il mange ? »

Je levai les yeux au ciel. Dewey était en passe de devenir le chat le plus difficile du monde. « Que ce qu'il aime ! Son odorat est très développé, et il sait si sa nourriture est périmée ou si elle n'est plus bonne. La pâtée pour chats n'est pas de la meilleure qualité, vous savez. Ce sont des bouts d'animaux immangeables. On ne peut pas lui en vouloir. »

Le Dr Esterly me lança un regard digne d'un instituteur de maternelle devant un parent essayant de justifier le comportement turbulent de son enfant. On ne serait pas un peu trop indulgent par hasard ?

« Il ne mange que des boîtes ?

– Oui.

– Bien. Il boit beaucoup ?

– Jamais.

– Jamais ?

– Il évite son écuelle d'eau comme la peste.

– Davantage d'eau, m'assura le Dr Esterly. Ça devrait régler le problème. »

Merci, docteur, pas de souci. Sauf que… avez-vous déjà essayé de faire boire un chat contre son gré ? Mission impossible.

Je commençai par tenter la persuasion douce. Dewey s'éloigna, dégoûté.

J'essayai le chantage : « Pas de nourriture tant que tu n'auras pas bu. Ne me regarde pas comme ça. Je peux tenir plus longtemps que toi. » Je ne le pouvais pas. Je cédais toujours.

Puis je le caressai pendant qu'il mangeait, en appuyant de plus en plus fort sur sa tête. « Si je lui mets la tête dans l'eau, il faudra bien qu'il boive », pensais-je. Évidemment il n'en fut rien.

C'était peut-être l'eau ? Nous essayâmes l'eau chaude. L'eau froide. Nous tentâmes de rafraîchir son bol toutes les cinq minutes. Nous essayâmes plusieurs robinets. Nous étions au milieu des années 1990, il n'y avait pas encore d'eau en bouteille, en tout cas pas à Spencer, Iowa. Nous mîmes de la glace dans son écuelle d'eau. Tout le monde aime l'eau glacée, non ? En fait, la glace fonctionna. Dewey lui donna un coup de langue. Et puis plus rien. Comment un animal pouvait-il rester vivant sans eau ?

Quelques semaines plus tard, en arrivant dans les toilettes du personnel, je le surpris la tête plongée dans la cuvette. Seul son derrière, tendu vers le ciel, dépassait. L'eau des toilettes ! Petit sournois.

« Bon, au moins il ne va pas mourir déshydraté », me rassurai-je.

La porte des toilettes du personnel restait ouverte quand il n'y avait personne, c'est là que Dewey venait se rafraîchir en premier. Mais il aimait aussi beaucoup les toilettes des dames, à l'avant de la bibliothèque. Joy

DeWall était l'employée qui passait le plus de temps à remettre les livres en rayon. Dewey la regardait placer les livres sur le chariot et bondissait dessus dès qu'il était plein. Perché sur le chariot, il regardait les rayonnages en passant et, quand quelque chose lui plaisait, il indiquait à Joy qu'il voulait descendre, comme s'il voyageait dans une poussette pour chats. Il savait qu'elle se laissait facilement attendrir, c'était donc à elle qu'il demandait de le laisser entrer dans ces toilettes. Une fois à l'intérieur du sanctuaire, il sautait sur le lavabo et suppliait qu'on lui ouvre le robinet. Il ne buvait pas l'eau. Il la regardait. Il était fasciné par la façon dont elle disparaissait dans le trou. Il pouvait regarder l'eau couler pendant une heure, en lui donnant de temps à autre un petit coup de patte.

Mais cela ne remédiait pas à sa constipation, pas plus que ses expéditions à sa royale cuvette en porcelaine. Qu'il la regarde ou qu'il la boive, Dewey restait bloqué. Quand il allait vraiment mal, il avait tendance à se cacher. Un matin, la pauvre Sharon Joy mit la main dans le tiroir du haut du bureau de l'accueil pour prendre un Kleenex et attrapa… une poignée de poils. Elle tomba littéralement de sa chaise.

« Comment est-il arrivé là-dedans ? » demanda-t-elle en regardant le dos de Dewey, dont la tête et le postérieur étaient complètement enfouis dans le tiroir.

Bonne question. Le tiroir était resté fermé toute la matinée, Dewey avait dû s'y réfugier pendant la nuit. Je tâtai le dessous du bureau à l'aveuglette. Effectivement, il y avait une petite ouverture derrière les tiroirs. Mais il était dans celui du haut, à plus d'un mètre du sol. Monsieur Caoutchouc s'était tortillé jusqu'en haut de la fente et s'était introduit à angle droit, pour finir par se blottir dans un espace de quelques centimètres carrés.

J'essayai de le solliciter, mais Dewey m'ignora et ne bougea pas. Cela ne lui ressemblait pas du tout. De toute évidence, quelque chose n'allait pas.

Comme je l'avais soupçonné, Dewey était constipé. Extrêmement constipé. À nouveau. Cette fois, le Dr Esterly pratiqua un long examen et palpa le ventre si sensible de Dewey. Oh, c'était pénible à voir. Ce fut, pour toujours, la fin de toute possibilité de relation entre le chat et le vétérinaire.

« Dewey a un mégacôlon.

– Il va falloir être plus clair, docteur.

– Son côlon est distendu. Cela provoque un déversement du contenu de ses intestins dans sa cavité corporelle. »

Silence.

« Le côlon de Dewey est distendu de façon permanente. Cela lui permet d'accumuler beaucoup de déchets. Quand Dewey essaie de s'en débarrasser, l'ouverture vers l'extérieur est trop petite.

– Un peu plus d'eau ne va pas arranger le problème, n'est-ce pas ?

– J'ai bien peur qu'il n'y ait pas de remède. C'est une maladie rare. » En fait, les chercheurs n'étaient même pas sûrs de sa cause. Apparemment, la distension des côlons félins ne fait pas partie de leurs priorités.

Si Dewey avait vécu dehors, son mégacôlon aurait réduit son espérance de vie. Dans un environnement contrôlé comme la bibliothèque, je pouvais m'attendre à une vie entière de constipation, périodique mais sévère, et à un chat très difficile en termes de nourriture. Quand la plomberie a tendance à refouler, les chats deviennent très exigeants sur la nourriture qu'ils mettent dans le circuit. Je vous avais bien dit qu'il avait une maladie.

Le Dr Esterly évoqua une marque d'aliments pour chats très chère, de celles qu'on ne trouve que chez les vétérinaires. J'ai oublié son nom ; peut-être Laboratory Diet, Formule chat d'âge moyen avec problèmes de transit ? La facture faillit venir à bout de mon budget. Je détestais l'idée de dépenser 30 dollars pour quelque chose qui, je l'aurais juré, ne marcherait pas.

« Dewey est très difficile. Il n'aimera pas ça.

– Mettez-le dans sa gamelle. Ne lui donnez rien d'autre. Il le mangera. Aucun chat ne se laisse mourir de faim. » Pendant que je rassemblais mes affaires, je l'entendis dire, autant pour lui que pour moi : « Il va falloir surveiller Dewey de près. S'il lui arrive quelque chose, cela fera dix mille malheureux.

– Plus que dix mille, docteur Esterly. Beaucoup plus. »

Je mis la nouvelle pâtée de luxe dans sa gamelle. Dewey ne la mangea pas. Il la renifla et tourna les talons.

Ça, c'est pas bon. Ma pâtée habituelle, s'il vous plaît.

Le lendemain, il abandonna toute subtilité d'approche. Au lieu de renifler et de partir, il s'assit à côté de sa gamelle et se mit à pleurer.

Pourquoiiiiiii ? Qu'ai-je fait pour mériter cela ?

« Désolée, Dewey. C'est le docteur qui l'a dit. »

Au bout de deux jours, il était affaibli mais il ne flanchait pas. Il n'avait même pas donné le moindre coup de patte à sa nourriture. C'est là que je réalisai que Dewey était obstiné. Douloureusement obstiné. C'était un chat serein et conciliant, mais quand il s'agissait d'un principe important, la nourriture par exemple, hors de question de se rouler par terre et de faire le chien.

Comme pour moi. Maman aussi pouvait être obtuse.

Dewey décida alors de quémander au reste du personnel, derrière mon dos. Il commença par entreprendre Sharon, en sautant sur son bureau et en se frottant à son bras. Il avait pris l'habitude de s'asseoir là pour la regarder déjeuner, et elle avait l'air de savoir apprécier un bon repas.

Quand cela resta sans effet, il essaya sa vieille amie Joy, qui craquait si facilement. Puis il se rabattit sur Audrey, Cynthia, Paula, tout le monde, jusqu'au dernier. Il essaya même Kay, alors qu'il savait qu'elle était du genre pratique et raisonnable. Kay ne perdait pas son temps à se laisser attendrir. Pourtant, même elle commençait à fléchir. Elle tentait de jouer les dures, mais elle craquait.

Je m'en fichais, qu'ils me désapprouvent ! J'allais gagner ce round. Mon cœur serait peut-être brisé, mais, au final, Dewey me remercierait. Et puis… la maman, c'était moi, et c'était moi qui commandais !

Le quatrième jour, même les lecteurs s'en prenaient à moi : « Donnez-lui à manger, Vicki ! Il est affamé. » Dewey avait joué sans vergogne le rôle du chat qui meurt de faim devant ses fans et de toute évidence cela avait fonctionné.

Finalement, le cinquième jour, je cédai et ouvris sa boîte préférée de Fancy Feast. Il l'avala sans prendre le temps de respirer. *Et voilà*, dit-il en se léchant les babines avant de se réfugier dans un coin pour une longue toilette du visage et des oreilles. *Tout le monde se sent mieux maintenant, pas vrai ?*

Ce soir-là, je lui achetai une brassée de boîtes. Je renonçais à la lutte. « Mieux vaut un chat constipé qu'un chat mort », me résignai-je.

Pendant deux mois, Dewey fut heureux. J'étais heureuse. Tout allait pour le mieux.

Puis, un jour, Dewey décida qu'il n'aimait plus Fancy Feast aux morceaux de poulet. Hors de question qu'il avale une bouchée de Fancy Feast aux morceaux de poulet de plus. Il voulait quelque chose de nouveau, et fissa, merci d'avance. J'achetai un nouveau parfum de pâtée, genre boulettes molles, odorantes et humides. Dewey la renifla et s'en détourna. *Non, pas celle-là non plus.*

« Tu vas la manger, jeune homme, sinon pas de dessert. »

À la fin de la journée, le petit tas était encore là, à moitié desséché. Qu'étais-je supposée faire ? Ce chat était malade ! Il me fallut cinq essais pour trouver un parfum qui lui convenait. Cela ne dura que quelques semaines. Puis il voulut quelque chose de nouveau. Oh non. Je n'avais pas simplement perdu une bataille : j'avais complètement perdu la guerre.

En 1997, la situation était au summum de l'absurdité. Comment ne pas rire devant une étagère entièrement remplie de boîtes de pâtée pour chats ? Je n'exagère pas. Nous rangions les affaires de Dewey sur deux tablettes dans la salle de repos, et l'une d'entre elles était uniquement consacrée à la nourriture. Nous avions au moins toujours cinq parfums sous la main. Dew avait de vrais goûts du Midwest. Ses parfums préférés étaient Bœuf, Morceaux de poulet, Bœuf et foie et Dinde, mais on ne pouvait jamais savoir lequel allait trouver grâce à ses yeux. Il détestait les fruits de mer, mais tomba amoureux des crevettes. Pendant une semaine. Avant de refuser de les toucher à nouveau.

Hélas, Dewey restait constipé. Conformément aux recommandations du Dr Esterly, je photocopiai une page de calendrier et l'affichai au mur. Chaque fois que quelqu'un trouvait un cadeau dans la litière de Dewey, il le marquait au jour dit. Nous avions baptisé ce calendrier « Graphique de la crotte de Dewey ».

Je ne peux qu'imaginer ce que pouvait penser quelqu'un comme Sharon. Elle était très drôle et elle aimait Dewey, mais elle était aussi délicate. Et voilà que la crotte de Dewey était devenue un sujet de conversation quotidien. Elle devait me prendre pour une folle. Mais elle remplissait le graphique elle aussi, et ne se plaignit jamais. Évidemment, Dewey ne faisait qu'une ou deux fois par semaine, on ne peut pas dire que nous usions nos stylos.

Quand Dewey n'avait rien fait pendant trois jours, nous l'enfermions dans le cagibi pour un rendez-vous romantique avec son bac de litière. Il ne supportait pas d'être enfermé, surtout dans un endroit sombre. Je le détestais presque autant que lui, surtout l'hiver car le cagibi n'était pas chauffé.

« C'est pour ton bien, Dew. »

Au bout d'une demi-heure, je le laissais sortir. Si aucune preuve n'était apparue dans le bac, je lui octroyais une heure de liberté avant de l'enfermer à nouveau pendant une demi-heure. Pas de crotte, hop, dans le bac. Mais pas plus de trois fois. Au bout de trois fois, il ne se retenait pas, il était vraiment incapable de faire.

Cette stratégie se retourna contre nous. Dewey devint si gâté qu'il refusa de faire ses besoins si personne ne l'emmenait à sa litière. Il cessa totalement d'y aller la nuit, ce qui signifiait qu'à l'aube je devais le porter – oui, c'est bien ça, le porter ! – jusqu'à sa litière. Si ça, ce n'était pas se prendre pour un roi !

Je sais, je sais. J'étais une poire. Une gâteuse de chats. Mais que pouvais-je faire ? Je savais à quel point Dewey se sentait mal. Pas seulement parce que nous étions liés, mais parce que j'avais les mêmes problèmes. Pas exactement les mêmes – je n'avais pas de mégacôlon –, mais les affections de longue durée ne m'étaient pas étrangères. J'avais fait des séjours à l'hôpital plus prolongés que la plupart des médecins dans le cadre de leur profession. J'avais été deux fois transportée d'urgence à Sioux Falls en hélicoptère. Et j'étais passée par la Mayo Clinic pour colopathie spasmodique, hyperthyroïdie, migraines sévères et pour la maladie de Basedow, entre autres. Pendant deux ans, j'eus les jambes couvertes d'urticaire. Jusqu'à ce que je découvre que j'étais allergique au prie-dieu de l'église. Un an plus tard, je me retrouvai soudain paralysée. Je fus incapable de bouger pendant une demi-heure. Le personnel dut me transporter jusqu'à une voiture, me raccompagner à la maison et me mettre au lit. Cela m'arriva à nouveau lors d'un mariage. Je m'apprêtais à enfourner une cuillerée de gâteau, et je ne pus reposer mon bras. Impossible même de bouger ma langue pour le dire à quelqu'un. Grâce à Dieu, ma bonne amie Faith était là. J'appris plus tard que c'était dû à une sévère chute de tension, aggravée par l'un des médicaments que je prenais.

Mais le pire, et de loin, ce fut les grosseurs dans les seins. Aujourd'hui encore, j'ai du mal à en parler. J'ai partagé cette expérience avec très peu de gens, et il est difficile de briser ce silence. Je ne veux pas qu'on me regarde comme une femme incomplète ou, pire encore, comme une espèce de tricheuse.

De toutes les épreuves de ma vie – un mari alcoolique, l'aide sociale, l'hystérectomie surprise – ma mastectomie bilatérale fut de loin la plus pénible. Le pire ne fut pas l'opération en soi, bien que ce soit sans doute la douleur physique la plus terrible que j'aie jamais eu à supporter. Le pire fut d'en prendre la décision. Cela me tourmenta pendant plus d'un an. J'allais jusqu'à Sioux City, Sioux Falls et Omaha, à plus de trois heures de route, pour consulter des médecins, mais j'étais incapable de me décider.

Maman et papa me poussaient à me faire opérer. Ils me disaient : « Tu dois le faire. Il faut que tu sois en bonne santé. C'est ta vie qui est en jeu. »

Je voulus en parler avec mes amies, qui m'avaient aidée à traverser ma séparation et tant d'autres difficultés depuis, mais pour la première fois je ne reçus pas de réponse. Elles n'arrivaient pas à gérer le problème, m'avouèrent-elles plus tard. Le cancer du sein est un sujet trop sensible.

Je devais me faire opérer. Je le savais. Sinon, ce n'était qu'une question de temps avant que le mot « cancer » ne surgisse. Étant célibataire, j'avais souvent des rendez-vous galants, même si ce n'était pas toujours une réussite. Mon amie Bonnie et moi, nous rions encore en évoquant le cow-boy que j'avais rencontré dans un bal à West Okoboji. Nous nous vîmes à Sioux City et il m'emmena dans une de ces auberges de campagne avec de la sciure par terre. Je ne peux même pas vous parler de la nourriture car une bagarre éclata, quelqu'un sortit un couteau, et je passai vingt minutes réfugiée dans les toilettes pour dames. Le cow-boy m'avait ramenée chez lui de bonne grâce où – je vous jure que je n'invente rien – il m'avait montré comment fabriquer des balles. Puis il m'avait raccompagnée chez moi en passant par les parcs à bestiaux. Il trouvait romantique de regarder les enclos au clair de lune.

Malgré tout, malgré les couacs, j'attendais encore l'homme de ma vie. Je ne voulais pas voir mourir cet espoir. Mais qui aurait pu m'aimer sans mes seins ? Je n'étais pas inquiète à l'idée de perdre ma sexualité. C'était perdre ma féminité, mon identité de femme, l'image que j'avais de moi-même qui m'angoissait. Mes parents ne comprenaient pas, et mes amies avaient trop peur pour m'aider. Que me restait-il ?

Un matin, quelqu'un frappa à mon bureau. C'était une femme que je n'avais jamais vue. Elle entra, referma la porte et dit : « Vous ne me connaissez pas, je suis une patiente du Dr Kohlgraf. Il m'a envoyée vous parler. Il y a cinq ans, j'ai subi une mastectomie bilatérale. »

Nous avons discuté pendant deux heures. J'ai oublié son nom, et je ne l'ai jamais revue (elle n'était pas de Spencer), mais je me rappelle chaque mot de notre conversation. Nous avons tout évoqué : la douleur, l'opération, la convalescence, mais surtout les émotions. Se sentait-elle encore femme ? Était-elle encore elle-même ? Que voyait-elle dans le miroir ?

Lorsqu'elle partit, non seulement je savais quelle était la bonne décision, mais j'étais prête à la prendre. La mastectomie bilatérale se fit en plusieurs étapes. D'abord, ils m'enlevèrent les seins. Ils placèrent à la place des implants temporaires appelés des extenseurs. J'avais des cathéters sous les aisselles – littéralement des tubes qui sortaient de mon corps –, et toutes les deux semaines, je recevais une solution saline pour augmenter la taille de ma poitrine et étirer la peau. Hélas, les dangers des implants de silicone firent la une des journaux pendant les premières semaines de ma convalescence, et la Food and Drug Administration [1] interdit temporairement les nouveaux implants. Je me retrouvai à porter pendant huit mois mes extenseurs temporaires censés durer quatre semaines. J'avais tellement de cicatrices sous les bras que je ressentais des douleurs aiguës aux côtés à chaque changement de pression atmosphérique. Pendant des années, Joy me demanda, chaque fois qu'elle apercevait un nuage noir : « Vicki, est-ce qu'il va pleuvoir ?

– Oui, mais pas avant une demi-heure. » Ma douleur me permettait de prédire les averses dix minutes à l'avance. Quand elle devenait écrasante, c'est que la pluie était imminente. Joy et moi trouvions ça drôle, car je ne me trompais presque jamais, mais en réalité j'avais juste envie de m'asseoir et de me mettre à pleurer.

Personne ne soupçonnait ma douleur : ni mes parents, ni mes amis, ni mon personnel. Le médecin avait creusé mon corps et gratté chaque centimètre carré de chair qu'il y avait trouvé. Ce sentiment de creux, cette blessure à vif m'accompagnait à chaque instant, à chaque minute,

1. L'équivalent de notre ministère de la Santé.

mais parfois la douleur m'inondait de façon si soudaine et si sauvage que je m'effondrais. Pendant un an, je n'allai à la bibliothèque que par intermittence. Souvent, en luttant pour atteindre mon bureau, j'avais conscience que je n'aurais pas dû être là. Kay me remplaçait et la bibliothèque pouvait se passer de moi, mais je n'étais pas certaine de pouvoir me passer d'elle. Les habitudes. Les autres. Ce sentiment du travail accompli. Et, surtout, Dewey.

Chaque fois que j'avais eu besoin de lui, Dewey avait été à mes côtés. Il était venu s'asseoir sur mon ordinateur quand j'avais l'impression que la vie allait m'écraser, il avait attendu Jodi à mes côtés sur le canapé. À présent, il ne s'asseyait plus à côté de moi, il grimpait, une patte après l'autre, sur mes genoux pour s'y installer. Il arrêta de marcher à mes côtés et commença à insister pour que je le prenne dans mes bras. Cela peut sembler un détail, mais un détail qui faisait une immense différence pour moi, parce que, voyez-vous, je n'avais personne à toucher. Il y avait une distance entre le monde et moi, et je n'avais personne pour me prendre dans ses bras et me dire que tout irait bien. Ce n'était pas juste l'opération. Pendant deux ans, alors que je me tourmentais sur la décision à prendre, puis quand je faisais mon deuil et supportais la douleur physique, Dewey me toucha tous les jours. Il s'asseyait sur moi. Il se pelotonnait dans mes bras. Et quand ce fut terminé, quand enfin je commençai à ressembler à celle que j'étais avant, il se remit à s'asseoir à mes côtés. Personne ne comprit ce que j'avais traversé au cours de ces deux années, personne sauf Dewey. Lui semblait savoir que l'amour était constant, mais qu'on pouvait l'élever à un niveau supérieur quand c'était vraiment important.

Chaque matin depuis sa première semaine à la bibliothèque, Dewey m'avait attendue à la porte d'entrée. Il me regardait arriver, tournait les talons et courait vers sa gamelle dès que j'ouvrais la porte. Et un matin, l'un des plus durs de ces deux terribles années, il me fit un signe. Oui, un signe. Je m'immobilisai pour le regarder. Il s'arrêta, me rendit mon regard et recommença.

Il le refit le lendemain matin. Et le suivant. Et celui d'après, jusqu'à ce que je comprenne que c'était notre nouveau signal. Jusqu'à la fin de sa vie, dès que Dewey voyait ma voiture arriver sur le parking, il grattait la porte d'entrée avec sa patte droite. Il continuait pendant que je traversais la rue et que je m'approchais de la porte. Il n'avait rien de frénétique. Il ne miaulait pas, il ne faisait pas les cent pas. Il restait assis, très tranquille, et me faisait un signe, comme s'il me souhaitait la bienvenue dans la bibliothèque, et, en même temps, me rappelait qu'il était toujours là. Comme si j'avais pu l'oublier. Tous les matins, voir Dewey me faire signe quand j'arrivais à la bibliothèque m'aidait à me sentir mieux et me réconciliait avec mon travail, la vie et moi-même. Puisque Dewey me faisait signe, tout allait bien.

« Bonjour, Dewey », lançais-je, et mon cœur chantait tandis que la bibliothèque explosait de vie, même les matins les plus froids et les plus sombres. Je le regardais en souriant. Il se frottait contre ma cheville. Mon copain. Mon garçon. Je le prenais dans mes bras et le transportais jusqu'à sa litière. Comment aurais-je pu lui refuser ça ?

20

Les nouveaux amis de Dewey

L'après-midi du 7 juin 1999, je reçus un coup de téléphone d'un fan de Dewey : « Vicki, allume la radio. Tu ne vas pas en croire tes oreilles. »

Je l'allumai et entendis : « Et maintenant vous connaissez… le reste de l'histoire. »

Quiconque a grandi avec la radio connaît cette phrase. L'émission de Paul Harvey « Le reste de l'histoire » est l'un des programmes les plus populaires de l'histoire de la radio. Chaque émission raconte une anecdote de la vie d'un personnage connu. L'astuce est qu'on ne sait pas de qui Paul Harvey parle avant sa fameuse conclusion.

« Et ce petit garçon, disait-il par exemple, qui voulait tant couper ce cerisier, était le célèbre George Washington, père fondateur de notre pays. Et maintenant vous connaissez… le reste de l'histoire. »

Paul Harvey était en train de raconter l'histoire d'un chat qui inspirait toute une ville et était devenu célèbre dans le monde entier… Tout avait commencé dans une boîte à livres de la bibliothèque d'une petite ville de l'Iowa, par une glaciale matinée de janvier. Et maintenant vous connaissez… le reste de l'histoire.

Quelle importance si aucun membre de l'équipe de Paul Harvey n'avait appelé pour vérifier les faits ? Quelle importance s'ils ignoraient 10 % du reste de l'histoire, ce qui rendait Dewey si différent des autres chats ? À la fin de l'émission, je m'assis et pensai : « Ça y est, Dewey y est vraiment arrivé. » Et comme je m'habituais à l'imprévu avec lui, je me demandai : « Qu'est-ce qui va bien pouvoir se passer maintenant ? »

Pendant des années, j'avais contacté les journaux et les stations de radio pour communiquer les nouvelles de Dewey. Avec Paul Harvey, je décidai de n'en rien faire. Les fans de Dewey ne manquaient pas. Les lecteurs s'enquéraient chaque jour de la santé de notre chat. Les enfants accouraient à la bibliothèque, enthousiastes et souriants, pour voir leur ami. Mais les bonnes nouvelles de Dewey ne semblaient plus impressionner les autres habitants de la ville. En fait, je commençais à craindre qu'elles n'en repoussent certains. À mon avis, Dewey était un peu trop exposé.

Mais seulement à Spencer. Le reste du monde en voulait toujours plus. Outre mon rôle dans plusieurs commissions d'État, j'étais l'un des six instructeurs de formation continue du réseau de bibliothèques de l'Iowa. J'enseignais par le biais de l'Iowa Communication Network (ICN), un système de visioconférence qui reliait les bibliothèques, les dépôts militaires, les hôpitaux et les écoles de l'État. Chaque fois que je prenais place dans notre salle d'ICN pour faire mon cours, la première question était toujours : « Où est Dewey ? »

« Oui, renchérissait une autre bibliothécaire, on peut le voir ? »

Heureusement, Dewey assistait à toutes les réunions dans la salle d'ICN. Il préférait les réunions avec des personnes en chair et en os, mais les visioconférences lui convenaient aussi. Je le plaçais sur la table et pressais un bouton, pour qu'il apparaisse sur les écrans de tout l'État. L'exclamation qui s'ensuivait était sûrement audible jusqu'au Nebraska.

« Qu'il est mignon !

– Pensez-vous que ma bibliothèque devrait avoir un chat ?

– Seulement si c'est le bon chat. » C'est ce que je leur répondais toujours. « N'importe quel chat ne fait pas l'affaire. Il doit être particulier.

– Particulier ?

– Calme, patient, digne, intelligent, et surtout ouvert. Un chat de bibliothèque doit aimer les gens. C'est un plus s'il est superbe et arrive dans des circonstances inoubliables. » Je ne mentionnais pas qu'il devait aimer, de toutes ses forces et de tout son cœur, son métier de chat de bibliothèque.

« Bon, concluais-je. Assez plaisanté. Attaquons la censure et le développement des collections.

– Une minute. S'il vous plaît. Je veux que mon équipe fasse la connaissance de Dewey. »

Je regardais mon gros compagnon roux, étalé à son endroit préféré sur la table. « Ça te plaît, pas vrai ? »

Il m'envoyait un coup d'œil innocent. *Qui, moi ? Je ne fais que mon boulot.*

Les bibliothécaires n'étaient pas les seuls à aimer Dewey. Un matin, je travaillais dans mon bureau quand

Kay m'appela à l'accueil. Une charmante famille, deux jeunes parents et leurs deux enfants, m'y attendait.

« Cette gentille famille, m'expliqua Kay en cachant à grand-peine son étonnement, vient de Rhode Island. Ils veulent voir Dewey. »

Le père me tendit la main. « Nous étions à Minneapolis et nous avons loué une voiture pour venir jusqu'ici. Les enfants adorent Dewey. »

Cet homme était-il fou ? Minneapolis était à quatre heures et demie de route. « C'est merveilleux, répondis-je en leur serrant la main. Comment avez-vous entendu parler de Dewey ?

– Nous avons lu un article sur lui dans le magazine *Cats*. Nous adorons les chats. »

Évidemment.

« D'accord, répondis-je, car rien d'autre ne me venait à l'esprit. Allons le chercher. »

Dieu merci, Dewey était toujours aussi désireux de plaire. Il joua avec les enfants et se laissa photographier. Je montrai à la fillette le port Dewey et elle se promena dans toute la bibliothèque, le chat jeté sur son épaule gauche (toujours la gauche). Je ne sais pas si cela valait neuf heures de route, mais la famille partit tout heureuse.

« C'était curieux, m'avoua Kay quand ils furent partis.

– Tu peux le dire. Je parie que cela ne se reproduira pas. »

Cela se reproduisit. Encore. Et encore. Et encore. Ils venaient de l'Utah, de l'État de Washington, du Mississippi, de la Californie, du Maine, bref des quatre coins du pays. Des couples âgés, des couples jeunes, des familles. Beaucoup voyageaient à travers les

États-Unis et déviaient sur cent, deux cents kilomètres pour passer une journée à Spencer. Je me rappelle de nombreux visages, mais les seuls noms dont je me souvienne sont ceux de Harry et Rita Fein de New York, car après avoir vu Dewey ils envoyèrent un cadeau d'anniversaire et un cadeau de Noël, 25 dollars chaque fois, pour acheter des provisions. J'aimerais avoir pensé à écrire des renseignements sur chacun d'entre eux, mais, au départ, il semblait si improbable que d'autres personnes viendraient. Pour quoi faire ? Quand nous nous rendîmes compte du pouvoir de séduction de Dewey, les visiteurs étaient devenus si courants que noter leur passage m'aurait semblé incongru.

Comment ces gens découvraient-ils l'existence de notre chat ? Je n'en ai pas la moindre idée. La bibliothèque n'avait pas cherché à faire de la publicité autour de Dewey. Nous n'avions jamais contacté un seul journal, à l'exception du *Spencer Daily Reporter*. Nous n'avions jamais requis les services d'un agent ou d'un professionnel du marketing. Après Shopko, Dewey ne fut plus jamais inscrit à aucun concours. Nous faisions office de secrétaires pour Dewey, rien de plus. Le téléphone sonnait, et c'était un magazine, une chaîne de télévision, une station de radio qui demandait un entretien. Ou bien nous ouvrions le courrier et trouvions un article sur Dewey d'un magazine dont nous n'avions jamais entendu parler, ou d'un journal publié à l'autre bout du pays. Une semaine plus tard, une nouvelle famille apparaissait à la bibliothèque.

Qu'espéraient trouver tous ces pèlerins ? Un chat merveilleux, naturellement, mais les refuges de toute l'Amérique regorgent de chats merveilleux. Pourquoi faire tout ce chemin ? Était-ce l'amour, la paix, le confort, l'acceptation de soi, un rappel des joies simples de la vie ? Voulaient-ils juste passer un peu de temps avec une vedette ?

Peut-être espéraient-ils trouver un chat, une bibliothèque, une expérience qui soit authentique ; qui n'appartienne pas au passé ou seulement à l'instant présent, qui soit différent de leurs vies tout en étant un peu familier ? Est-ce le sens de l'Iowa ? Peut-être le Heartland est-il davantage que le centre du pays, peut-être en est-il aussi le cœur.

Quoi qu'ils veuillent, Dewey le leur donnait. Les articles des magazines et les bulletins d'informations touchaient les gens. Nous recevions sans arrêt des lettres qui commençaient ainsi : *« Je n'ai jamais écrit à quelqu'un que je ne connais pas, mais j'ai entendu l'histoire de Dewey et...* » Tous ceux qui venaient le voir étaient sous le charme. Je le sais non seulement parce qu'ils me le disaient, ou que je le voyais dans leurs yeux et dans leurs sourires, mais aussi parce qu'en rentrant chez eux ils en parlaient. Ils montraient les photos. Au début, ils envoyaient des courriers à leurs amis et à leurs proches. Ensuite, progrès technologique oblige, ils envoyèrent des mails. L'apparence de Dewey, sa personnalité, son histoire, tout prit de l'ampleur. Il reçut des lettres de Taiwan, de Hollande, d'Afrique du Sud, de Norvège, d'Australie. Il entretenait des correspondances régulières avec des amis d'une demi-douzaine de pays. Un murmure avait pris naissance dans une petite ville du nord-ouest de l'Iowa et, d'une manière ou d'une autre, le réseau humain lui faisait faire le tour du monde.

Chaque fois que je songe à la célébrité de Dewey, je pense à Jack Manders. Jack est aujourd'hui à la retraite et vit dans le Michigan, mais à l'arrivée de Dewey il était enseignant au collège et président du conseil d'administration de notre bibliothèque. Quelques années plus tard, quand sa fille fut acceptée dans une université de la côte Est, Jack fut invité à une réception donnée en l'honneur des parents des nouveaux élèves à New York. Dans un lieu branché nocturne, un Martini à la main, il engagea la conversation avec un couple de l'État de New York. Ils lui demandèrent d'où il venait.

« D'une petite ville de l'Iowa dont vous n'avez jamais entendu parler.

– Oh. Est-ce près de Spencer ?

– En fait, répondit-il, surpris, c'est de là que je viens. »

Le couple dressa l'oreille. « Allez-vous à la bibliothèque ?

– Tout le temps. Je fais partie du conseil d'administration. »

La femme si charmante et élégante se tourna vers son mari et, dans un rire presque enfantin, s'exclama : « C'est le papa de Dewey ! »

Le même genre de chose arriva à un autre membre du conseil, Mike Baehr, lors d'une croisière dans le Pacifique Sud. Pendant la réception de bienvenue, Mike et sa femme se rendirent compte que parmi les autres passagers beaucoup n'avaient jamais entendu parler de l'Iowa. C'est aussi à ce moment-là qu'ils apprirent qu'il existait une hiérarchie dans le petit monde des croisières, basée sur le nombre de voyages que vous aviez déjà effectués. Comme c'était leur première croisière, ils se trouvaient tout en bas de l'échelle. Une femme les aborda : « On me dit que vous venez de l'Iowa. Connaissez-vous Dewey, le chat de bibliothèque ? » Idéal pour briser la glace ! Mike et Peg intégrèrent aussitôt la liste des privilégiés et Dewey devint le sujet de conversation numéro un.

Cela ne veut pas dire que tout le monde connaissait Dewey. Quel que fût son degré de célébrité, il y eut toujours des gens pour ignorer totalement que la bibliothèque de Spencer possédait un chat. Un jour, une famille vint du Nebraska pour le voir. Ils apportèrent des cadeaux, jouèrent avec lui pendant deux heures, prirent des photos, parlèrent avec le personnel. Dix minutes après leur départ, quelqu'un, visiblement inquiet, vint prévenir l'employée de l'accueil en chuchotant : « Je ne veux pas vous alarmer, mais je viens de voir un chat dans le bâtiment.

– Oui, il vit ici. C'est le chat de bibliothèque le plus célèbre du monde.

– Ah, répondit cette personne avec un sourire. Alors vous êtes au courant. »

Les visiteurs qui me touchèrent vraiment, ceux dont je me souviens avec netteté, ce sont ces jeunes parents venus du Texas avec leur fillette de six ans. À peine étaient-ils entrés dans la bibliothèque qu'il apparut clairement que ce voyage avait lieu spécialement pour elle. Était-elle malade ? Avait-elle subi un traumatisme ? Je l'ignore, mais j'eus l'impression que ses parents lui avaient proposé de réaliser un rêve, et que c'était ça : la fillette voulait rencontrer Dewey. Et elle avait apporté un cadeau.

« C'est un jouet en forme de souris », me confia son père. Malgré son sourire, il semblait très inquiet. Ce n'était pas une visite impromptue ordinaire.

Alors que je lui rendais son sourire, une seule pensée m'occupait l'esprit : « Pourvu que cette souris soit remplie d'herbe à chats. » Dewey traversait régulièrement des périodes où il refusait de s'intéresser à des jouets qui ne contenaient pas d'herbe à chats. Hélas, nous étions précisément dans l'une de ces phases.

Je me contentai de dire : « Je vais chercher Dewey. »

Il dormait dans son nouveau lit bordé de fourrure, placé devant la porte de mon bureau en face d'un radiateur. En le réveillant, je tentai un peu de télépathie : « Je t'en prie, Dewey. C'est important, cette fois. » Il était si fatigué qu'il ouvrit à peine les yeux.

Comme beaucoup d'enfants, la petite fille hésita au début. Sa mère commença à caresser Dewey, qui resta aussi inerte qu'un sac de patates. La petite tendit la main pour le caresser et Dewey se réveilla suffisamment pour répondre à sa caresse. Le père prit sa fille et Dewey sur ses genoux. Le chat se blottit immédiatement contre elle.

Ils restèrent ainsi pendant une minute ou deux, jusqu'à ce que la fillette lui montre le cadeau qu'elle avait apporté, soigneusement emballé, avec un ruban et un joli nœud. Dewey dressa l'oreille, mais je voyais bien qu'il était encore fatigué. Il aurait préféré dormir sur les genoux de l'enfant toute la matinée. « Allez, Dewey, pensai-je. Secoue-toi ! » La fillette déballa le cadeau et une souris ordinaire apparut, sans la moindre trace d'herbe à chats. Je sentis un pincement au cœur. Cela allait être une catastrophe.

L'enfant agita la souris devant les yeux endormis de Dewey pour attirer son attention. Puis elle la lança doucement. À peine le jouet eut-il touché le sol que Dewey bondit. Il le chassa, l'envoya valser dans les airs, le tapa avec ses pattes. La petite fille gloussait de joie. Par la suite, Dewey ne devait plus jamais jouer avec cette souris, mais tant que la fillette fut là, il ne la lâcha pas. Il donna à cette souris toute l'énergie qu'il avait. Et la fillette rayonnait. Tout bonnement. Elle avait parcouru cent kilomètres pour voir un chat, et elle n'était pas déçue. Pourquoi m'étais-je fait du souci ? Dewey était toujours à la hauteur.

DESCRIPTION DU POSTE DE DEWEY

Pour répondre à la question :
« Mais quel est le métier de Dewey ? »

Maintes fois posée par ceux qui découvraient que Dewey bénéficiait d'une réduction de 15 % au cabinet du Dr Esterly en tant qu'employé de la bibliothèque.

1. Réduire le niveau de stress de tous les humains qui s'occupent de lui.

2. S'asseoir à la porte d'entrée tous les matins à 9 h 00 pour saluer les visiteurs de la bibliothèque.

3. Tester la sécurité et le niveau de confort de toutes les boîtes qui entrent dans la bibliothèque.

4. Assister à toutes les réunions de la salle ronde en tant que représentant officiel de la bibliothèque.

5. Faire le pitre pour le personnel et les lecteurs.

6. Grimper dans les sacs et les serviettes pendant que les lecteurs travaillent ou essaient d'y prendre leurs papiers.

7. Fournir une publicité gratuite, nationale et internationale, à la bibliothèque municipale de Spencer (implique de poser pour les photos, de sourire devant la caméra et être mignon d'une manière générale).

8. S'essayer à battre le record du chat le plus difficile du monde en refusant toute nourriture qui ne soit pas la plus chère et la plus délicate.

21

Un chat si différent

Je me souviendrai toujours de notre ancien gérant municipal. Chaque fois qu'il me voyait, il me demandait en souriant : « Alors, les filles, toujours gaga de ce chat de bibliothèque ? » Il essayait sans doute d'être drôle, mais je ne pouvais m'empêcher de me sentir blessée. « Les filles ! » Si l'expression est affectueuse dans certaines circonstances, j'avais l'impression qu'il me remettait à ma place, qu'il parlait au nom des nombreux édiles incapables de comprendre qu'on puisse faire tout un foin de trucs comme des livres, des bibliothèques ou des chats. Tout ça, c'était des trucs de *filles*.

La ville avait-elle encore besoin d'un chat ? Nous étions au XXIe siècle, après tout, et Spencer était florissante. À la fin des années 1990, le YMCA [1] avait subi une rénovation qui avait coûté 2 millions de dollars.

1. Young Men's Christian Association : association de jeunes gens œuvrant à la promotion du développement physique et spirituel.

L'hôpital régional de Spencer avait été agrandi deux fois. Grâce à 170 000 dollars de dons et 250 volontaires, le nouveau terrain de jeu aux dimensions modestes prévu pour East Lynch Park s'était finalement transformé en base de loisirs géante de 2 800 m^2 appelé Le Miracle de la Quatrième Rue Sud. Pourquoi ne pas franchir un nouveau pas et ouvrir… un casino ?

Lorsque l'Iowa délivra quelques licences à des casinos en 2003, certains conseillers municipaux flairèrent l'occasion de faire de Spencer la plus grosse petite ville d'Amérique. Ils sollicitèrent des promoteurs, choisirent même un lieu à la lisière sud-ouest de la ville et dessinèrent des plans. Mais pour nombre d'entre nous, le casino de 2003, c'était l'abattoir de 1993 : l'occasion de dynamiser l'économie, certes, mais au prix fort. Bien sûr, le casino générerait de bons emplois et, selon les estimations, plus d'un million de dollars de contributions à des œuvres de charité chaque année, mais serions-nous jamais la même ville qu'avant ? Allions-nous perdre notre identité et devenir, à nos propres yeux et aux yeux de tous ceux qui nous entouraient, la *ville-casino* ? La polémique connut des hauts et des bas, mais au final le casino eut le même destin que l'usine de Montfort : la ville vota contre. La licence fut accordée au comté de Palo Alto, à l'est, et le casino construit à Emmetsburg, à seulement vingt kilomètres de chez nous.

En votant contre le casino, peut-être avons-nous une fois de plus tourné le dos à notre avenir. Peut-être reniions-nous nos principes de ville progressiste, ou faisions-nous preuve de naïveté. Mais à Spencer, nous pensons qu'il faut construire sur nos atouts.

Nous avons la foire du comté de Clay, l'une des meilleures des États-Unis, de tradition presque centenaire. Le comté de Clay compte moins de 20 000 habitants, mais la foire attire plus de 300 000 personnes pour neuf jours de promenades, de compétitions, de nourriture et de jeux. Nous avons une piste grandeur nature pour les courses et le tractor-pulling [1], une autre pour les chevaux, et de longs hangars métalliques pour toutes sortes d'animaux, des poules aux lamas. Des charrettes à foin font la navette du parking (une prairie) à l'entrée. Nous avons même installé un système de téléphérique pour transporter les gens d'un bout de la foire à l'autre. Toute l'année, un panneau installé à une dizaine de kilomètres au sud de Spencer, sur la route principale (la seule si vous conduisez pendant plus de quelques kilomètres), indique le compte à rebours des semaines avant la foire. Il est peint sur un bâtiment en briques de la plus haute colline de la région.

Nous avons Grand Avenue, trésor historique reconstruit en 1931 et rénové en 1987. À la fin des années 1990, notre urbaniste, Kirby Schmidt, fit pendant deux ans des recherches sur cette artère du centre-ville. Pendant la crise des années 1980, il avait été à deux doigts de quitter Spencer. Son frère était parti pour la côte Est, sa sœur pour la côte Ouest. Un jour, Kirby s'assit à la table de la cuisine avec sa toute jeune famille, et ils décidèrent ensemble de s'accrocher. Le vent finit par tourner et Kirby devint employé municipal. Quelques années plus tard, je lui donnai la clé de la bibliothèque pour qu'il vienne tous les jours

1. Le tractor-pulling est un sport où des tracteurs doivent traîner le plus loin possible des remorques lourdement chargées.

dès six heures du matin faire des recherches sur des microfilms, de vieux journaux et des articles du coin. Dewey dormait pendant la plus grande partie de ces visites matinales ; le matin, il n'avait d'yeux que pour moi.

En 1999, la portion de Grand Avenue située entre Third Street et Eighth Street fut classée au Registre national des sites historiques. Elle fut citée comme illustration remarquable du style Prairie déco, et l'un des rares exemples de l'architecture urbaine ayant survécu à la planification de l'époque de la Dépression. En général il fallait deux ou trois tentatives pour accéder à ce statut, mais, grâce à Kirby Schmidt, Grand Avenue fut acceptée à l'unanimité dès sa première candidature. Vers la même époque, la sœur de Kirby et sa famille revinrent de Seattle se réinstaller à Spencer. Elle voulait élever ses enfants à l'ancienne : à la manière de l'Iowa.

Voilà un autre des atouts uniques et si précieux de Spencer : ses habitants. Nous sommes de bonnes gens du Midwest, solides et travailleurs. Nous sommes fiers, mais modestes. Nous ne nous vantons pas. Nous pensons que notre valeur se mesure à l'aune du respect que nous témoignent nos voisins, et nous ne voudrions être nulle part ailleurs qu'à côté d'eux, justement, ici, à Spencer, Iowa. Nous sommes liés non seulement à cette terre, que nos familles ont travaillée pendant des générations, mais les uns aux autres. Et l'un des fils de cette trame, dont la brillance apparaît à une centaine d'endroits de cette grande tapisserie que nous formons, c'est Dewey.

Dans notre société, les gens pensent qu'il faut « faire » quelque chose pour être reconnu, ce qui signifie accomplir quelque chose ouvertement, et de préférence devant une caméra. Nous attendons d'une ville connue qu'elle survive à un tsunami et à un incendie, qu'elle produise un président ou dissimule quelque crime atroce. Un chat célèbre doit sauver un enfant d'un immeuble en feu, retrouver le chemin de la maison après avoir été abandonné à l'autre bout du pays, ou miauler l'hymne national. Et ce chat ne doit pas seulement être héroïque et bourré de talents, il doit aussi s'y connaître en médias, être séduisant et avoir un bon agent, ou il risque de ne jamais finir au *Today Show*.

Dewey n'était pas comme ça. Il ne faisait rien de spectaculaire. Personne n'était là pour le pousser vers le succès. Nous ne voulions pas qu'il soit autre chose que l'adorable chat de la bibliothèque de Spencer, Iowa. Et lui non plus ne désirait rien d'autre. Il ne s'était échappé qu'une fois, avait parcouru la distance de deux pâtés de maisons, et même ça, c'était trop loin.

Dewey n'était pas spécial parce qu'il *faisait* quelque chose d'extraordinaire, mais parce qu'il *était* extraordinaire. Il était de ces gens apparemment normaux qui, une fois que vous les connaissez, se distinguent de tous les autres. Ce sont ceux qui ne manquent jamais un jour de travail, qui ne se plaignent pas, qui ne demandent jamais plus que leur part. Ce sont ces bibliothécaires, vendeurs de voitures, serveuses, si rares, qui fournissent un service excellent par principe, et vont encore plus loin car ils sont passionnés par leur travail. Ils savent ce pour quoi ils sont faits dans la vie, et ils le font exceptionnellement bien. Certains obtiennent des récompenses ; d'autres gagnent beaucoup d'argent la plupart passent inaperçus. Ils sont vendeurs, employés de banque, mécaniciens, mères de famille. Le monde a tendance à reconnaître les gens uniques qui se font entendre, les riches et ceux qui servent leur propre cause, pas ceux qui font des choses ordinaires extraordinairement bien. Dewey avait des origines modestes (une ruelle de l'Iowa), il avait survécu à une tragédie (une boîte à livres glacée) et il avait trouvé sa place (la bibliothèque d'une petite ville). C'est peut-être ça, la réponse : il avait trouvé sa place. Sa passion, son but était de faire de cet endroit, aussi modeste et isolé qu'il soit, un lieu meilleur pour tout le monde.

Il n'est absolument pas dans mon intention de dénigrer un chat qui tombe du camping-car familial et passe cinq mois à se traîner d'abord dans les congères puis dans une chaleur d'enfer. Ce chat est une source d'inspiration : n'abandonnez jamais, souvenez-vous toujours de l'importance du foyer. À sa façon tranquille, Dewey lui aussi donnait cette leçon. Il n'abandonna jamais au cours de sa longue nuit dans la boîte à livres, et il était entièrement dévoué à la bibliothèque qui était devenue son foyer. Dewey n'accomplit jamais aucun acte héroïque, mais c'était un héros du quotidien. Il passa sa vie à changer celle des gens d'ici, à Spencer, Iowa, une paire de genoux après l'autre.

Vous avez sûrement déjà remarqué les fils qui pendent des nouveaux épis de maïs. Ce sont des soies. Chacune est reliée à un endroit particulier de l'épi, qui ne devient un grain de maïs que si la soie est fertilisée par du pollen. L'épi se fabrique grain par grain, un à la fois. Chaque soie doit être fertilisée pour qu'il y ait un épi de maïs entier. C'est comme cela que faisait Dewey. Il gagnait les cœurs jour après jour, un être à la fois. Il ne laissait jamais personne de côté et n'estimait jamais que quelqu'un lui était acquis pour de bon. Si vous étiez réceptif, il était là pour vous. Si vous ne l'étiez pas, il s'employait à vous conquérir. Vous connaissez sûrement Wilbur, le cochon du *Petit Monde de Charlotte*. Dewey avait le même genre de personnalité : il était enthousiaste, honnête, charmant, rayonnant, modeste (pour un chat), et, par-dessus tout, il était l'ami de tout le monde. Et ce n'était pas juste une question de beauté. Ce n'était pas juste une superbe histoire. Dewey avait du charisme, à la façon d'Elvis ou de tous ces gens qui vivront dans nos esprits pour l'éternité. Il y a des dizaines de chats de bibliothèque aux États-Unis, mais aucun n'a fait ce que Dewey a réussi à faire. Ce n'était pas un chat ordinaire, à qui l'on fait l'aumône d'une caresse et d'un sourire. Tous les habitués de la bibliothèque, *chacun d'entre eux*, avaient le sentiment d'entretenir une relation unique avec Dewey. Il arrivait à donner à tout le monde l'impression d'être quelqu'un de différent.

Sharon emmenait souvent sa fille trisomique Emmy voir Dewey, surtout le dimanche quand c'était son tour de le nourrir. Tous les samedis soir, Emmy lui demandait : « Demain c'est le jour de Dewey ? » La première chose qu'Emmy faisait ces dimanches-là était de chercher Dewey. Lorsqu'il était plus jeune, il attendait près de la porte, mais plus tard, elle le trouvait fréquemment étendu au soleil près d'une fenêtre. Elle le prenait et l'amenait à sa maman, pour qu'elles puissent le caresser ensemble. « Salut, Dewey. Je t'aime », disait Emmy avec la voix douce et gentille que prenait sa mère pour s'adresser à elle. Pour Emmy, c'était la voix de l'amour. Sharon avait toujours peur qu'Emmy ne le caresse trop fort, mais Emmy et Dewey étaient amis, et elle le comprenait aussi bien que n'importe lequel d'entre nous. Elle faisait toujours preuve d'une douceur merveilleuse.

Yvonne Berry, une célibataire proche de la quarantaine, venait à la bibliothèque trois ou quatre fois par semaine. Immanquablement, Dewey recherchait son contact et passait un quart d'heure sur ses genoux. Puis il essayait de la convaincre d'ouvrir la porte des toilettes pour qu'il puisse jouer avec l'eau. C'était leur rituel. Le jour où Yvonne dut faire piquer son propre chat, Dewey resta assis à ses côtés pendant plus de deux heures. Il ne savait pas ce qui s'était passé, mais il comprenait que quelque chose n'allait pas. Des années plus tard, quand elle me raconta cette histoire, il était visible que c'était encore important pour elle.

Nous allions changer de siècle et Dewey s'adoucissait. Il passait plus de temps dans son panier et avait troqué les jeux vigoureux contre de tranquilles balades en chariot avec Joy. Au lieu de bondir sur le chariot à livres, il miaulait pour qu'elle le fasse monter, afin de se pavaner à l'avant tel un capitaine sur son bateau. Il avait arrêté de sauter jusqu'aux lampes du plafond, plus par lassitude, d'après moi, que par incapacité physique. Il ne supportait pas qu'on le manipule sans douceur, mais il adorait les contacts légers, comme celui du sans-abri qui devint l'un de ses meilleurs amis. Il est difficile d'être invisible dans une ville comme Spencer, mais cet homme ne fut pas loin d'y parvenir. Il se présentait simplement à la bibliothèque tous les jours, ni rasé, ni peigné, ni lavé. Il ne parlait jamais, ne regardait jamais personne. Il n'était là que pour Dewey. Il le posait sur son épaule et Dewey restait allongé là, à ronronner pendant vingt minutes, tandis que l'homme se soulageait de ses secrets.

Quand Dewey cessa d'arpenter le haut des étagères murales, Kay prit son vieux panier à chat et l'installa tout en haut des étagères de son bureau. Dewey se blottissait dans ce panier et la regardait travailler. Kay était à l'écoute de ses besoins : elle renouvelait sa nourriture, défaisait les nœuds de ses poils, lui donnait de la vaseline contre les boules de poils, m'aidait à le laver. Elle n'était pas aussi patiente ou douce que moi, mais même ses manipulations les plus rudes finissaient par un moment de tendresse et une douce caresse sur la tête. Un jour, peu de temps après que Kay avait changé son panier de place, Dewey sauta dedans et l'étagère s'écroula. Le chat s'envola, battant l'air de ses pattes. Carnets et trombones tombèrent de l'autre côté. Avant même que le dernier trombone ait touché le sol, Dewey était déjà revenu constater les dégâts.

« Tu n'as pas peur de grand-chose dans cette bibliothèque, pas vrai ? » plaisanta Kay, un sourire au coin des lèvres qui, de toute évidence, lui allait droit au cœur.

Si, de la brosse et du bain, aurait dit Dewey s'il avait été honnête. En vieillissant, Dewey détestait de plus en plus qu'on le brosse.

Il n'était pas non plus très patient avec les tout petits enfants, qui avaient tendance à le pousser et à le tirer dans tous les sens. Il se raidissait et ne tolérait plus les pichenettes et les pinçons. Il ne s'en prenait jamais aux enfants, il les fuyait rarement, mais il commença simplement à filer en douce et à se cacher quand certains petits le cherchaient, évitant une situation problématique avant qu'elle ne se déclenche.

Avec les bébés, c'était différent. Un jour, je vis Dewey s'affaler à quelques centimètres d'une fillette en poussette. Pendant toutes ces années, je n'avais jamais vu Dewey établir de contact avec des bébés, j'étais donc un peu sur mes gardes. Les bébés sont fragiles, mais les jeunes mamans le sont encore davantage. Dewey resta assis là, l'air ennuyé, regardant au loin comme pour dire *Je ne faisais que passer par là.* Puis, quand il estima que je ne le regardais plus, il se rapprocha de quelques centimètres en se tortillant. *Je m'installe plus confortablement, c'est tout*, disait-il avec son corps, *il ne se passe rien.* Une minute plus tard, il recommença. Et encore. Lentement, centimètre par centimètre, il se rapprocha jusqu'à finir collé à la poussette. Il se hissa jusqu'au bord, comme pour vérifier que l'enfant était à l'intérieur, puis s'installa, la tête sur les pattes. Le bébé tendit la main et attrapa son oreille. Dewey avança la tête pour qu'il puisse mieux s'y accrocher. La petite se mit à rire, en battant des pieds et en serrant plus fort son oreille. Dewey resta tranquillement assis, l'air satisfait.

En 2002, nous engageâmes une nouvelle assistante bibliothécaire pour la section enfants, Donna Stanford. Ancienne recruteuse de l'association humanitaire Peace Corps, Donna, après avoir voyagé dans le monde entier, était revenue s'installer dans le nord-ouest de l'Iowa pour s'occuper de sa mère atteinte de la maladie d'Alzheimer. C'était une femme tranquille et consciencieuse, raison pour laquelle Dewey passait plusieurs heures chaque jour en sa compagnie dans la section enfants ; du moins c'est ce que j'imaginais. Il me fallut longtemps pour comprendre que Donna ne connaissait personne en ville, à part sa mère, et que même un endroit comme Spencer – ou peut-être justement un lieu aussi uni que Spencer – pouvait sembler froid et intimidant à une étrangère. Le seul habitant à toucher Donna était Dewey, lui qui se perchait sur son épaule pendant qu'elle se déplaçait dans le fauteuil à roulettes de son bureau pour ranger les livres. Lorsque cela ne l'amusait plus, il descendait sur ses genoux pour qu'elle le caresse. Parfois, elle lui lisait des livres pour enfants. Je les surpris un jour, Dewey les yeux fermés et Donna plongée dans ses pensées. Elle se troubla.

« Ne t'inquiète pas, la rassurai-je. T'occuper du chat fait partie de ton travail. »

Et puis il y eut Scott, le petit ami de Jodi. Ce pauvre Scott fut précipité dans la fosse aux lions dès son premier passage à Spencer : c'était pour le cinquantième anniversaire de mariage de mes parents. Et il ne s'agissait pas juste d'une réunion de famille. La fête se déroulait au Spencer Convention Center, qui pouvait accueillir quatre cent cinquante personnes. Eh bien, ce ne fut pas suffisant pour contenir tout le monde. Quand les enfants Jipson montèrent sur scène pour interpréter « You are my sunshine » avec des paroles qui parlaient de notre famille et le « Look at us » de Vince Gill, accompagnés par le gazouillis trop grave et faux de mon frère Doug, plus de cent personnes faisaient encore la queue dehors pour féliciter maman et papa. Après tout, toute leur vie ils avaient traité le monde entier comme leur propre famille.

Ma relation avec Jodi s'améliora de façon spectaculaire dès son départ de la maison. Nous réalisâmes que nous étions de grandes amies, et des colocataires incroyables. Mais si le présent nous faisait rire, nous ne parlions pas du passé. Peut-être les mères et les filles ne le font-elles jamais. Ce qui ne signifiait pas que je n'essayais pas.

« Je sais que nous avons eu des moments difficiles, Jodi…

– De quoi tu parles, maman ? »

Par où commencer ? Ma santé. Mes absences. Son bazar. Brandi. « À Mankato, tu te souviens ? Nous passions devant un magasin et tu m'as dit : "Cette chemise me plaît vraiment beaucoup, maman, mais je sais que nous n'avons pas de sous, alors tant pis." Tu n'en avais pas juste envie, tu en avais besoin, mais tu ne voulais pas que je sois mal à l'aise. » Je soupirai. « Tu n'avais que cinq ans.

– Écoute, maman, c'est la vie. »

À cet instant, je compris qu'elle avait raison. Le bon, le mauvais, tout ça c'est la vie. Laissons-les passer. Pleurer sur le passé ne sert à rien. La question est : avec qui allez-vous partager votre lendemain ?

Ce soir-là, après la fête, Jodi et moi emmenâmes Scott à la bibliothèque pour qu'il rencontre Dewey. C'est là que je sus que leur relation était sérieuse ; Jodi n'avait encore jamais présenté Dewey à aucun de ses petits amis, et aucun d'entre eux, pour autant que je sache, n'avait manifesté le désir de le rencontrer. Naturellement, Dewey fut fou de joie en voyant Jodi. Elle était son amour éternel. Scott leur laissa un peu de temps avant de prendre gentiment Dewey dans ses bras et de le caresser. Pas sur le ventre, ce que Dewey détestait, mais sur le dos. Il le promena dans la bibliothèque déserte en utilisant le port Dewey. Il prit une photo pour sa mère. Il connaissait l'histoire de Dewey, c'était un grand fan. Les voir ensemble me fit chaud au cœur.

Scott était si aimant et si tendre. Et comment ne pas me laisser attendrir par un garçon assez attentionné pour prendre une photo pour sa maman ?

Le fait d'emmener le petit ami d'une jeune femme à la bibliothèque pour qu'il y rencontre le chat de sa mère ne me sembla à aucun moment une démarche bizarre. Dewey faisait partie de la famille ; son opinion comptait. Comment envisager sérieusement d'entrer dans la famille sans le connaître ? Et je faisais confiance à Dewey pour flairer les problèmes : il était ma sentinelle, toujours à protéger ceux qu'il aimait. Voir Scott avec Dewey, et Dewey avec Scott, me révéla tout ce que j'avais besoin de savoir.

Il ne me vint pas à l'esprit non plus, à ce moment-là, de considérer Dewey comme le chat de la bibliothèque. Dewey était mon chat. C'était à moi qu'il était venu demander de l'amour. C'était moi qui le réconfortais. Et moi aussi, je lui demandais de l'amour et du réconfort. Il ne remplaçait ni un mari, ni un enfant. Je n'étais pas esseulée : j'avais plein d'amis. Je n'étais pas frustrée : j'aimais mon travail. Je n'étais pas à la recherche de quelqu'un de spécial. Je ne le voyais même pas tous les jours, puisque nous ne vivions pas sous le même toit. Nous pouvions passer des journées entières à la bibliothèque sans presque nous croiser. Mais même sans le voir, je savais qu'il était là. Nous avions choisi de partager nos vies, pas juste pour demain, mais pour toujours.

Dewey avait plus d'importance pour moi que tout autre animal que j'ai jamais connu. Il signifiait davantage que ce que j'aurais cru possible pour une bête. Cela ne changeait pourtant en rien une vérité fondamentale : si c'était mon chat, sa place était à la bibliothèque, au milieu des gens. Dewey était heureux chez moi un jour ou deux, mais dès que nous retournions dans la voiture direction le centre-ville, il posait ses pattes avant sur le tableau de bord et regardait dehors, tout excité. J'étais obligée de prendre mes virages lentement, pour qu'il ne glisse pas. Lorsqu'il sentait le Sister's Café, Dewey savait qu'il ne restait plus que quelques rues à parcourir avant d'arriver. C'est là que l'excitation le gagnait vraiment. Il prenait appui sur l'accoudoir et posait ses pattes sur la fenêtre, priant presque pour que la porte s'ouvre. *On est arrivés ! On est arrivés !* La tête tournée par-dessus son épaule, il semblait vouloir me le hurler quand nous remontions l'allée. Dès que la portière s'ouvrait, il sautait dans mes bras et je lui faisais franchir le seuil. Et là… la béatitude.

Dewey n'aimait rien tant que d'être chez lui.

22

Dewey au Japon

Le mail arriva du Japon début 2003. En fait, il venait de la ville de Washington, *de la part* d'un habitant de Tokyo. Tomoko Kawasumi représentait la télévision publique japonaise, qui voulait filmer Dewey. La chaîne réalisait un documentaire pour introduire un nouveau format haute définition et désirait toucher un public aussi vaste que possible. D'abord envisagé comme un reportage sur les animaux en général, il ne concernerait finalement que les chats. La chaîne avait découvert Dewey grâce à un article dans le magazine japonais *Nekobiyori*. Serions-nous d'accord pour qu'une équipe vienne filmer à Spencer pendant une journée ?

C'est drôle, nous ne nous étions pas doutés une seule seconde que Dewey avait pu paraître dans une revue japonaise.

Quelques mois plus tard, en mai, six Tokyoïtes arrivèrent à la bibliothèque municipale de Spencer. Ils avaient atterri à Des Moines, loué une camionnette et roulé jusqu'à Spencer. L'Iowa est magnifique au mois de mai. Le maïs est juste sous la hauteur des yeux, entre un mètre et un mètre vingt, ce qui permet de voir les champs s'étendre dans le lointain. Évidemment, sur les deux cents kilomètres qui nous séparent de Des Moines, c'est à peu près la seule chose qu'il y ait à voir. Que pouvaient avoir six Japonais dans la tête après trois heures et demie à regarder du maïs de l'Iowa ? Il nous faudrait le leur demander, car c'étaient certainement les seuls Tokyoïtes à avoir jamais fait ce trajet.

L'équipe ne disposait que d'une journée pour le tournage, elle me pria donc d'arriver à la bibliothèque avant sept heures. C'était une matinée triste et pluvieuse. L'interprète, la seule femme du groupe, me demanda d'ouvrir les premières portes pour pouvoir installer les caméras dans le hall. Pendant qu'ils transportaient leur équipement, Dewey fit son apparition. Il était à moitié endormi et étirait ses pattes arrière en marchant comme le font souvent les chats quand ils viennent de se réveiller. Lorsqu'il me vit, il se mit à trottiner et me fit un signe de la patte. *Oh, c'est toi. Que fais-tu ici si tôt ? Je ne t'attendais pas avant vingt minutes.* Ce chat était réglé comme une horloge.

Une fois les caméras installées, l'interprète me dit : « Nous aimerions qu'il vous refasse un signe. »

Oh mince. J'essayai d'expliquer, du mieux que je pus, que Dewey ne le faisait qu'une seule fois, quand il me voyait arriver le matin. Mais le réalisateur, M. Hoshi, ne l'entendait pas de cette oreille. Il avait l'habitude non seulement de donner des ordres, mais d'être obéi. Pas de doute, c'était lui qui commandait. Et là, tout de suite, il voulait que le chat fasse un signe.

Je retournai à ma voiture et revins à la bibliothèque comme si je n'étais pas déjà venue ce matin-là. Dewey me regarda sans bouger.

Quoi ? Tu étais là il y a cinq minutes.

J'entrai dans la bibliothèque, allumai les lumières, les éteignis, repartis vers ma voiture, attendis cinq minutes et retournai à la bibliothèque. M. Hoshi espérait que Dewey se laisserait duper et croirait qu'on était le jour suivant.

Il se trompait.

Nous essayâmes pendant une heure de filmer Dewey en train de faire un signe. Je finis par lâcher : « Écoutez, ce pauvre chat attend qu'on le nourrisse. Je dois remplir sa gamelle. » M. Hoshi acquiesça. Je pris Dewey dans mes bras et courus jusqu'à son bac de litière. Je ne voulais surtout pas que les Japonais filment une crotte volante. Dewey fit ses besoins et prit son petit déjeuner sans se presser. Pendant ce temps-là, l'équipe de tournage finit de s'installer à l'intérieur.

Ils avaient parcouru la moitié de la Terre et ne purent jamais filmer un signe de patte. En revanche, ils eurent tout le reste. Dewey avait presque quinze ans, il devenait plus lent, mais il n'avait rien perdu de son enthousiasme pour les étrangers. Surtout des étrangers avec des caméras. Il salua chaque membre de l'équipe en se frottant contre leurs jambes. Ils le caressèrent et chahutèrent, et un caméraman s'allongea sur le sol pour se mettre au même niveau que lui. L'interprète me demanda poliment de poser Dewey sur une étagère. Il resta sagement assis et les laissa filmer alors qu'il sautait de rayon en rayon.

Puis elle me demanda : « Faites-le marcher sur l'étagère, entre les livres, et sauter tout au bout. »

Je pensai : « Attendez. C'est un chat, pas un animal de foire, et c'est un tour que vous voulez, là. J'espère que vous n'avez pas fait tout ce chemin pour voir un show parce qu'il est hors de question qu'il parcoure cette étagère, slalome entre les livres et saute sur commande. »

Je me plaçai sans enthousiasme au bout du rayonnage et appelai : « Viens là, Dewey. Viens là. » Dewey arpenta l'étagère, slaloma entre les livres et sauta à mes pieds.

Pendant cinq heures, M. Hoshi donna des ordres et Dewey obéit. Il s'assit sur un ordinateur. Sur une table. Sur le sol, les pattes croisées et le regard planté dans la caméra. Il chevaucha son chariot à livres préféré, les pattes passées à travers les barres en métal, totalement à l'aise. Pas le temps de lambiner, allez, allez, allez. Une petite fille de trois ans et sa mère acceptèrent d'apparaître dans le film et je mis Dewey sur la balancelle avec elles. La fillette était énervée, elle ne cessa de le tripoter et de le tirer dans tous les sens. Il ne réagit pas. Il resta assis pendant les cinq minutes que dura cette épreuve, sans jamais oublier de regarder gentiment la caméra.

J'avais passé la matinée à dire à l'interprète que des gens venaient de tous les États-Unis pour voir Dewey, mais je crois que M. Hoshi n'en croyait pas un mot. Puis, juste après le déjeuner, une famille du New Hampshire se présenta. Ça tombait à pic ! Cette famille assistait à un mariage à Des Moines et avait loué une voiture pour venir voir Dewey. Dois-je vous rappeler qu'il faut trois heures et demie de route ?

M. Hoshi bombarda les visiteurs d'une multitude de questions. Il les filma en train de filmer Dewey avec leur Caméscope (sans doute made in Japan). Je montrai à la fillette, qui devait avoir cinq ou six ans, le port Dewey et la manière de se balancer doucement jusqu'à ce qu'il pose sa tête sur son dos et ferme les yeux. La famille resta une heure, et l'équipe japonaise partit peu de temps après. Dès qu'ils eurent quitté les lieux, Dewey s'endormit et ne bougea plus de la journée.

Les Japonais nous envoyèrent deux copies du DVD. Au bout de seize ans, j'éprouvais quelques réticences à trop parler de Dewey, mais cette fois c'était différent. J'appelai le journal. Le magasin d'électronique au coin de la rue nous loua un écran géant, et la bibliothèque se remplit à craquer. À l'époque, Dewey avait déjà été évoqué à la radio au Canada et en Nouvelle-Zélande. Il était apparu dans des journaux et des magazines de dizaines de pays. Sa photo avait fait le tour du monde. Mais cette fois c'était différent. C'était une télévision internationale !

J'avais jeté un œil à la vidéo, ce qui m'avait rendue un peu nerveuse. Le documentaire était en fait un voyage dans le monde des chats par ordre alphabétique. Vingt-six chats y apparaissaient, un pour chaque lettre de l'alphabet. Oui, notre alphabet à nous. Le documentaire était en japonais, mais les lettres étaient latines.

Je crus bon d'avertir le public : « Il y a beaucoup d'autres chats dans ce documentaire. Dewey apparaît presque à la fin, et tout est en japonais, alors nous ferions mieux de voter. On fait avance rapide jusqu'à Dewey, ou on regarde tout ?

– On regarde tout ! On regarde tout ! »

Dix minutes plus tard, la foule criait : « Avance rapide ! Avance rapide ! » Disons simplement qu'il était extrêmement ennuyeux de regarder des séquences de chats et des interviews en japonais. Nous arrêtions la vidéo chaque fois qu'il y avait un chat particulièrement mignon, ou quand un Américain apparaissait à l'écran – deux fois en fait, et l'une des femmes s'avéra britannique finalement –, mais presque tout le documentaire ne montrait que des Japonais avec leurs chats.

Quand arriva la lettre W, un cri parcourut la salle, réveillant sans doute ceux qui s'étaient endormis. C'était notre Dewey, avec les mots « Working Cat [1] » affichés en anglais et en japonais. On me voyait entrer dans la bibliothèque sous la pluie, pendant que le présentateur parlait en japonais. Nous ne comprenions que trois mots : « Amérique, Iowa-shun, Spencer ». Encore des bravos. Quelques secondes plus tard, nous entendîmes : « Dewey a-Deedmore a-Booksa ! »

Dewey apparut, assis devant la porte (je dois avouer qu'un petit signe aurait été du meilleur effet), puis assis sur une étagère, traversant les rayonnages, assis, et encore assis, et toujours assis, caressé par un petit garçon sous une table, et… assis. Une minute trente, et terminé. Pas de petite fille avec Dewey sur les genoux. Pas de chevauchée sur l'épaule. Pas de chariot à livres. Pas de famille du New Hampshire. Ils n'avaient même pas utilisé les séquences où Dewey avait slalomé entre les livres pour sauter au bout de l'étagère. Ils avaient parcouru la moitié du monde pour une minute et demie de chat assis.

Silence. Un silence stupéfait.

Puis un tonnerre d'applaudissements explosa. Notre Dewey était une star internationale. C'en était la preuve. Quelle importance si nous ne comprenions pas

1. Chat au travail.

un mot de ce que racontait le présentateur ? Quelle importance si l'apparition de Dewey ne durait pas plus longtemps qu'une coupure publicitaire ? Notre bibliothécaire était là. Notre Dewey. Et, impossible de s'y tromper, le présentateur avait bien dit : « Amérique, Iowa-shun, Spencer » !

La ville de Spencer n'a pas oublié ce documentaire japonais ; son contenu, peut-être. Deux copies sont disponibles à la bibliothèque, mais personne ne les regarde jamais. *Puss in Books* est bien plus populaire. Mais le fait qu'une équipe de tournage soit venue de Tokyo à Spencer, ça c'est une chose que nous n'oublierons jamais. La station de radio locale et le journal commentèrent longuement l'événement, et pendant des mois des gens vinrent à la bibliothèque pour en parler.

« Comment étaient-ils ? »

« Qu'ont-ils fait ? »

« Où sont-ils allés pendant qu'ils étaient en ville ? »

« Qu'ont-ils filmé d'autre ? »

« Tu y crois ? »

« Non mais tu y crois ? »

« C'est incroyable ! »

La télévision japonaise acheva de rendre Dewey populaire. Aujourd'hui encore, quand les habitants du coin évoquent Dewey, la conversation finit toujours par tomber sur « ces Japonais qui sont venus ici, à Spencer, pour le filmer ». Est-il besoin d'en dire plus ?

Les habitants de Spencer ne sont pas les seuls à se souvenir de ce documentaire. Après sa diffusion, nous reçûmes de nombreuses lettres du Japon et quarante demandes de cartes postales de Dewey. Le site Internet de notre bibliothèque retrace l'origine des visiteurs, et tous les mois depuis l'été 2004 le Japon arrive en deuxième place derrière les États-Unis – avec plus de 150 000 visiteurs en trois ans. Je ne pense pas que ce soit emprunter des livres qui les intéresse.

L'invasion japonaise ne fut pas le seul événement particulier de cet été 2003, pour moi en tout cas. L'année précédente, la veille de Noël, Scott avait demandé la main de Jodi chez mes parents. Elle me chargea de m'occuper des fleurs et des décorations, qui étaient deux de mes hobbies.

Mais quelque chose me tourmentait. Ma sœur Val était demoiselle d'honneur et je savais qu'elles avaient parlé de la robe ensemble. Au moment de mon propre mariage, je n'avais pas pu choisir ma robe de mariée. Une fille d'Hartley avait annulé son mariage à la dernière minute et maman lui avait racheté sa robe pour moi. Je voulais plus que tout aider Jodi à choisir la sienne. Je voulais que cette robe soit spéciale. Je voulais en faire partie. J'appelai Jodi : « Toute ma vie j'ai rêvé de t'aider à choisir ta robe de mariée. Val a deux filles. Son tour viendra.

– J'adorerais qu'on le fasse ensemble, maman. »

Ma gorge se noua. Un tremblement dans la voix de Jodi me fit comprendre qu'elle aussi l'avait ressenti. Nous sommes toutes les deux de petites dindes sentimentales.

Mais je sais aussi être pragmatique. « Fais une première sélection, lui dis-je. Quand tu en auras trouvé une demi-douzaine qui te plaisent, je viendrai t'aider à prendre la décision finale. » Jodi n'arrivait jamais à choisir ses vêtements. Elle conservait la plupart de ses affaires dans leurs emballages d'origine, parce qu'elle finissait toujours par les rapporter. Jodi vivait à plus de trois heures de chez moi, à Omaha, dans le Nebraska, et je ne voulais pas me tuer à faire ce trajet tous les week-ends pendant les six mois qui allaient suivre.

Jodi fit les boutiques de robes de mariée avec ses amies. Plusieurs mois plus tard, je partis à Omaha pour l'aider à choisir. Impossible de nous décider. Soudain, une robe qu'elle n'avait même pas essayée attira notre attention. Dès qu'elle la passa, l'évidence nous sauta aux yeux. Jodi et moi nous mîmes à pleurer dans la cabine d'essayage.

Nous fîmes les boutiques ensemble quelques mois plus tard et elle me choisit une robe magnifique. Un jour elle m'appela pour me dire : « Je viens d'acheter une robe pour grand-mère.

– Ça c'est drôle, répondis-je, je suis allée à Des Moines pour la bibliothèque, et je lui en ai acheté une aussi. » Lors de notre rencontre suivante, nous nous rendîmes compte que nous lui avions acheté la même. Comme nous avons ri !

Le mariage eut lieu dans l'église catholique St. Joseph de Milford, Iowa. Jodi avait organisé son mariage depuis Omaha ; j'avais fait tous les déplacements. Mes vieilles amies de Mankato, Trudy, Barb, Faith et Idelle, étaient venues quelques jours avant la cérémonie pour m'aider à tout arranger. Jodi et moi étions perfectionnistes ; il ne devait pas y avoir la moindre fleur mal placée. Trudy et Barb étaient au bord de la crise de nerfs en décorant le garage de maman et papa pour la réception, mais elles accomplirent des merveilles. Lorsqu'elles eurent terminé, cela ne ressemblait plus du tout à un garage. Le lendemain, elles décorèrent l'église, puis le restaurant pour le dîner.

Il y avait trente-sept invités au mariage, juste la famille et les proches. Mes amies n'assistèrent pas à la cérémonie : elles étaient dans une arrière-salle, à réchauffer des papillons. Ceux-ci devaient être conservés sur de la glace, dans une sorte d'hibernation, puis réchauffés et « réveillés » quinze minutes avant de s'envoler. Faith s'était autoproclamée BBPBB – Belle Baby-sitter de Papillons aux Balconnets Blindés – et elle prenait ses fonctions très au sérieux. Les papillons la mettaient dans un tel état de stress que la veille du mariage elle les emmena chez Trudy, à Worthington, dans le Minnesota, à une heure de route, où elle les garda près de son lit.

À la sortie de l'église, les parents de Scott donnèrent une enveloppe à chacun des invités. Mon frère Mike, debout aux côtés de la mariée, empoigna la sienne avec force. Jodi le foudroya du regard.

« Quoi ? protesta Mike. C'est vivant ou quoi ?

– *C'était* vivant. »

J'ai lu la légende des papillons, qui n'ont pas de voix. Quand on les relâche, ils montent au ciel et murmurent nos prières à Dieu.

Quand les invités ouvrirent leurs enveloppes, des papillons de toutes les tailles et de toutes les couleurs s'envolèrent dans un magnifique ciel bleu, à quelques chuchotements de Dieu. La plupart furent emportés par le vent. Trois vinrent se poser sur la robe de Jodi. L'un d'entre eux resta sur son bouquet de mariée pendant plus d'une heure.

Après les photos des mariés, les invités s'entassèrent dans un bus. Pendant que mes amies faisaient le ménage, je partis avec le reste des invités à West Okoboji pour un tour du lac sur le *Queen II*, le célèbre bateau de tourisme de la région. Jodi et Scott décidèrent ensuite de monter sur la grande roue de l'Arnold's Park, celle-là même qui brillait la nuit où, tant d'années auparavant, papa et maman étaient tombés amoureux au son de la musique de Tommy Dorsey au Roof Garden. Nous les regardâmes s'élever avec leurs témoins, loin, loin dans ce clair ciel bleu, tel un couple de papillons s'échappant d'une enveloppe pour prendre leur envol.

La lettre que m'envoya Jodi après sa lune de miel résumait tout : « *Merci, maman. C'était un mariage parfait.* » Rien ne pouvait me rendre plus heureuse.

Si seulement la vie était toujours aussi simple. Si seulement Dewey, Jodi et toute la famille Jipson avaient pu se figer à ce moment, à l'été 2003. Mais pendant que la grande roue tournait et que Dewey devenait une vedette au Japon, une tache venait brouiller la photo. Quelques mois auparavant, on avait annoncé à maman qu'elle avait une leucémie, la dernière d'une longue série de maladies qui avaient essayé de la mettre à terre. On dit que le cancer, comme la chance, est une affaire de famille. Malheureusement, le cancer est une tradition chez les Jipson.

23

Souvenirs de ma mère

En 1976, on diagnostiqua chez mon frère Steven un lymphome non hodgkinien au stade 4, la forme la plus avancée d'un cancer mortel. Les médecins lui donnaient deux mois à vivre. Il avait dix-neuf ans.

Steven géra son cancer avec une dignité que je n'ai jamais rencontrée chez personne depuis. Il se battit, mais pas désespérément. Il continua de vivre sa vie. Il ne perdit jamais le sentiment de sa personne. Mais le cancer était en lui, et ils ne purent le vaincre. Ils le mirent K.O., mais il revint. Le traitement, pénible, rongea les reins de Steven. Mon frère Mike, son meilleur ami, lui proposa un de ses reins, mais Steven lui répondit : « T'embête pas. Celui-là aussi je le bousillerais. »

En 1979, l'année où je me débattais dans mon divorce et où je commençais mes études, Steven avait vécu plus longtemps que quiconque en Iowa avec un lymphome non hodgkinien au stade 4. Les médecins lui avaient fait subir tant de chimiothérapies que le sang n'arrivait plus à ses extrémités. La chimio ne laissait plus aucun espoir, Steven s'inscrivit donc dans un centre de traitement expérimental à Houston. Il devait commencer en janvier, et avant de faire le voyage, il voulait un Noël de Jipson, avec clairons et trompettes et tout le toutim. Steven demanda à papa de faire la soupe de palourdes qu'il servait toujours la veille de Noël. Il voulut que je prépare son pop-corn préféré, au caramel. Il s'assit sous une couverture et nous regarda jouer avec les instruments de musique maison du Jipson Family Band en souriant. Il faisait moins dix-huit degrés la veille de Noël, Steven ne tenait même pas debout tant il était faible, mais il insista pour que nous allions tous à la messe de minuit. Pour cette dernière soirée chez papa et maman, il me pria de le conduire jusqu'à la maison de tante Marlene à deux heures du matin pour lui dire au revoir. Ensuite, il me demanda de rester avec lui pour regarder *Brian's Song*, un film sur un joueur de football américain atteint d'un cancer.

« Non merci, Steven. Je l'ai déjà vu. »

Mais il insista, et je restai à ses côtés. Il s'endormit au cours des cinq premières minutes.

Une semaine après, le 6 janvier, Steven réveilla sa femme à cinq heures du matin et lui demanda de l'aider à descendre les escaliers jusqu'au canapé. Quand elle redescendit au bout de quelques heures, elle ne put le réveiller. Nous sûmes plus tard qu'il n'avait jamais été inscrit pour un programme de traitement expérimental à Houston. La veille de Thanksgiving, les médecins lui avaient dit qu'il n'y avait plus de traitement possible pour son cas. Il n'en avait informé personne parce qu'il voulait un dernier Noël de Jipson en famille, sans larmes et sans compassion, avant de mourir.

Le décès de Steven fut un choc terrible pour mes parents. La mort, qui parfois sépare les êtres, rapprocha maman et papa. Ils pleurèrent ensemble. Ils parlèrent. Ils s'appuyèrent l'un sur l'autre. Mon père se convertit au catholicisme, la religion de maman, et commença à aller régulièrement à la messe pour la première fois depuis qu'il était adulte.

Et ils adoptèrent un chat.

Trois semaines après la mort de Steven, papa offrit à maman un chat persan qu'ils baptisèrent Max. Ce fut une période atroce pour eux, absolument atroce, et Max, un chat de caractère mais pas sauvage du tout, fut une bénédiction. Il dormait dans le lavabo de la salle de bains. C'était son endroit préféré, après le giron de maman. Si un chat a jamais changé un couple, ce fut vraiment Max. Il aida mes parents à garder le moral. Il les faisait rire. Il leur tenait compagnie dans leur maison vide. Les enfants aimaient Max pour sa personnalité, mais nous, nous l'aimions parce qu'il s'occupait de nos parents.

Mon plus grand frère, David, mon ami très cher et mon modèle, fut aussi profondément affecté par la mort de Steven. David avait abandonné la fac six semaines avant la remise des diplômes et, après quelques faux départs, avait fini par s'installer à Mason City, dans l'Iowa, à environ cent kilomètres de Spencer. Quand je pense à David, pourtant, je pense à Mankato, dans le Minnesota. Nous étions si proches à Mankato. Nous avons passé ensemble des moments tout simplement merveilleux. Mais un soir, peu avant qu'il abandonne l'université et parte s'installer ailleurs, il avait frappé à ma porte à une heure du matin.

Il faisait moins dix degrés et il avait parcouru dix kilomètres à pied.

Il me dit : « Quelque chose ne va pas chez moi, Vicki. Dans ma tête. Je crois que je fais une dépression nerveuse. Mais il ne faut rien dire à maman et papa. Promets-moi que tu ne leur diras jamais. »

J'avais dix-neuf ans, j'étais jeune et idiote, et je promis. Je ne parlai jamais de cette nuit à personne, mais je sais aujourd'hui que les maladies mentales affectent souvent les jeunes hommes, surtout lorsqu'ils sont brillants et talentueux, vers la vingtaine, comme c'était le cas pour David. Je sais que David était malade. Il était aussi malade que Steven, mais ça ne se voyait pas autant. Sans traitement, sa maladie tira constamment sa vie vers le bas. En quelques années, il devint quelqu'un d'autre. Il était incapable de conserver un emploi. Il n'arrivait plus à rire, même avec moi. Il commença à prendre des médicaments, principalement des tranquillisants, pour lutter contre la dépression. Il eut un enfant en dehors des liens du mariage. Il m'appelait tous les mois, nous parlions pendant des heures, mais au fil des années les nouvelles se firent de plus en plus rares.

À la mort de Steven en janvier 1980, David commença à se droguer pour tenir le coup. Il disait qu'il ne pouvait pas fonctionner sans. Sa fille Mackenzie avait quatre ans, et sa mère décida de couper les ponts entre David et elle jusqu'à ce qu'il se débarrasse de cette dépendance. Huit mois après la mort de Steven, il me téléphona au milieu de la nuit pour me dire qu'il avait perdu sa fille.

« Tu n'as pas perdu Mackenzie, lui répondis-je. Si tu es clean, tu peux la voir. Si tu es camé, tu ne peux pas. C'est aussi simple que ça. »

Pas pour lui. Nous parlâmes d'un million de choses cette nuit-là, mais rien de ce que je suggérais ne lui semblait possible. Il était dans l'impasse. Il n'envisageait aucun avenir. J'avais une peur bleue, mais il me jura qu'il ne ferait rien jusqu'à ce qu'on se reparle. Il aimait sa fille, m'assura-t-il, et ne l'abandonnerait jamais. Pourtant, un peu plus tard cette nuit-là, ou très tôt le lendemain matin, mon frère David, le héros de mon enfance, prit un revolver et appuya sur la détente.

Mon amie Trudy me conduisit à Hartley à deux heures du matin. Je pouvais à peine respirer, il n'était pas question de conduire. Mes parents n'étaient pas en meilleur état. Aucun d'entre nous ne voulait affronter la réalité de la mort de David, surtout si peu de temps après celle de Steven, mais nous n'avions pas le choix. Quelques jours après l'enterrement, le propriétaire de l'appartement de David appela mes parents et commença à les harceler. Il nous criait de venir chercher les affaires de David et de nettoyer l'appartement pour qu'il puisse le relouer. Autre moyen de nous rappeler que David ne vivait pas dans un quartier agréable et qu'il ne fréquentait pas les gens les plus sympathiques.

Nous nous rendîmes à Mason City à deux véhicules. Papa, mon frère Mike et deux vieux copains de David étaient devant, dans la voiture. Ma mère, ma sœur Val et moi suivions dans une camionnette. Quand nous arrivâmes sur place, papa et Mike nous attendaient sur le trottoir.

« Vous n'entrez pas là-dedans, dit papa. Restez ici. On va tout sortir. »

Nous l'avions ignoré tant que papa n'avait pas ouvert la porte, mais l'appartement était resté tel quel depuis la mort de David. Ce que David avait fait avait tout sali. Papa et Mike durent tout essuyer avant de sortir les affaires pour les mettre dans le camion. Je vois encore les taches. Les possessions de David étaient des plus modestes, c'est le moins qu'on puisse dire, mais il nous fallut la journée pour tout débarrasser. Papa et Mike ne prononcèrent pas un mot, et ils n'ont jamais parlé de cette journée depuis. Quand je lui ai dit que j'écrivais ce livre, papa m'a demandé de ne pas parler de David. Ce n'était pas de la honte ni de la discrétion. Il avait les larmes aux yeux. Même après tout ce temps, c'est trop douloureux pour qu'il arrive à en parler. Mais il le faut.

Deux semaines après la mort de David, le moment de stériliser Max arriva. Le vétérinaire lui administra un anesthésiant et quitta la pièce pendant dix minutes pour lui laisser le temps d'agir. Malheureusement, il ne songea pas à enlever le bol d'eau de la cage. Il ne contenait que quelques centimètres, mais Max laissa tomber sa tête dedans et se noya.

J'étais là quand le vétérinaire vint prévenir mes parents. Il connaissait bien ma famille. Il savait quelle épreuve ils traversaient. Et maintenant, il devait leur annoncer qu'il avait tué leur chat. Nous le regardâmes tous pendant trente secondes, sans voix. « J'adorais ce chat, finit par articuler papa, calmement mais avec fermeté. Salaud. » Il se détourna et monta les escaliers. Il ne put même pas lui parler. Ni le regarder. Encore aujourd'hui, papa n'est pas fier d'avoir explosé comme ça, mais la mort de Max, c'était trop. Tout simplement trop.

Quand la leucémie de maman se déclara au printemps 2003, elle et papa adoptèrent un chaton. Maman n'avait pas eu de persan depuis vingt ans, depuis la mort de Max. Mais au lieu d'adopter un persan, comme ils en avaient eu l'intention, ils revinrent avec un himalayen, un croisement entre un persan et un siamois. C'était une beauté grise aux yeux bleus de soie, le portrait craché de Max, jusqu'à sa personnalité extravertie et aimante. Ils le baptisèrent Max II.

Max II fut le premier signe que maman allait mourir. Cela ne venait pas de papa. Ma mère était si forte qu'il pensait qu'elle pouvait survivre à tout. L'aveu vint de maman elle-même. Elle savait que cette maladie-là aurait le dessus, et elle ne voulait pas que papa reste seul.

Maman était une force de la nature. Je la soupçonne d'avoir commencé à fuir la vie, son père alcoolique et les longues heures de travail dans le restaurant familial alors qu'elle n'était qu'une fillette de cinq ans. Quand ma grand-mère divorça, elle et maman se firent embaucher dans un magasin de vêtements pour femmes. C'était ça, sa vie, et son avenir, jusqu'à ce qu'elle rencontre papa.

Après sa rencontre avec Verlyn Jipson, Marie Mayou fit volte-face et passa chaque instant à courir vers la vie. Ma mère et mon père s'aimaient profondément. Leur amour était si grand qu'aucun livre, pas même celui-ci, ne pourrait le contenir. Ils aimaient leurs enfants. Ils aimaient chanter et danser. Ils aimaient leurs amis, leur ville, leurs vies. Ils étaient très doués pour faire la fête. Ils en organisaient une pour chaque réussite, chaque étape de la vie. Maman se levait tôt pour faire la cuisine et restait debout jusqu'à trois heures du matin, quand tout le monde était parti. Dès six heures, elle commençait le nettoyage. À huit heures, la maison était impeccable. La maison de maman était toujours impeccable.

Maman eut un cancer du sein au début des années 1970. Les médecins la croyaient condamnée, mais elle s'en sortit. Elle battit le cancer non pas une fois mais cinq : deux fois dans un sein et trois fois dans l'autre. Elle le combattit avec une grande force et une foi immense. Mon amie Bonnie et moi appelions maman « la catholique mondiale numéro deux ». Un jour que Jodi avait huit ans et que nous nous promenions à vélo à Hartley, nous passâmes devant le petit bâtiment qui abritait autrefois l'église catholique St. Joseph. Maman avait fait partie du comité d'urbanisme pour le nouveau bâtiment, et les deux arbres devant étaient plantés en mémoire de Steven et de David. Jodi regarda le vieux bâtiment de bois et demanda : « Maman, est-ce que grand-mère était aussi fana de l'Église quand tu étais petite ?

– Oh oui, elle l'était tout autant. »

La foi de maman venait de l'Église, mais sa force venait de l'intérieur. Elle ne laissait jamais rien l'abattre. Ni la douleur, ni la fatigue, ni le chagrin. Quand elle engagea sa troisième lutte contre le cancer du sein, sa belle-mère Lucille la conduisit tous les jours à Sioux City, quatre heures aller-retour, pendant huit semaines. La radiothérapie à l'époque était bien pire qu'aujourd'hui. En gros, on vous criblait jusqu'à ce que votre corps n'en puisse plus. Maman était complètement brûlée. Elle avait sous le bras une plaie ouverte de la taille d'une crêpe. Son état était tel que papa était malade, physiquement, quand il changeait les pansements. Après avoir vécu plus de vingt ans à Hartley, mes parents devaient prendre leur retraite dans une maison au bord du lac. Papa envisagea de repousser le déménagement, mais maman ne voulut pas en entendre parler. Elle revint tous les soirs de Sioux City et cuisina, nettoya, puis fit des cartons jusqu'à tomber endormie, morte de fatigue. Au milieu de sa radiothérapie, elle organisa une vente aux enchères pour se débarrasser de la plupart des objets qu'elle et papa avaient collectés au cours de leur vie. Les enchères durèrent deux jours, et maman était là en personne pour dire adieu à chaque petite cuillère.

Maman m'a élevée pour que je sois aussi forte qu'elle. Elle savait que la vie ne faisait pas de cadeaux. Même quand les choses allaient bien, ce n'était jamais facile. Maman s'est occupée de six enfants, dans une maison dépourvue de toilettes et d'eau courante jusqu'au cinquième, ma sœur Val. Son énergie était infinie, mais son temps limité. Elle avait des corvées à faire, des repas à préparer, une maison pleine d'enfants, son commerce de poulets et d'œufs et une communauté entière d'enfants du coin qui la considéraient comme leur mère. Maman ne refusait jamais personne. Quand un enfant avait faim, il s'asseyait à notre table. Quand une famille avait du mal à s'en sortir et que maman savait que leur enfant aimait le beurre de cacahuète, notre pot familial disparaissait du garde-manger. Son cœur était assez grand pour accueillir tout le monde, ce qui ne laissait pas beaucoup de temps à accorder à chacun en particulier. J'ai passé la plus grande partie de mon enfance à travailler aux côtés de ma mère. J'étais son alter ego, son autre moitié, ce qui était à la fois un trésor et un fardeau. Quand ma sœur Val vint à la maison à la mort de Steven, maman et papa sortirent en courant la prendre dans leurs bras et ils pleurèrent tous ensemble. Quand j'arrivai, papa m'étreignit et pleura. Maman me serra dans ses bras et me dit : « Ne pleure pas. Tu dois être forte. » Maman savait que si j'étais forte, elle pourrait l'être aussi. Et je savais qu'on l'attendait de moi.

Maman me disait sans cesse qu'elle m'aimait. Cela ne fit jamais l'ombre d'un doute. Si papa était le plus sentimental des deux, maman montrait son amour à travers sa fierté. Elle pleura lors de ma remise de diplôme, en voyant mon écharpe de mention très honorable. Elle était fière que j'aie réussi à me libérer de mes entraves, à me remettre debout et à repartir. Devant elle se tenait sa fille adulte, mais d'une certaine façon, c'était elle qui était là. Diplômée de l'université. Avec les félicitations du jury.

Comme papa travaillait et n'avait pu venir à ma remise de diplôme, mes parents décidèrent d'organiser une fête en mon honneur à Hartley, à laquelle furent invitées deux cents personnes. Mon père travailla un mois entier pour me fabriquer un tablier fait de cent billets de 1 dollar. Cent dollars représentait une grosse somme pour mes parents. À cette époque, vous étiez riche si vous aviez deux billets de 5 dollars dans la poche. J'adorais ce tablier. Il représentait l'amour et la fierté de mon père, au même titre que les larmes de ma mère. Mais j'étais si pauvre qu'il ne fallut qu'une semaine avant que je le découse pour le dépenser.

Quand ma mère commença à se rétablir de sa leucémie, cela ne surprit personne. Elle avait survécu cinq fois à un cancer du sein, après tout, et c'était une battante. Sa radiothérapie, qui avait duré des années, ne l'avait jamais brisée. Quand celle-ci cessa de fonctionner, elle passa à l'administration d'IgG, c'est-à-dire une sorte d'injection de parties du système immunitaire de quelqu'un d'autre. Elle eut des rémissions, mais il finit par devenir évident que, cette fois, elle ne gagnerait pas. Elle avait presque quatre-vingts ans, et ses forces la quittaient.

Maman voulut organiser une énorme fête pour son anniversaire de mariage, qui ne serait pas avant plusieurs mois. Les plus grandes fêtes de notre vie avaient été leurs anniversaires de mariage. Je réunis les deux frères et la sœur qui me restaient. Nous ne pensions pas que maman serait encore là pour cet anniversaire, et, en outre, dans son état un raout était déconseillé. Nous avons donc décidé d'organiser une petite fête pour ses soixante-dix-neuf ans – qui tombaient trois jours après les quatre-vingts ans de papa –, juste la famille et quelques proches amis. Le Jipson Family Band se forma une dernière fois et joua « Johnny M'Go ». Tous les enfants écrivirent des poèmes en l'honneur de maman et papa. Les poèmes sont une tradition familiale chez les Jipson. Papa avait l'âme sentimentale ; il écrivait des poèmes pour un oui ou pour un non. Nous avions beau nous moquer de lui, ses poèmes se retrouvaient encadrés sur nos murs ou enfouis dans nos tiroirs, toujours à portée de main.

Les enfants s'accordèrent pour écrire des poèmes idiots. Voici celui que j'écrivis pour papa, qui parlait de l'époque où j'avais rompu mes fiançailles juste après le lycée :

SOUVENIRS DE PAPA

J'avais rompu mes fiançailles.
John et moi, c'était fini.
Quelle épreuve pour une jeune fille
Qui pense avoir gâché sa vie.

Maman était bien embêtée
Et craignait le qu'en-dira-t-on.
Dans ma chambre je m'enfermai à clé
Pour m'épancher en sanglots longs.

Papa entendit mon émoi
Et tenta de me consoler :
Appuyé à ma porte en bois, il dit :
« Chérie, tu veux me voir me raser ? »

Mais je ne parvins pas à composer un poème idiot pour maman. Elle avait trop fait pour moi, il y avait trop à dire. Aurais-je une autre occasion ? Je craquai et composai le genre de poèmes typiques de papa, maladroitement sentimental.

SOUVENIRS DE MAMAN

Je voulais choisir des souvenirs,
Une journée, un événement, une discussion,
Mais mes plus jolis souvenirs
Sont de loin bien plus profonds.

J'ai tout perdu dans les années soixante-dix,
Je sentais ma vie s'échapper.
Je me débattais dans un séisme,
Ma raison prête à s'envoler.

Mes amis et ma famille étaient là,
Ainsi que ma toute petite fille.
Jodi me rendit la foi
Et ma confiance dans la vie.

Dieu, merci pour maman.
Sa force m'a aidée à guérir,
Mais son rôle le plus important
Fut deuxième maman de Jodi.

Quand je n'avais plus rien à donner
Et que j'étais clouée au lit,
Maman prit Jodi dans ses bras,
Nourrit son corps et son esprit.

L'amour et la stabilité
Étaient au rendez-vous d'Hartley ;
Leçons de natation et jeux,
Maman aimait Jodi pour deux.

Quand je reconstruisais ma vie,
Par les études et le travail,
Maman donnait à Jodi ce qui me manquait,
L'amour toujours, et vaille que vaille.

J'étais une loque quand Jodi était petite,
Et c'est toi qui la relevais quand elle tombait.
Merci, maman, et surtout merci
De m'avoir aidée à élever notre fille.

Deux jours après la fête, maman réveilla papa au milieu de la nuit et lui demanda de l'emmener à l'hôpital. La douleur devenait insupportable. Quelques jours plus tard, quand son état se fut stabilisé, elle partit à Sioux City pour des examens et nous découvrîmes qu'elle avait un cancer colorectal. Son unique chance de survie, et ce n'était pas garanti, était de lui enlever le côlon. Elle devrait passer le reste de sa vie avec une poche pour colostomie.

Maman n'ignorait pas que c'était grave. Nous avons su plus tard qu'elle avait pris des suppositoires et des laxatifs pendant plus d'un an, et qu'elle avait souffert presque constamment. Elle ne voulait pas que quiconque l'apprenne. Pour la première fois de sa vie, maman renonça à affronter son ennemi. Elle déclara : « Je ne me ferai pas opérer. Je suis fatiguée de me battre. »

Ma sœur Val était désespérée. Je lui dis : « Val, c'est maman. Laisse-lui le temps. »

Cinq jours plus tard, maman annonça : « Je ne veux pas partir comme ça. Je vais me faire opérer. »

Elle survécut huit mois à l'intervention. Des mois difficiles. Nous ramenâmes maman à la maison, où Val et papa s'en occupèrent jour et nuit. Val était la seule à avoir appris à s'occuper de la poche pour colostomie, même l'infirmière ne la changeait pas aussi bien qu'elle. J'allais tous les soirs leur faire à dîner. Ce fut une période douloureuse, mais aussi l'une des meilleures de ma vie. Maman et moi parlions de tout. Rien ne fut laissé de côté. Nous partageâmes aussi des éclats de rire. Elle tomba dans le coma un peu avant la fin, mais je savais qu'elle m'entendait toujours. Elle nous entendait tous. Elle n'était jamais très loin. Elle mourut comme elle avait vécu, comme elle l'avait choisi, avec sa famille à ses côtés.

À l'été 2006, quelques mois après sa mort, j'ai placé une petite statue devant la fenêtre de la bibliothèque des enfants en l'honneur de ma mère. Cette statue représente une femme, un livre à la main, qui se tient prête à le lire à l'enfant qui le demande. Pour moi, cette statue, c'est ma mère. Toujours prête à donner.

24

Le régime de Dewey

Papa dit que Max II, son chat himalayen adoré, lui survivra. Cette certitude le réconforte. Mais pour la plupart d'entre nous, vivre avec un animal signifie que nous devrons affronter sa mort. Nos animaux ne sont pas des enfants : ils nous survivent rarement.

J'étais préparée psychologiquement à la mort de Dewey depuis ses quatorze ans. Selon le Dr Esterly, sa maladie du côlon et ses conditions de vie au milieu du public ne le prédisposaient pas à vivre plus d'une douzaine d'années. Mais Dewey possédait le don rare d'associer génétique et caractère. Lorsqu'il atteignit dix-sept ans, j'avais pratiquement cessé d'envisager sa mort. Ce n'était plus quelque chose d'inévitable, mais une nouvelle étape. Comme j'ignorais où se trouvait ce jalon, ou même à quoi il ressemblerait, pourquoi perdre mon temps à me faire du souci ? Je veux dire que je profitais à fond du temps passé ensemble, et le soir, quand nous étions séparés, je ne voyais pas plus loin que le lendemain.

Je compris que Dewey devenait sourd quand il cessa de réagir au mot « bain ». Pendant des années, ce mot avait suffi à le faire détaler. Si, au cours d'une discussion, une employée disait : « J'ai pris un bon bain hier soir », boum, Dewey disparaissait. Ça marchait à tous les coups.

« On ne parle pas de toi, Dewey ! »

Il n'écoutait plus. Il suffisait de prononcer bain – ou brosse, peigne, ciseaux, docteur ou vétérinaire – pour que Dewey se volatilise. Surtout si c'était Kay ou moi qui disions les mots si redoutés. Quand j'étais en déplacement pour la bibliothèque ou coincée à la maison, comme il arrivait souvent avec mon système immunitaire si fragilisé par les opérations, Kay s'occupait de Dewey. Lorsqu'il avait besoin de quelque chose, même de réconfort ou d'amour, et que je n'étais pas là, c'est elle qu'il allait voir. Bien qu'elle ait été distante au départ, après toutes ces années elle était devenue sa seconde mère et l'aimait sans pour autant tolérer ses mauvaises habitudes. Si Kay et moi étions ensemble et que le mot « eau » traversât notre esprit, Dewey détalait.

Et puis un jour, quelqu'un prononça le mot « bain » et il ne partit pas. Il continuait de s'enfuir en courant quand je *pensais* bain, mais plus quand on le disait. Je commençai à le surveiller de plus près. Il ne s'enfuyait plus quand un camion passait avec fracas dans l'allée derrière la bibliothèque. Autrefois, quand la porte de derrière s'ouvrait, il filait renifler les boîtes qui arrivaient. À présent, il ne bougeait plus. Les grands bruits ne le faisaient plus sursauter, quand quelqu'un reposait trop fort un gros dictionnaire, par exemple, et il ne répondait plus aussi souvent aux appels des lecteurs.

Cela n'avait peut-être pas grand-chose à voir avec son audition. Quand on vieillit, les choses les plus simples deviennent soudain compliquées. Un peu d'arthrite, des muscles douloureux. On maigrit et on se raidit. Chez les chats comme chez les humains, la peau perd de son élasticité, elle pèle, s'irrite plus facilement et cicatrise moins bien. Ce ne sont pas des détails quand votre travail consiste essentiellement à vous faire caresser toute la journée.

Dewey continuait de saluer tout le monde à la porte d'entrée. Il recherchait toujours des genoux accueillants, mais les choisissait lui-même. Il avait de l'arthrite dans la hanche gauche, et le bousculer au mauvais endroit ou le prendre dans la mauvaise position lui provoquait des douleurs qui le faisaient boiter. En fin de matinée et d'après-midi, il avait de plus en plus tendance à s'asseoir sur le bureau de l'accueil, sous la protection du personnel. Sa confiance en sa beauté et sa popularité était absolue, il savait que les lecteurs viendraient à lui. Il avait un port royal, tel un lion surveillant son royaume. Il en prenait même la posture, les pattes avant croisées devant lui et les pattes arrière sous le ventre, la dignité et la grâce incarnées.

Le personnel commença discrètement à suggérer aux lecteurs d'y aller plus doucement avec Dewey, de faire plus attention à lui. Joy, qui passait le plus clair de son temps avec les lecteurs, devint très protectrice. Elle emmenait souvent ses nièces et ses neveux voir Dewey, même quand elle était en congé, et savait comme les gens peuvent être brusques. « En ce moment, disait-elle aux lecteurs, Dewey préfère une petite caresse sur la tête. »

Même les enfants de l'école élémentaire comprenaient que, maintenant, Dewey était un papi, et ils étaient à l'écoute de ses besoins. C'était sa deuxième génération d'enfants de Spencer, les enfants de ceux qu'il avait connus quand il était chaton, et les parents s'assuraient que leur progéniture se comportait correctement. Quand les enfants le touchaient gentiment, Dewey s'allongeait contre leurs jambes ou, s'ils étaient assis par terre, sur leurs genoux. Mais il était plus prudent qu'autrefois, et les mouvements brusques ou les bruits trop forts le faisaient souvent fuir.

« D'accord, Dewey. C'est toi qui vois. »

Après des années d'essais et d'errements, nous avions enfin trouvé un lit acceptable pour notre chat si difficile. C'était un petit panier, aux côtés garnis de fausse fourrure, et pourvu d'un chauffage électrique dans le fond. Nous le placions face au radiateur, devant la porte de mon bureau. Dewey n'aimait rien tant que faire la sieste dans son panier, bien en sécurité dans l'espace réservé au personnel, sa petite chaufferette poussée au maximum. L'hiver, quand le radiateur était allumé, il avait si chaud qu'il roulait sur le côté et s'étalait par terre. Sa fourrure était tellement brûlante qu'on ne pouvait même pas la toucher. Il restait allongé sur le dos pendant dix minutes, les quatre fers en l'air, à évacuer la chaleur. Si les chats pouvaient haleter, il l'aurait fait. Dès qu'il n'avait plus trop chaud, il remontait dans son panier et reprenait tout depuis le début.

La chaleur n'était pas le seul péché mignon de Dewey. Peut-être avais-je cédé à ses caprices, mais à présent, Donna, l'assistante de la bibliothèque des enfants, le gâtait encore plus que moi. Si Dewey ne mangeait pas tout en une fois, elle réchauffait sa gamelle au micro-ondes. S'il persistait, elle jetait le tout et ouvrait une nouvelle boîte. Donna ne faisait pas confiance aux parfums ordinaires. Pourquoi Dewey aurait-il mangé des gésiers et des orteils ? Donna allait jusqu'à Milford, à quinze kilomètres de là, parce qu'elle y connaissait une petite boutique qui vendait de la nourriture exotique pour chats. Je me souviens du canard. Dewey en fut friand pendant une semaine. Elle essaya l'agneau aussi, mais, comme d'habitude, cela ne tint pas très longtemps. Cependant Donna continua d'essayer de nouveaux parfums, nouvelle boîte après nouvelle boîte. Oh, comme elle aimait ce chat !

Malgré tous nos efforts, Dewey maigrissait. À l'occasion d'un examen de routine, le Dr Franck lui prescrivit toute une série de médicaments pour qu'il se remplume. Eh oui, en dépit des funestes mises en garde, Dewey avait survécu à sa Némésis, le Dr Esterly, parti à la retraite en 2002 et qui avait cédé son cabinet à un groupe de défense des animaux à but non lucratif.

Le Dr Franck me donna un lance-pilule qui, théoriquement, devait envoyer les comprimés assez loin dans la gorge de Dewey pour qu'il ne les recrache pas. Mais Dewey était malin. Il prenait ses comprimés si calmement que je pensais : « Bien, on y est arrivés. C'était facile. » En fait, il allait se cacher derrière les livres pour les recracher. Le sol de la bibliothèque était constellé de petites pilules blanches.

Je ne forçai pas Dewey à avaler ses médicaments. Après tout, il avait dix-huit ans. Je lui achetai à la place un grand pot de yaourt dans lequel je le laissais donner un coup de langue chaque jour. Ce fut le geste qui ouvrit les vannes. Kay commença à lui donner des morceaux de viande de ses sandwichs. Joy partagea le jambon des siens, et il ne fallut pas longtemps avant que Dewey ne la suive à la cuisine chaque fois qu'il la voyait entrer avec un sac à la main. Un jour, Sharon laissa un sandwich déballé sur son bureau. Quand elle revint une minute plus tard, la tranche de pain du dessus avait été soigneusement retournée et posée à côté. Celle du bas n'avait pas bougé. La viande avait disparu.

Après Thanksgiving 2005, nous découvrîmes que Dewey adorait la dinde et chacun rapporta ses restes des fêtes. Nous essayâmes de les congeler, mais il arrivait toujours à savoir quand la dinde n'était pas fraîche. Dewey ne perdit jamais son odorat perçant. C'est pour cela que le jour où Sharon lui proposa une bouchée de poulet à l'ail, son plat préparé préféré, je me moquai d'elle : « Tu ne lui feras jamais avaler de l'ail ! »

Il mangea tout. Mais qu'est-ce que c'était que ce chat ? Pendant dix-huit ans, Dewey n'avait rien accepté d'autre que certaines marques et certains parfums précis de nourriture pour chats. Et maintenant, il aurait mangé n'importe quoi !

Je me dis : « Si on peut engraisser Dewey avec de la nourriture pour humains, pourquoi pas ? Cela ne vaut-il pas mieux qu'un comprimé ? »

Je lui achetai de la braunschweiger, une tranche de saucisse de foie froide que beaucoup ici considèrent comme un aliment d'exception. La braunschweiger est constituée à 80 % de matière grasse. Si quelque chose pouvait faire engraisser Dewey, c'était ça. Il refusa d'y toucher.

Ce que voulait vraiment Dewey, nous le découvrîmes par accident, c'était des sandwichs Arby au rosbif et cheddar. Il les avalait tout rond. Il les aspirait. Il ne mâchait même pas le bœuf, il le gobait. Je ne sais pas ce qu'il y avait dedans, mais quand il commença à manger des sandwichs Arby au rosbif et cheddar, sa digestion s'améliora. Sa constipation diminua de façon spectaculaire. À raison de deux boîtes quotidiennes, il mangeait trop salé, aussi se mit-il à boire une pleine écuelle d'eau par jour, et même à aller tout seul dans sa litière.

Mais Dewey n'avait pas qu'un maître, il en avait des centaines, et la plupart ne voyaient pas d'améliorations. Tout ce qu'ils voyaient, c'était que le chat qu'ils aimaient maigrissait à vue d'œil. Dewey n'hésita jamais à tirer profit de son état. Il s'asseyait sur le bureau de l'accueil et se mettait à geindre dès que quelqu'un l'approchait pour le caresser. Tout le monde tombait dans le panneau.

« Qu'est-ce qui ne va pas, Dewey ? »

Il conduisait le visiteur jusqu'à l'entrée de l'espace réservé au personnel, où il pouvait voir sa gamelle. Dewey fixait sa nourriture d'un air triste, puis regardait le visiteur et, ses grands yeux pleins de tristesse, laissait retomber sa tête.

« Vicki ! Dewey a faim !

– Sa gamelle est pleine.

– Mais il n'aime pas ça.

– C'est son deuxième service de la matinée. J'ai jeté le contenu de la première gamelle il y a une heure.

– Mais il pleure. Regardez-le. Il vient de s'effondrer.

– On ne peut pas passer la journée à lui ouvrir des boîtes.

– On pourrait essayer autre chose ?

– Il a mangé un sandwich Arby ce matin.

– Regardez-le. Il est tout maigre. Il faut lui donner plus à manger.

– On s'occupe bien de lui.

– Mais il est si maigre. Vous ne pouvez pas lui donner quelque chose de ma part ? »

Je peux, sauf que Dewey a joué la même scène hier. Et avant-hier. Et le jour d'avant. En fait, vous êtes la cinquième personne aujourd'hui qui tombe dans le panneau de la grande scène du chat affamé.

Mais comment expliquer ça à un lecteur ? Je finissais toujours par céder, ce qui naturellement ne faisait qu'encourager les mauvaises habitudes de Dewey. Je crois qu'il savourait davantage sa nourriture quand il savait que je ne voulais pas la lui donner. Disons qu'elle avait le goût de la victoire.

25

La réunion

À mesure que Dewey vieillissait, la gentillesse des visiteurs de la bibliothèque municipale de Spencer se faisait plus évidente. Les amis et les lecteurs devenaient plus attentionnés. Ils lui parlaient davantage, étaient plus attentifs à ses besoins, comme on le serait pour un parent âgé pendant une réunion de famille. Parfois, j'entendais quelqu'un remarquer qu'il avait l'air faible, maigre ou sale, mais je savais que cette inquiétude était une preuve d'amour.

« Qu'est-ce qu'elle a, sa fourrure ? » était sans doute la question qui revenait le plus souvent.

« Rien, répondais-je. Il est vieux, c'est tout. »

La fourrure de Dewey avait en effet perdu beaucoup de son ancien lustre. De roux flamboyant, elle était devenue cuivrée et terne. Il avait tellement de paquets de poils qu'un simple brossage n'y suffisait plus. J'emmenai Dewey voir le Dr Franck, qui m'expliqua qu'avec l'âge la langue des chats se fait de moins en moins râpeuse. Même en se léchant régulièrement, ils ne peuvent se nettoyer efficacement parce que plus rien ne sépare les poils. Les nœuds et les paquets de poils n'étaient qu'un symptôme de plus de la vieillesse.

« Quant à ça, annonça le Dr Franck en regardant la touffe du derrière de Dewey, des mesures drastiques s'imposent. Il faut le raser. »

Quand ce fut terminé, le pauvre Dewey était crépu d'un côté et tout nu de l'autre. On aurait dit qu'il portait une épaisse veste en vison et pas de culotte. Quelques membres du personnel rirent en le voyant, car il était drôle à voir, mais cela ne dura pas longtemps. L'humiliation sur le visage de Dewey les arrêta net. Il détestait cela. Profondément. Il s'éloigna en marchant très vite sur quelques pas, puis s'assit pour tenter de cacher son postérieur. Il se releva, parcourut quelques mètres en courant et se rassit. Et recommença. Et encore. Il finit par arriver jusqu'à son lit, s'enfouit la tête entre les pattes et se blottit sous sa souris préférée, Marty Mouse. Pendant plusieurs jours, on le retrouva la partie avant du corps dépassant dans une allée et l'arrière caché entre deux livres.

Mais la santé de Dewey ne prêtait pas à rire. Si les employés n'en parlaient pas, je savais qu'ils s'inquiétaient. Ils craignaient d'arriver un matin et de le trouver mort. Je compris que pour certains d'entre eux ce n'était pas la mort de Dewey qui les préoccupait mais plutôt l'idée d'avoir à la gérer eux-mêmes. Ou, pire encore, d'avoir à prendre une décision en cas de crise. Entre mes problèmes de santé et mes déplacements fréquents à Des Moines pour gérer des questions de bibliothèque de l'État, j'étais souvent absente. Dewey était mon chat, tout le monde le savait. Tenir la vie de mon chat entre leurs mains était bien la dernière chose qu'ils souhaitaient.

« Ne vous inquiétez pas, les rassurai-je. Faites simplement ce que vous pensez être le mieux pour Dewey. Vous ne pourrez pas vous tromper. »

Je ne pouvais pas leur promettre qu'il n'arriverait rien pendant mon absence, mais je leur dis : « Je connais ce chat. Je sais quand il est en bonne santé, un peu malade, ou très malade. S'il était très malade, croyez-moi, je l'emmènerais chez le vétérinaire. Je ferais ce qu'il faut. »

Dewey n'était pas malade. Il continuait de monter et de descendre du bureau de l'accueil en bondissant, ce qui prouvait que son arthrite ne le faisait pas trop souffrir. Sa digestion était meilleure que jamais. Et il adorait toujours autant fréquenter les lecteurs. Mais il faut de la patience pour s'occuper d'un chat âgé, et, franchement, certains employés estimaient que ce n'était pas leur travail. Progressivement, à mesure que Dewey prenait de l'âge, son comité de soutien devint de plus en plus mince : il perdit d'abord ceux en ville qui avaient autre chose à penser, puis certains de ceux qui n'avaient pas d'opinion sur la question, et certains lecteurs qui ne voulaient qu'un chat actif et attrayant, et, enfin, les employés de la bibliothèque qui rechignaient devant le fardeau des soins gériatriques. Malheureusement, c'est un processus qui concerne chacun de nous.

Pourtant, le conseil d'administration de la bibliothèque d'octobre 2006 me prit complètement au dépourvu. Je m'étais préparée à une discussion classique sur l'état de la bibliothèque, mais cette réunion se transforma en un clin d'œil en un référendum à propos de Dewey. Un lecteur avait dit qu'il n'avait pas l'air en forme. Peut-être, suggérait le conseil, pourrions-nous lui donner un petit coup de pouce thérapeutique ?

« Lors de son récent examen, leur exposai-je, le Dr Franck a diagnostiqué une hyperthyroïdie. C'est un symptôme du vieillissement, comme son arthrite, sa peau qui sèche et les taches de vieillesse noires sur ses lèvres et ses gencives. Le Dr Franck a prescrit un traitement qui, grâce à Dieu, n'a pas besoin d'être pris oralement. Je le lui frotte dans l'oreille. Dewey s'est vraiment retapé. Et ne vous inquiétez pas, leur rappelai-je, le traitement est financé par des dons et mes fonds propres. La ville ne dépense pas un seul cent pour Dewey.

– C'est grave, l'hyperthyroïdie ?

– Oui, mais ça se soigne.

– Les médicaments vont améliorer son pelage ?

– Il est terne à cause de son âge, ce n'est pas une maladie. C'est comme les cheveux blancs pour les humains. » C'était à la portée de leur entendement : pas une seule tête dans la salle ne comptait au moins quelques cheveux blancs.

« Mais son poids ? »

J'expliquai son régime alimentaire dans le détail, depuis l'obsession avec laquelle Donna et moi changions ses gamelles jusqu'aux sandwichs Arby au rosbif et cheddar.

« Mais il n'a pas l'air en forme. »

Ils y revenaient sans cesse : Dewey n'avait pas l'air en forme, Dewey causait du tort à l'image de la bibliothèque. Je savais qu'ils étaient bien intentionnés, qu'ils cherchaient la meilleure solution pour tout le monde, mais je ne pouvais comprendre leur façon de penser. C'était vrai, Dewey n'était plus aussi beau. Tout le monde vieillit. Les humains de quatre-vingts ans ne ressemblent pas à ceux qui en ont vingt, et c'est bien comme ça. Nous vivons dans la culture du tout-jetable, qui cache les plus âgés pour ne plus les voir. Ils ont des rides, des taches de vieillesse. Ils ont du mal à marcher et leurs mains tremblent. Leurs yeux pleurent, parfois ils bavent en mangeant, ou ils « rotent dans leur culotte » un peu trop fort (c'est ce que disait Jodi quand elle avait deux ans). Et nous ne voulons pas le voir. Même les anciens les plus accomplis, même ceux qui ont consacré toute leur vie aux autres, nous préférons ne pas les voir et ne plus y penser. Mais peut-être les vieilles personnes et les vieux chats ont-ils des choses à nous apprendre, si ce n'est sur le monde, au moins sur nous-mêmes.

« Pourquoi ne prenez-vous pas Dewey chez vous ? Je sais qu'il y va pendant les vacances. »

L'idée m'avait traversé l'esprit, mais j'y avais renoncé depuis longtemps. Dewey ne serait jamais heureux chez moi. Entre le travail et les réunions, j'étais trop souvent absente. Il détestait la solitude. C'était un chat social. Il avait besoin d'avoir des gens autour de lui, d'être dans la bibliothèque, pour être heureux.

« Nous avons eu des plaintes, Vicki, vous comprenez ? Notre travail est de parler au nom des habitants de cette ville. »

Le conseil semblait être à deux doigts de me dire que la ville ne voulait plus de lui. Je savais à quel point c'était ridicule, car j'étais tous les jours témoin de l'amour de la ville pour Dewey. Je ne doutais pas que le conseil eût reçu quelques plaintes, mais il y en avait toujours eu. À présent que Dewey n'était plus au mieux de sa forme, elles se faisaient davantage entendre. Cela ne signifiait pas que la ville lui tournait le dos. L'expérience m'avait appris que ceux qui aimaient Dewey, qui voulaient vraiment le garder et avaient besoin de lui, n'étaient pas ceux qui criaient le plus fort. C'étaient souvent ceux que l'on n'entendait jamais.

Si ce conseil avait siégé vingt ans auparavant, nous n'aurions jamais pu adopter Dewey. « Merci, mon Dieu, remerciaii-je silencieusement. Merci, mon Dieu, pour les conseils précédents. »

Et même si le conseil avait raison, même si la majorité de la ville avait tourné le dos à Dewey, n'était-il pas de notre devoir de le soutenir ? Même s'il n'y avait que cinq personnes à ses côtés, n'était-ce pas suffisant ? Même si personne ne s'en souciait, il n'en demeurait pas moins que Dewey aimait la ville de Spencer. Il l'aimerait toujours. Il avait besoin de nous. Nous ne pouvions pas tout simplement nous en débarrasser sous prétexte que, vieux et affaibli, il ne faisait plus notre fierté.

Le conseil d'administration me faisait clairement passer un autre message : Dewey n'est pas votre chat. Il appartient à la ville. Nous parlons pour la ville, par conséquent c'est à nous que revient la décision. C'est nous qui sommes le mieux placés pour savoir ce qu'il faut faire.

Je veux bien l'admettre : Dewey était le chat de Spencer. Rien n'a jamais été aussi vrai. Mais c'était aussi mon chat. Et, au final, Dewey était *un chat*. Pendant cette réunion, je compris que dans l'esprit de beaucoup Dewey était passé d'un animal de chair et d'os, doté de pensées et de sentiments, à un symbole, une métaphore, un objet que l'on pouvait posséder. Les membres du conseil d'administration de la bibliothèque aimaient Dewey comme un chat – Kathy Greiner, la présidente, avait toujours de petites gourmandises pour lui dans sa poche – mais ils n'arrivaient toujours pas à séparer l'animal de l'héritage.

Je dois avouer qu'une autre pensée me taraudait : « Moi aussi je vieillis. Ma santé n'est pas brillante. Ces gens vont-ils me mettre dehors, à mon tour ? »

« Je suis proche de Dewey, repris-je. Je sais que j'ai traversé une année difficile, avec la mort de ma mère, ma mauvaise santé, et que vous essayez de me protéger. Mais je n'ai pas besoin qu'on me protège. » Je m'arrêtai. Ce n'était pas du tout ce que je voulais dire.

« Peut-être pensez-vous que j'aime trop Dewey, que mon amour pour lui déforme mon jugement. Mais faites-moi confiance. Je sais quand le temps est venu. J'ai eu des animaux toute ma vie. Je les ai fait piquer. C'est dur, mais je peux le faire. La dernière chose que je souhaite, mais vraiment la dernière, c'est voir Dewey souffrir. »

Un conseil d'administration peut être comme un train de marchandises, et celui-là m'évinça comme une vache éjectée hors des rails. Quelqu'un suggéra qu'un comité soit nommé pour statuer sur l'avenir de Dewey. Je savais que les membres de ce comité seraient bien intentionnés, qu'ils prendraient leur rôle au sérieux et qu'ils feraient ce qu'ils jugeraient le meilleur. Mais je ne pouvais pas laisser faire ça. Cela m'était tout simplement impossible.

Le conseil était en train de discuter du nombre de personnes qu'il conviendrait de nommer pour le comité « Piquons Dewey », lorsque l'un des membres, Sue

Hitchcock, intervint. « C'est ridicule ! s'exclama-t-elle. Je n'arrive pas à croire qu'on puisse même en parler. Vicki travaille à la bibliothèque depuis vingt-cinq ans. Cela fait dix-neuf ans qu'elle est avec Dewey. Elle sait ce qu'elle fait. Nous devrions tous avoir confiance en son jugement. »

Merci, mon Dieu, pour Sue Hitchcock. À peine eut-elle parlé que le train dérailla ; le conseil recula. « Oui, oui, marmonnèrent-ils, vous avez raison… trop tôt, trop à faire… si son état s'aggrave… »

J'étais dévastée. Mon cœur se brisa à l'idée que ces gens avaient envisagé de m'enlever Dewey. Et ils auraient pu le faire. Ils en avaient le pouvoir. Mais ils ne l'ont pas fait. En quelque sorte, nous avions remporté une victoire : pour Dewey, pour la bibliothèque, pour la ville. Pour moi.

26

L'amour de Dewey

Je me souviendrai toute ma vie du Noël 2005, l'année avant cette terrible réunion. Dewey avait dix-huit ans. Jodi et son mari Scott séjournaient chez moi. Ils avaient eu des jumeaux, Nathan et Hannah, qui avaient un an et demi. Maman était encore en vie, et elle avait mis sa plus jolie robe de chambre pour regarder les jumeaux ouvrir leurs cadeaux. Dewey était étalé sur le canapé, tout contre la hanche de Jodi. C'était la fin d'un cycle, le début d'un autre. Mais cette semaine-là, nous étions tous réunis.

L'amour qu'éprouvait Dewey pour Jodi ne s'était jamais démenti. Elle restait la grande passion de sa vie. Ce Noël-là, Dewey se collait à elle dès qu'il en avait l'occasion. Mais avec tant de gens autour, particulièrement les enfants, et tant d'animation, il était plus que satisfait de se contenter de regarder. Il s'entendait bien avec Scott et n'était pas jaloux pour un sou. Et il adorait les jumeaux. À la naissance de mes petits-enfants, j'avais remplacé ma table basse en verre par une ottomane rembourrée, et Dewey passa la plus grande partie des vacances de Noël assis dessus. Hannah et Nathan trottinaient jusqu'à lui et le caressaient des pieds à la tête. Dewey se méfiait des tout-petits à présent. À la bibliothèque, il s'éclipsait quand ils essayaient de l'approcher. Mais avec les jumeaux, il ne bougeait pas, même quand ils le caressaient à rebrousse-poil et dérangeaient sa fourrure. Hannah l'embrassait cent fois par jour. Quand Nathan lui donna, sans faire exprès, un coup sur la tête, ou quand, un après-midi, en essayant de le caresser, Hannah lui heurta le visage, Dewey ne réagit même pas. C'étaient mes petits-enfants ; les enfants de Jodi. Dewey nous aimait, donc il aimait Hannah et Nathan aussi.

Dewey fut très calme, cette année-là. C'était la plus notable différence de son grand âge. Il avait appris à éviter les problèmes. Il continuait de participer aux réunions, mais savait jusqu'où il pouvait aller et quel giron choisir. En septembre 2006, quelques semaines avant la réunion du conseil d'administration, une animation attira presque cent personnes à la bibliothèque. Je pensais que Dewey allait se réfugier dans l'espace réservé au personnel, mais il vint se mêler aux autres, comme toujours. C'était une ombre circulant parmi les invités : il passait souvent inaperçu mais il était toujours à portée de main d'un lecteur prêt à se pencher pour le caresser. Le rythme de ses relations avec les autres semblait la chose la plus naturelle et la plus belle du monde.

À la fin de l'animation, Dewey grimpa dans son panier au-dessus du bureau de Kay, visiblement épuisé. Kay vint le grattouiller gentiment sous le menton. Je connaissais cette caresse, ce regard tranquille. C'était un merci, celui que l'on adresse à un vieil ami ou à un compagnon que l'on regarde à l'autre bout d'une pièce pleine de monde, à l'instant où l'on comprend à quel point il est merveilleux et quelle chance on a de l'avoir dans sa vie. Je m'attendais presque à l'entendre dire : « Ça ira, le chat, ça ira », comme le fermier dans le film *Babe*, mais cette fois Kay garda le silence.

Deux mois plus tard, début novembre, la démarche de Dewey devint un peu incertaine. Il commença à uriner excessivement, parfois sur le journal posé autour de son bac, ce qu'il n'avait jamais fait auparavant. Mais il ne se cachait pas. Il continuait à sauter sur le bureau de l'accueil et à en descendre d'un bond. Ses relations avec les lecteurs ne changeaient pas. Il ne semblait pas souffrir. J'appelai le Dr Franck, qui me conseilla de ne pas le lui amener, mais de le surveiller de près.

Puis, un matin, vers la fin du mois, Dewey ne me fit pas de signe. Je pouvais compter sur les doigts d'une seule main les jours où il ne l'avait pas fait. Il resta simplement assis devant la porte, à m'attendre. Je l'emmenai jusqu'à sa litière et lui ouvris une boîte de nourriture. Il en mangea quelques bouchées, puis m'accompagna dans ma ronde matinale. Je me préparais à partir en Floride – Natalie, la fille de mon frère Mike, se mariait, toute la famille serait là –, je laissai donc Dewey avec le personnel de la bibliothèque. Comme d'habitude, il entra pendant que je travaillais pour renifler la bouche d'aération de mon bureau et s'assurer que j'étais en sécurité. Plus il vieillissait, plus il devenait protecteur.

À 9 h 30, j'allai chercher le petit déjeuner du moment de Dewey, un hamburger Hardee's au bacon, œuf et fromage. Quand je revins, Dewey n'arriva pas en courant comme à son habitude. Je me dis que ses vieilles oreilles n'avaient pas entendu la porte. Je le trouvai endormi sur une chaise à côté du bureau de l'accueil, et balançai doucement le sac sous son nez pour qu'il sente l'odeur de l'œuf. Il décolla et courut comme une flèche jusqu'à mon bureau. Je plaçai le mélange œuf-fromage sur une assiette en carton et il en mangea trois ou quatre bouchées avant de se pelotonner sur mes genoux.

À 10 h 30, Dewey assista à « L'heure de l'histoire ». Comme à son habitude, il salua chaque enfant. Une fillette de huit ans était assise en tailleur sur le sol ; Dewey se blottit au creux de ses jambes et s'endormit. Elle le caressa, et les autres enfants le caressèrent tour à tour. Tout le monde était content. Après l'histoire, Dewey se traîna jusqu'à son panier bordé de fourrure devant son radiateur, allumé à fond, et il y était encore quand je quittai la bibliothèque à midi. Je rentrai chez moi pour le déjeuner. Je devais ensuite passer chercher papa pour partir à Omaha prendre un avion le lendemain matin.

J'étais à la maison depuis dix minutes quand le téléphone sonna. C'était Jann, l'une de nos employées. « Dewey est bizarre.

– Comment ça, bizarre ?

– Il pleure et il marche bizarrement. Et il essaie de se cacher dans les placards.

– J'arrive. »

Dewey était caché sous une chaise. Je le pris dans mes bras ; il tremblait exactement comme le matin où je l'avais trouvé. Il ouvrait de grands yeux et souffrait, de toute évidence. J'appelai le cabinet du vétérinaire. Le Dr Franck était absent, mais son mari, le Dr Beall, était là. Il me dit : « Venez tout de suite. » J'enveloppai

Dewey dans sa serviette. Il faisait froid ce jour-là, c'était la fin novembre. Dewey se blottit immédiatement contre moi.

Quand nous arrivâmes au cabinet du vétérinaire, Dewey était aplati sur le sol de ma voiture, contre le chauffage, tremblant de panique. Je le pris dans mes bras pour le bercer et le serrai contre ma poitrine. C'est là que je remarquai que de la crotte lui sortait du derrière.

Quel soulagement ! Rien de grave. Juste de la constipation.

J'en parlai au Dr Beall. Il emmena Dewey dans la salle de soins pour nettoyer son côlon et ses intestins. Il lava l'arrière de son corps, Dewey revint donc mouillé et transi. Il sauta des bras du Dr Beall dans les miens et leva vers moi des yeux suppliants. *Aide-moi.* Je vis que quelque chose n'allait toujours pas.

Le Dr Beall annonça : « J'ai senti une grosseur, et ce ne sont pas des selles.

– Qu'est-ce que c'est ?

– Il faut faire une radio. »

Le Dr Beall revint dix minutes plus tard avec les résultats. Dewey avait une grosse tumeur à l'estomac, qui appuyait sur ses reins et ses intestins. Cela expliquait pourquoi il urinait davantage, et sans doute aussi le fait qu'il le faisait parfois hors de sa litière.

« Il ne l'avait pas en septembre, expliqua le Dr Beall, ce qui signifie que c'est sans doute un cancer agressif. Mais pour en être certains il faudrait faire des examens invasifs. »

Nous regardâmes Dewey en silence. L'idée d'une tumeur ne m'avait pas effleurée. Jamais. Je savais tout de Dewey, tout ce qu'il pensait et ce qu'il ressentait, mais ça, il me l'avait caché.

« Il souffre ?

– Je pense, oui. La grosseur grandit très vite, donc ça ne fera qu'empirer.

– Pouvez-vous lui donner quelque chose contre la douleur ?

– Non, pas vraiment. »

Je tenais Dewey dans mes bras et je le berçais comme un bébé. Il ne m'avait pas laissée le tenir comme ça depuis seize ans. Là, il n'essayait même pas de m'empêcher. Il me regardait, simplement.

« Vous pensez qu'il souffre sans arrêt ?

– À mon avis, oui. »

Cette conversation m'écrasait, m'aplatissait. Je me sentis vidée, dégonflée, fatiguée. Je ne pouvais pas en croire mes oreilles. Quelque part, j'avais pensé que Dewey vivrait toujours.

J'appelai les employés de la bibliothèque pour leur dire que Dewey ne rentrerait pas. Kay n'était pas en ville. Joy était en congé. Ils réussirent à la joindre à Sears, mais trop tard. Plusieurs vinrent dire adieu à Dewey. Au lieu d'aller le voir, Sharon se dirigea vers moi et me prit dans ses bras. Merci, Sharon, j'en avais bien besoin. Puis j'étreignis Donna et la remerciai d'avoir tant aimé Dewey. Donna fut la dernière à lui faire ses adieux.

Quelqu'un dit : « Je ne suis pas sûre de vouloir être là quand on l'endormira.

– Ça ira, répondis-je. Je préfère rester seule avec lui. »

Le Dr Beall emmena Dewey dans la salle de soins pour lui mettre sa perfusion, le ramena dans une couverture toute propre et me le mit dans les bras. Je parlai à Dewey pendant quelques minutes. Je lui dis à quel point je l'aimais, comme il était important pour moi, combien je ne voulais pas qu'il souffre. Je lui expliquai ce qui se passait et pourquoi. J'arrangeai sa couverture pour être sûre qu'il était bien à l'aise. Que pouvais-je lui offrir de plus que le confort ? Je le berçai dans mes bras et me balançai d'un pied sur l'autre, une habitude que j'avais prise quand il n'était qu'un chaton. Le Dr Beall lui administra la première injection, suivie de près par la seconde.

« Je vais vérifier le pouls.

– Ce n'est pas la peine. Je le vois dans ses yeux », répondis-je.

Dewey n'était plus.

27

Pour l'amour de Dewey

Je restai huit jours en Floride. Je n'ouvris pas un seul journal. Je ne regardai pas la télévision. Je ne répondis pas au téléphone. C'était le meilleur moment possible pour partir, car la mort de Dewey fut un choc terrible. Vraiment terrible. Je craquai pendant le vol en partant d'Omaha et ne cessai pas de pleurer jusqu'à Houston. En Floride, je pensai souvent à Dewey, seule, au calme, mais aussi entourée de la famille qui m'avait toujours soutenue.

Je ne me doutais pas à quel point la nouvelle de la mort de Dewey s'était répandue. Le lendemain matin, pendant que je pleurais à bord d'un avion à destination de Houston, la station de radio locale consacra son émission matinale au souvenir de Dewey. Le *Sioux City Journal* publia un long article et une nécrologie. Je ne sais pas s'il servit de source, mais l'agence de presse AP reprit l'article et le diffusa dans le monde entier. En quelques heures, la nouvelle de la mort de Dewey fut évoquée dans les informations de l'après-midi de CBS et sur MSNBC. Le téléphone de la bibliothèque commença à sonner. Si j'avais été là, j'aurais passé mes journées à répondre aux questions des journalistes, mais personne d'autre ne se sentait assez à l'aise pour parler aux médias. La secrétaire de la bibliothèque, Kim, fit une courte déclaration, qui devint ce que j'estime aujourd'hui être la nécrologie officielle de Dewey, mais ce fut tout. C'était assez. Les jours suivants, on put la lire dans plus de deux cent soixante-dix journaux.

La réaction des personnes touchées par Dewey fut également impressionnante. Les habitants de Spencer reçurent des appels d'amis et de membres de leur famille de tout le pays qui avaient entendu parler de la mort de Dewey, dans le journal ou à la radio. Un couple de la région, qui voyageait à l'étranger, apprit la nouvelle par un ami de San Francisco, qui l'avait lui-même lue dans le *San Francisco Chronicle*. Des admirateurs organisèrent une veillée à la bibliothèque. Les commerces voisins envoyèrent des fleurs et des cadeaux. La fille de Sharon et Tony, Emmy, me donna un dessin de Dewey qu'elle avait fait. Il représentait deux cercles verts, au milieu de la feuille, d'où partaient des traits dans toutes les directions. Il était magnifique, et Emmy rayonnait quand je l'accrochai à la porte de mon bureau. Ce dessin était pour nous deux la manière idéale de penser à lui.

Gary Roma, le réalisateur du documentaire sur les chats de bibliothèque, m'adressa une longue lettre. « *Je ne sais si je vous l'ai déjà dit, mais des nombreux chats de bibliothèque que j'ai rencontrés dans le pays, Dewey Readmore Books était mon préféré. Sa beauté, son charme et son espièglerie étaient uniques* », écrivait-il.

Tomoko, de la télévision publique japonaise, nous écrivit que la mort de Dewey avait été annoncée au Japon et que la nouvelle avait attristé de nombreuses personnes.

Marti Attoun, auteur de l'article d'*American Profile*, prit lui aussi sa plume pour dire que l'histoire de Dewey était restée sa préférée. Des années avaient passé, et Marti écrivait à présent à plein temps pour le *Los Angeles Times*. Il semblait fort peu probable, étant donné les centaines d'articles qu'il avait écrits, que Marti se souviendrait d'un chat, et encore moins qu'il y penserait avec affection. Mais c'était l'effet Dewey. Il touchait les gens profondément.

Quand je revins au bureau, la pile de lettres et de cartes qui m'y attendaient mesurait plus d'un mètre. J'avais reçu plus de six cents mails sur Dewey. Beaucoup venaient de personnes qui ne l'avaient rencontré qu'une seule fois, mais ne l'avaient jamais oublié. Des centaines d'autres provenaient de gens qui ne l'avaient jamais vu. Dans le mois qui suivit sa mort, je reçus encore plus de mille mails sur Dewey, du monde entier. Il paraît qu'un soldat en Irak fut touché par sa mort, malgré ce qu'il voyait tous les jours – ou peut-être justement à cause de cela. Nous reçûmes une lettre d'un couple du Connecticut dont le fils allait avoir onze ans. Pour son anniversaire, il voulait lâcher un ballon dans les airs en l'honneur de Dewey. De nombreux cadeaux et des dons furent envoyés à la bibliothèque. Une bibliothécaire du musée de l'Histoire navale offrit quatre livres à sa mémoire. Elle avait suivi l'histoire de Dewey dans la presse spécialisée des bibliothécaires et avait lu sa nécrologie dans le *Washington Post*. La fréquentation de notre site Internet, www.spencerlibrary.com, passa de 25 000 visiteurs par mois à 189 922 en décembre, et ne ralentit pas pendant la plus grande partie de l'année suivante.

Beaucoup d'habitants de la ville nous demandèrent une cérémonie commémorative. Ni moi, ni aucun membre du personnel n'en avions envie, mais nous devions faire quelque chose. Alors à la mi-décembre, par un froid samedi, les admirateurs de Dewey se réunirent à la bibliothèque pour se souvenir une dernière fois, officiellement tout au moins, de l'ami qui avait eu un tel impact sur leur vie. L'équipe essaya de ne pas en faire trop – je racontai l'histoire de la chauve-souris, Audrey celle des lampes ; Joy parla des balades en chariot ; Sharon raconta comment Dewey avait volé la viande de son sandwich – mais en dépit de tous nos efforts il y eut des larmes. Deux femmes, en particulier, pleurèrent du début à la fin.

Des équipes de tournage de plusieurs télévisions locales filmèrent l'événement. L'intention était bonne, mais la présence des caméras était déplacée. Il s'agissait d'une communion d'émotions entre amis, que nous ne voulions pas partager avec le reste du monde. Nous comprîmes aussi, réunis tous ensemble, que les mots ne pouvaient décrire nos sentiments pour Dewey. Il était impossible de dire simplement à quel point il était précieux. Nous étions là, les caméras aussi, le monde s'était arrêté autour de nous. C'était plus parlant que n'importe quels mots. Enfin, une enseignante de la ville prit la parole : « Les gens disent : "Quelle importance ? Ce n'était qu'un chat." Mais c'est là qu'ils se trompent. Dewey était bien plus que cela. » Tout le monde comprit exactement ce qu'elle voulait dire.

Mes moments avec Dewey se firent plus rares. Le personnel avait débarrassé sa nourriture et ses écuelles pendant mon absence, mais c'est moi qui dus donner ses jouets. Il me fallut vider son étagère : la vaseline pour ses boules de poils, la brosse, sa pelote rouge avec laquelle il avait joué toute sa vie. Je dus me garer et marcher jusqu'à la bibliothèque tous les matins sans que Dewey soit là pour me faire un signe à la porte. Quand l'équipe revint à la bibliothèque après avoir dit adieu à Dewey, le radiateur devant lequel il s'étendait tous les matins était en panne. Dewey s'était allongé juste devant le matin même, et il fonctionnait alors très bien. C'était comme si sa mort lui avait ôté toute raison de chauffer. Est-il possible d'avoir le cœur brisé par le dysfonctionnement d'un appareil électroménager ? Il me fallut six semaines avant de pouvoir seulement envisager de faire réparer ce radiateur.

Je fis incinérer Dewey avec l'un de ses jouets préférés, Marty Mouse, pour qu'il ne soit pas seul. Le crématorium nous proposa gracieusement une boîte en acajou et une plaque de bronze, mais l'exposer ne me semblait pas la bonne chose à faire. Dewey revint à sa bibliothèque dans une boîte en plastique neutre, glissée dans un sac de velours bleu. Je plaçai la boîte sur une étagère de mon bureau et me remis au travail.

Une semaine après la cérémonie commémorative, je sortis de mon bureau une demi-heure avant l'ouverture de la bibliothèque, longtemps avant l'arrivée des premiers lecteurs, et dis à Kay : « C'est le moment. »

Nous étions en décembre, c'était à nouveau une de ces matinées au froid brutal typiques de l'Iowa. Tout comme au premier matin, et comme tant d'autres depuis. On n'était pas loin du jour le plus court de l'année, le soleil n'était pas encore levé. Le ciel était toujours du bleu profond, presque violet, de la nuit et les routes étaient vides. Le seul bruit que l'on entendait était celui du vent, venu des lointaines plaines canadiennes fouetter les rues et les champs de maïs désolés.

Nous déplaçâmes quelques pierres du petit jardin devant la bibliothèque, à la recherche d'un endroit où le sol ne serait pas complètement gelé. Mais toute la terre était recouverte de givre et il fallut un bon moment à Kay pour creuser le trou. Le soleil apparut au-dessus des bâtiments tout au bout du parking, étirant les premières ombres, quand je plaçai les restes de mon ami en terre avec ces mots très simples : « Tu es toujours avec nous, Dewey. Tu es chez toi. » Puis Kay jeta la première pelletée de terre, enterrant les cendres de Dewey pour toujours devant la fenêtre de la bibliothèque des enfants, au pied de la belle statue d'une mère lisant un livre à un enfant. La statue de maman. Tandis que Kay remettait les pierres en place sur la dernière demeure de Dewey, je levai les yeux et vis que tous les employés de la bibliothèque étaient à la fenêtre et nous regardaient en silence.

Épilogue

Dernières pensées de l'Iowa

Le nord-ouest de l'Iowa n'a pas beaucoup changé depuis la mort de Dewey. Avec le succès de l'éthanol, les champs de maïs se sont multipliés, mais le nombre de travailleurs agricoles n'a pas augmenté : la technologie a progressé, il y a plus de machines et, évidemment, plus de terres.

À Spencer, l'hôpital a accueilli son premier chirurgien esthétique. Cleber Meyer, qui a maintenant quatre-vingts ans, n'a pas été réélu et travaille à plein temps à sa station-service. Le nouveau maire est le mari de Kim Peterson, la secrétaire de la bibliothèque, mais il n'aime pas davantage les livres que Cleber. L'usine Eaton, qui fabrique des éléments de machines à la lisière de la ville, s'est partiellement délocalisée à Juarez, au Mexique. Cent vingt emplois de moins. Mais Spencer survivra. Nous y arrivons toujours.

La bibliothèque continue son chemin, sans chat pour la première fois depuis le mandat de Ronald Reagan. Après la mort de Dewey, près de cent personnes proposèrent de nous donner un nouveau chat. Des offres nous parvinrent d'aussi loin que le Texas, transport inclus. Ces chats étaient mignons, la plupart étaient des survivants à l'histoire touchante, mais personne n'avait vraiment envie d'en prendre un. Le conseil d'administration décréta sagement un moratoire de deux ans sur l'adoption d'un chat par la bibliothèque. Il lui fallait le temps d'analyser la situation. Pour moi, c'était déjà tout réfléchi. On ne peut ressusciter le passé.

Mais le souvenir de Dewey continuera de vivre, j'en ai la certitude. Peut-être à la bibliothèque, où son portrait est accroché à côté de la porte d'entrée, au-dessus d'une plaque de bronze qui raconte son histoire, don d'un des nombreux amis de Dewey. Peut-être chez les enfants qui l'ont connu, qui en parleront à leurs enfants et à leurs petits-enfants dans les décennies futures. Peut-être grâce à ce livre. Après tout, c'est pour ça que je l'écris. Pour Dewey.

En 2000, quand Grand Avenue fut inscrite au Registre national des sites historiques, Spencer commanda une installation artistique pour servir à la fois de symbole de nos valeurs et de porte d'entrée au centre-ville. Deux artistes de Chicago spécialistes de la céramique, Nina Smoot-Cain et John Atman Weber, passèrent une année dans la région, à parler avec nous, étudier notre histoire et observer notre style de vie. Plus de cinq cent soixante-dix résidents, des jeunes enfants aux grands-parents, collaborèrent avec les artistes. Le résultat est une structure en mosaïque appelée *The Gathering : of Time, of Land, of Many Hands* [1].

1. « Le rassemblement : du temps, de la terre, de nombreuses mains ».

Cette composition est formée de quatre piliers décorés et de trois fresques murales. Le mur du sud illustre « l'histoire de la terre ». C'est une fresque agricole, qui représente du maïs et des cochons, une femme étendant des courtepointes sur un fil, et un train. Celui du nord est « l'histoire des loisirs d'extérieur ». Il évoque les parcs East Lynch et West Lynch, nos principaux espaces de loisirs municipaux, les champs de foire au nord-ouest de la ville et les lacs. Le mur de l'ouest représente « l'histoire de Spencer ». Il montre trois générations rassemblées dans la maison de la grand-mère, la ville combattant le feu, et une femme qui fabrique un pot, métaphore de la création de l'avenir. Un tout petit peu à gauche du centre, dans la moitié supérieure de la fresque, un chat roux est assis sur les pages d'un livre ouvert. Cette image est inspirée d'une œuvre proposée par un enfant.

L'histoire de Spencer. Dewey en fait partie, aujourd'hui et pour toujours. Il vivra plus longtemps, je le sais, dans la mémoire collective d'une ville qui n'oublie jamais par où elle est passée, tout en gardant un œil sur le chemin à parcourir.

Quand Dewey avait quatorze ans, j'avais dit à Jodi : « Je ne sais pas si je voudrai encore travailler à la bibliothèque quand Dewey ne sera plus là. » Ce n'était qu'une prémonition, mais à présent je sais ce que je voulais dire. D'aussi loin que je me souvienne, chaque matin à mon arrivée, la bibliothèque était vivante : vibrante d'espoir, d'amour, avec Dewey qui me faisait signe à la porte. Aujourd'hui, elle est redevenue un bâtiment sans vie. Je sens le froid dans mes os, même l'été. Certains matins, le courage m'abandonne. J'allume alors les lumières et elle revient à la vie en vacillant. Le personnel arrive. Les lecteurs suivent : les personnes d'âge moyen viennent pour les livres, les hommes d'affaires pour les magazines, les ados pour les ordinateurs, les enfants pour les histoires, les plus âgés pour un soutien. La bibliothèque est vivante, et à nouveau il me semble que je fais le plus beau métier du monde, en tout cas jusqu'à ce que ce soit l'heure de rentrer, car alors personne n'est là pour me supplier de faire une dernière partie de cache-cache.

Un an après la mort de Dewey, mes problèmes de santé ont fini par me rattraper. Le temps était venu, je le savais, de continuer ma route. La bibliothèque n'était plus la même sans Dewey, et je ne voulais pas finir mes jours comme elle : vide et tranquille, parfois solitaire. Quand je vis le chariot à livres passer, celui sur lequel Dewey avait l'habitude de se balader, mon cœur se brisa. Il me manquait tant, et pas seulement une fois de temps en temps, tous les jours. Plus de cent vingt-cinq personnes vinrent à la fête organisée pour mon départ à la retraite, dont beaucoup vivaient hors de la ville et à qui je n'avais pas parlé depuis des années. Papa lut un de ses poèmes ; mes petits-enfants s'assirent à mes côtés pour saluer ceux qui me souhaitaient bonne chance ; deux articles parurent dans le *Spencer Daily Reporter*, me remerciant pour vingt-cinq années de service. Comme Dewey, j'ai eu de la chance. Je suis partie comme je le voulais.

Trouvez votre place. Soyez heureux de ce que vous avez. Traitez tout le monde avec gentillesse. Ayez une bonne vie. Ce ne sont pas les choses matérielles qui comptent, mais l'amour. Et on ne peut jamais prévoir l'amour.

J'ai appris tout cela grâce à Dewey, bien sûr, mais comme toujours, cette réponse semble trop évidente. Toutes les réponses, sauf le fait que j'aimais Dewey de tout mon cœur et qu'il m'aimait de la même façon, semblent trop évidentes. Mais laissez-moi essayer.

Quand j'avais trois ans, papa possédait un tracteur John Deere. Ce tracteur avait un cultivateur à l'avant : c'est une longue rangée de lames en forme de pelles, six de chaque côté. Les lames sont à quelques centimètres de la terre, il faut abaisser la manette pour les enfoncer dans le sol, où elles se plantent, rejetant de la terre fraîche le long des pieds de maïs. Un après-midi que je jouais dans la boue près de la roue avant, le frère de maman monta sur le tracteur, embraya et démarra. Papa vit ce qui se passait et se mit à courir, mais son beau-frère ne pouvait pas l'entendre. Les roues me renversèrent et j'atterris au milieu des lames. Je fus propulsée de l'une à l'autre, jusqu'à ce que mon oncle tourne le volant. La lame du milieu me projeta dans la glissière centrale et me laissa, face contre terre, derrière le tracteur. Papa me ramassa d'un geste et partit en courant sous le porche. Éberlué, il m'inspecta sous toutes les coutures et ne me lâcha plus du reste de la journée, qu'il passa à se balancer dans notre vieux rocking-chair, à pleurer sur mon épaule et à répéter : « Tu vas bien, tu vas bien, tout va bien. »

Je finis par lever les yeux vers lui et dis : « Je me suis coupé le doigt. » Je lui montrai que je saignais. Cette minuscule coupure et quelques bleus furent les seules marques de l'incident.

C'est la vie. Nous passons tous par les lames du tracteur de temps en temps. Nous nous faisons tous des bleus et des coupures. Parfois, les lames font des entailles profondes. Ceux qui ont de la chance s'en sortent avec quelques égratignures et quelques gouttes de sang, mais même cela n'est pas le plus important. Le plus important, c'est d'avoir quelqu'un pour vous ramasser, vous étreindre et vous dire que tout va bien.

Pendant des années, j'ai pensé que mon histoire avec Dewey, c'était ça, juste ça. Et c'est vraiment ce que j'ai fait. Quand Dewey était blessé, qu'il avait froid et qu'il pleurait, j'avais été là pour lui. Je l'avais pris dans mes bras, et je m'étais assurée que tout irait bien.

Mais ce n'est qu'une partie de la vérité. En réalité, pendant toutes ces années, les mauvais jours, les bons jours, et tous les jours oubliés qui forment les pages du vrai livre de nos vies, Dewey me soutenait.

Et il continue à me soutenir. Alors merci, Dewey. Merci. Où que tu sois.

Remerciements

Je tiens à remercier mon agent Peter McGuigan, pour m'avoir contactée et avoir cru que la vie de Dewey valait la peine d'être racontée. Merci à Peter, Hannah Gordon Browen, et à tous les membres du Foundry Literary qui ont travaillé sans relâche pour rendre ce livre plus grand que je n'aurais jamais pu l'imaginer.

Je suis reconnaissante à Bret Witter, qui a non seulement su trouver ma voix, mais qui est aussi devenue mon amie et ma confidente. Merci, Bret, c'est grâce à toi que ce livre est si bien écrit. Nous avions à cœur de faire un ouvrage de qualité, et je crois que nous y sommes parvenues.

Karen Kosztolnyik, Jamie Raab et Celis Johnson de Grand Central Publishing, merci de vous être battues pour ce livre alors que vous n'aviez reçu qu'une proposition de quarante-cinq pages. Vous avez cru à cette histoire avant même qu'elle soit écrite. Je tiens à remercier l'agent de publicité Harvey-Jane Kowal, Christine Valentine et toute l'équipe de Grand Central : sans vous tous, ce livre n'aurait pas existé.

Je remercie Dick Montgomery, mon avocat et ami qui m'a aidée à comprendre tous les « bidules » juridiques, ainsi que son épouse, Mary Jean, pour tout le soutien qu'elle nous a apporté.

Toute ma gratitude à l'équipe, passée et présente, de la bibliothèque municipale de Spencer qui a soutenu ce projet, s'est prêtée aux interviews, a cru en moi et s'est occupée de Dewey pendant toutes ces années ; je pense à Jean Hollis Clark, Kay Larson, Joy DeWalk, Sharon Joy, Audrey Wheeler, Cynthia Behrends, Paula Brown, Donna Stanford, Tammi Herbold, Jann Areds, Mary Jo Wingrove, Doris Armstrong, Kari Palm, Sheryl Rose et Jackie Webster.

Je veux remercier également tous ceux qui ont accepté d'être interviewés pour ce livre et ont comblé les lacunes de ma mémoire, notamment Bob Rose, Kirby Schmidt, Mike Baehr, Jack Manders, Kathy Greiner, Esther Connell, Judy Johnson (les deux !), Marcie Muckey, Pat Jones, le Dr James Esterly, Verlyn Jipson et Jodi Carlson. Sans oublier Louisville Metro Transcription, pour la transcription de ces centaines de pages d'interviews.

Merci aux membres du conseil d'administration en place quand la décision d'adopter Dewey a été prise, notamment Jack Manders, Mike Baehr, Mary Houston, Esther Connell, Bernie Keninger, JoAnn Lawson, Gail Peterson, Lee Lookinbill et Grace Rindsig. Ils ont pris une décision rapide qui allait affecter la bibliothèque pendant des années. Ils m'ont toujours entièrement soutenue et m'ont donné des ailes pour voler et essayer mes idées.

Merci aux membres du conseil d'administration actuel qui m'ont permis d'écrire ce livre (sur mon temps libre) : Kathy Greiner, Esther Connell, Jim Morony, Sue Hitchcock, Roger Littlefield, Wayne Koppen et Amanda Hoffman.

Merci au groupe Board of the Friends, dont les membres ont toujours été là quand j'ai eu besoin d'eux, surtout Sandy Fleck, Marcie Muckey et Trudy Elbert.

Je tiens à exprimer ma reconnaissance à ma famille, qui m'a aidée à réaliser cette œuvre et m'a soutenue pendant toute sa rédaction : Verlyn Jipson, Jodi et Scott Carlson, mon frère Doug (qui a monté le film de Dewey), Merrillee, Verlyn, James et Merril Jipson, mon frère Mike et Monica Jipson, ainsi que leur fille, Natalie DeHaven, ma sœur Val et Don Bonney, Andrea, Josh et Lindsay ; sans oublier ma nièce Mackenzie Dunn. Merci à mes frères David et Steven Grandma, dont les vies ont été riches mais bien trop courtes. À maman et Stephenson, qui ont ô combien inspiré ma vie. Et, par-dessus tout, merci à mes adorables petits-enfants, les jumeaux qui me font rire quand le stress menace de me submerger : Hannah et Nathan Carlson.

Je tiens également à exprimer ma gratitude à mon oncle Daune Jipson, qui a lu tout ce qui lui tombait sous la main (y compris l'encyclopédie) jusqu'à sa mort, à l'âge de quatre-vingt-quatorze ans. Son amour, sa gentillesse, sa délicatesse et son instruction ont été des exemples pour nous tous, et tout particulièrement pour moi.

Je veux remercier Jim Fanning, l'ancien manager de l'équipe de base-ball des Expos de Montréal et mon ami de toujours, pour son aide quand les temps étaient durs et pour avoir cru que tout m'était possible.

Merci au Dr Ron Kohlgraf, mon chirurgien et ami, d'avoir compris mes besoins émotionnels quand personne d'autre ne pouvait les voir ni les comprendre.

À Treva Johnson, pour m'avoir aidée à appréhender les besoins des handicapés à la bibliothèque, longtemps avant que la loi ADA les concernant ne soit votée, et pour avoir été ma collègue au conseil ADA de Spencer depuis 1991.

Je remercie les fans de Dewey, les proches et les lointains, pour ces milliers de lettres, d'e-mails, de cadeaux et de visites rendues à Dewey pendant toutes ces années, notamment Harry et Rita Fein, de New York (qui ont écrit tous les ans à Noël), Doreen Walker (sa première correspondante britannique), Phyllis Lahti (fondatrice de la Société des chats de bibliothèque) et Gary Roma (cinéaste et comédien) qui ont tous cru à la magie de Dewey avant même qu'il ne devienne célèbre.

Merci aux employés de la ville de Spencer et à son conseil municipal, qui sont restés à mes côtés et ont aidé la bibliothèque pendant toutes ces années, tout particulièrement le conseiller municipal David Scott, qui a pris du temps sur son travail d'avocat pendant plus de vingt-cinq ans pour intervenir de nombreuses fois en ma faveur. Merci à Bob Fagen, le gérant municipal actuel, qui m'a traitée avec respect et a toujours compris la signification de ce livre pour Spencer.

J'éprouve une immense gratitude envers mes amis, qui ont toujours réussi à me faire traverser les périodes sombres de ma vie et ont profité avec moi des bons moments, notamment mes amies de Run Away Women qui m'ont conseillée : Trudy Henry, Faith Landwer, Barb Feder, Idelle Walton, Rita Mathine et

Pauli Wright. Merci à Bonnie McKewon, ma collègue et amie, qui a lu les premières épreuves et m'a fait des suggestions, à son mari, Ron McKewon, qui a su soutenir Dewey, à Dorothy DeGroot et à mes nombreux amis d'ici pour m'avoir aidée à garder la tête sur les épaules.

Toute ma reconnaissance va à mon mentor, le Dr Roger Greer, et aux professeurs d'Emporia ; ils m'ont transmis les connaissances et les outils qui m'ont permis de réussir ma vie professionnelle, pas seulement à Spencer mais dans tout l'Iowa et au-delà. J'utilise encore le « greerisme » dans tous les cours et les ateliers où j'enseigne.

Je tiens à remercier les médecins qui se sont si bien occupés de Dewey, le Dr James Esterly, le Dr Sophi Franck et le Dr Tomk Beall. Merci à « Ashes to Ashes » pour avoir offert l'incinération du corps de Dewey, dc son panicr cn fourrurc pour lui tcnir chaud et de Marty la Souris pour qu'il ne soit pas seul. Merci à Warner Funeral Home, qui a offert la stèle de Dewey.

Enfin, merci, Dewey, mon petit compagnon magique qui m'a suivie pendant plus de dix-neuf ans. Je sens encore le lien qui relie nos deux cœurs, et je ne le lâcherai jamais.

Table des matières

Composé par Facompo
à Lisieux (Calvados)

Imprimé en France par

MAURY IMPRIMEUR
à Malesherbes (Loiret)
en juin 2013

POCKET – 12, avenue d'Italie – 75627 Paris Cedex 13

N° d'impression : 182021
Dépôt légal : juin 2013
S19201/01